Anja Koeseling   Mina Teichert

Krebs kriegerinnen

Wenn Freundschaft Wunder bewirkt

echt EMF

Widmung
Liebe Leser,

dieses Buch ist all den Menschen gewidmet, die mit der Krankheit Krebs in Berührung gekommen sind. Ob selbst erkrankt, noch kämpfend oder als Sieger hervorgegangen. Und all den Begleitern, die Hände drücken, Haare zurückhalten beim Brechen und in schweren Zeiten als Stütze dienen. Ihr seid die Besten, das Wichtigste auf dem Weg zum Gesunden und wir wissen, was ihr leistet!

Die stärksten Gedanken folgen denen, die es nicht schafften und eine Lücke in den Leben der Hinterbliebenen hinterlassen. Jeder beschreitet seinen Krankheitsweg anders. Der eine ballt sofort die Faust, ein anderer wird klein vor Angst und vergießt viele Tränen. Doch wir haben alle eins gemeinsam: Wir alle ziehen in den Krieg gegen diese Krankheit und wollen unbedingt siegen. In unserer Geschichte gibt es ein Happy End. Wir wissen, dass dies nicht selbstverständlich ist und Glück im Unglück auch eine Rolle spielte. Deshalb möchten wir gerne daran appellieren, all die Vorsorgemöglichkeiten wahrzunehmen, die es bis heute gibt, auch wenn sie unangenehm sind.

Liebe Frauen, liebe Männer, nehmt eure Termine ernst und hört auf euren Körper.

Und auch junge Menschen kann es treffen.

Nehmt Warnsignale wahr und denkt dran, man lebt nur einmal. Job, Status, Erfolg ist nur so lange etwas wert, solange man gesund ist.

Herzliche Grüße, fühlt euch umarmt,

Anja und Mina

Inhalt

Prolog
Mina

Viele Menschen sind der Meinung, dass das Fundament einer guten Freundschaft auf den schönen gemeinsamen Momenten, auf der „sonnigen Seite des Lebens" gebaut wird, den Erinnerungen an Abenteuer und Tanz, gehüllt in ein Gewand aus fröhlichem Gelächter, das einen bis in alte Tage begleitet und den Wunsch wahr werden lässt, eine Freundin an der Seite zu haben, mit der man im Alter von achtzig Jahren Hände haltend auf einer hölzernen Bank unter Kiefern sitzt und sagen kann: „Weißt du noch, damals ..."

Ja, manchmal besteht Freundschaft in erster Linie aus purem Glück, einer langen gemeinsamen Geschichte und stetigen kleinen Aufmerksamkeiten, aus tröstenden Worten bei kleinen Ungewittern und dem Gefühl, dass man sich in- und auswendig kennt.

Aber wir, Anja und ich, haben die Rechnung ohne das Leben gemacht. Das Leben, das uns mit einer unsichtbaren Schnur fester aneinanderbinden sollte, als wir uns vorstellen konnten.

Eine japanische Fabel, die Anja einmal gelesen hat, erzählt von solch unsichtbaren Bändern, die an den Knöcheln der

Menschen befestigt sind, um sich zu spannen, wenn wir auf einen Seelenfreund treffen.

Wir kannten uns noch nicht lange, als Anjas schwarze Tage über allem schwebten wie ein Mückenschwarm, der sich zum Angriff bereit macht. Die schwarzen Tage, weil es uns immer noch schwerfällt, das Wort Krebs auszusprechen. Wir denken auch heute noch nicht gerne daran und können verstehen, warum manche Erkrankte sich Fantasy-Namen ausdenken. So wie Karl Arsch, Hugo Übel oder Kackfrosch.

Aber Krebs kann jeder kriegen, und um ihn erfolgreich zu bekämpfen, braucht es außer der medizinischen Betreuung kostbare Freundschaften, die einem die Kraft geben, trotz Krankheit frei zu bleiben und unter Wasser atmen zu lernen.

Fünf Jahre war es erst her, dass wir uns kennengelernt hatten.

Zu Anfang gab es hier und da sogar Reibungspunkte zwischen uns beiden Frauen, da zwei recht unterschiedliche Charaktere mit einem Rumms aufeinandertrafen, der sich gewaschen hatte.

Ich, das etwas verpeilte und manchmal distanzlose Mädel vom Land, und Anja, die mich mit ihrer einnehmenden Energie zunächst überforderte. Ich sag nur „Reizfilterschwäche" dank ADS.

Sie ist so präsent, auch am Telefon, dass ich zu Beginn sogar nachts von ihr träumte und die Geschäftstelefonate, die wir geführt hatten, erst am nächsten Morgen analysierte. Vielleicht war ich sogar ein wenig eingeschüchtert, denn zu der Zeit kannte ich sie nur von Fotos, die mir eine sehr schöne Frau zeigten, und durch Gespräche, die ihre Weltgewandtheit deutlich machten. Auf der anderen Seite ich verwirrtes Huhn, mit meinen Problemen, mich in meiner kleinen Welt auf dem Lande zurechtzufinden.

Als wir uns immer mehr annäherten und ich nicht mehr aus Schüchternheit ins Schwitzen geriet, wenn ich sie anrief, begannen wir ganz überraschend, unsere Ähnlichkeiten zu erkennen. Plötzlich war da dieses Gefühl, sich vertrauen zu können. Dieses zarte Annähern war wie ein Zauber und fühlte sich richtig an. Die unsichtbaren Bänder an unseren Knöcheln begannen sich sanft zu straffen und die Schnur unserer Freundschaft verknüpfte uns über Hunderte Kilometer miteinander.

Anja ist genauso impulsiv wie ich und hat den gleichen „Herzklappenfehler": Klappe zu groß, Herz zu weich. Und wir lieben Hunde, Pferde, den Wald und Prosecco.

Sie ist beeindruckt von meiner Selbstverständlichkeit, Dinge zu analysieren. Völlig unzensiert, und dass ich immer nur das Gute im Blick habe.

Ganz schnell wurde uns klar, wie sehr sich unsere Weltanschauungen ähnelten, und so stellten wir fest, dass wir gar nicht so verschieden waren.

Wie gerne wir beide auf das Geschehen der Welt mit einem verklärten Blick der Gerechtigkeitsliebe schauten und das Beste hofften. Es war, als schwebten wir auf zwei klitzekleinen friedvollen Wolken, die sich plötzlich trafen und zusammenwuchsen. Und plötzlich thronten wir gemeinsam über allem, nichts ahnend, dass uns noch mehr verbinden sollte. Und auch wenn die weibliche Intuition oft hinkt und das Leben korkt, gibt es manchmal diese Art Band, das sich unsichtbar von einem zum anderen Menschen spannt und dortbleiben möchte. Ein Versprechen auf mehr, sozusagen.

Sind Sie schon mal Zug gefahren und an einem völlig anderen Zielbahnhof gelandet? Das passiert, wenn die Abfahrtgleise geändert wurden, man diese Tatsache überliest und gutgläubig in den Waggon einsteigt, der am zuvor geplanten Gleis steht.

So war es bei uns. Am Anfang hätten wir nicht gedacht, einmal so vertraut miteinander zu sein, wie wir es jetzt sind. Doch vielleicht hätten wir es ahnen müssen, denn manches im Leben geschieht nicht ohne Grund. Schicksale schmieden Allianzen und Karma ist ein drolliges Wesen.

Wir beide hatten Krebs, eine Krankheit, die alles erschüttern kann. Die die Mauern eines Lebens wie eine Atombombe in Millisekunden einstürzen lässt. Wenn man Pech hat, bleibt kein Stein auf dem anderen.

Niemand erwartet die Königin der Krankheiten, doch wenn ein Arzt diese Diagnose stellt, bleibt der Atem für Sekunden stehen. Man läuft durch einen Nebel aus zusammengeklebter Luft, der einen hindert, nach vorne zu gehen. Jede Bewegung wird abgeschnitten, man verfängt sich wie in einem Spinnennetz und hängt fest. Als wäre man nur noch fähig, die Augen zu bewegen und mit Schrecken zu beobachten, was kommt.

Schockstarre – Tausende Fragen rasen gleichzeitig und parallel wie ein immer wiederkehrendes Echo durchs Hirn und prallen an der Schädeldecke ab. Ganz plötzlich ist da nur noch ein Ziel: Überleben! Und die Hoffnung, durch ein Füreinanderdasein zu wachsen und zu wissen, dass man nicht allein ist.

Von der Überholspur auf den Pannenstreifen

JULI 2015

Anja

Nicht jeder Freitagnachmittag muss ein Dreizehnter sein, um der schlimmste deines Lebens zu werden. An manchen Tagen merkst du bereits, dass der Wurm drin ist, wenn du am Morgen zögerlich die Augen öffnest. Draußen schlägt das Aprilwetter mitten im Sommer erbarmungslos zu. Erst scheint die Sonne, dann zieht ganz unerwartet ein stürmischer Wind auf und die angewinkelten Fenster knallen alle auf einmal zu. Eine Kulisse wie aus einem Horrorfilm.

Fluchtartig verlassen meine Hunde das Bett und verkriechen sich sofort im Haus.

Feiglinge. Und da heißt es doch immer, Jack-Russell-Terrier seien so mutig.

Mir fällt ein, dass ich vergessen habe, die Tür zum Gäste-zimmer zu schließen. Mist, heute kommt doch Mina. Und Mina hat eine Hundehaarallergie!

In der Ferne höre ich ein tiefes Grollen, dann knallen große Regentropfen gegen die Fenster. Ich kann mich nicht mehr daran erinnern, jemals einen solchen Sommer erlebt zu haben.

Ich springe aus den Federn und rutsche als Erstes auf dem Stapel Zeitschriften aus, der vor meinem Bett den Teppich bedeckt. Irgendwie schaffe ich es, gerade noch die Balance zu finden.

Dann suche ich nach meiner zweiten Socke und finde nur eine halbe. Einer der Hunde muss den Rest bereits verdaut haben. Es wundert mich jedes Mal, dass die Tiere daran Gefallen finden. Seit Jahren kaufe ich deshalb nur noch schwarze Socken von einer Sorte, damit ich stets zueinander passende habe.

Beim Schließen der Schlafzimmerfenster fällt mir die Gardinenstange entgegen. Irgendwie reihen sich die unglücklichen Zufälle gekonnt aneinander. Also erst mal setzen, Augen schließen, durchatmen und so tun, als ob ich den Tag noch einmal von vorn starten könnte. Dreimal tief ein- und ausatmen. Kaffee. Eine gute Idee! Mit nur einer Socke steige ich die Treppen hinunter und rutsche prompt auf der letzten Stufe aus. In Zeitlupe lasse ich meinen Körper einfach rückwärtsfallen. Noch während ich mir selbst beim Fallen zusehe, denke ich darüber nach, wer mich wohl finden würde, wenn ich mir das Genick bräche. Wahrscheinlich würden die Hunde so lange jaulen, bis die Feuerwehr die Tür öffnet.

Das könnte eine gute Schlagzeile ergeben: Frau mit einer Socke, in weißem Omaschlüpfer und verfärbtem BH in der

Vorstadt schwer verletzt aufgefunden. Selbst bei der Auswahl seiner Nachtwäsche muss man also bedenken, dass man einen häuslichen Unfall haben könnte. Wer möchte schon so entdeckt werden? In letzter Sekunde stütze ich mich mit den Händen ab.

Ein- und ausatmen. Gut. Ich entschließe mich, dem weiteren Tag besonders vorsichtig zu begegnen. Langsam hört der Regen auf und ich suche den Flur nach dem Schlüssel für den Briefkasten ab. Zeitunglesen wäre doch prima. Aber der Schüsselbund bleibt leider unauffindbar, so ein Mist. Ich trete trotzdem nach draußen und hoffe, dass der Postbote auf die Idee kam, die Zeitung vor die Tür zu legen. Natürlich nicht. Sie löst sich halb auf, als ich versuche, sie aus dem Schlitz zu zerren.

Kurzum: An solchen Tagen sollte man eigentlich im Bett bleiben. Aber heute haben Mina und ich etwas vor: Wir wollen die Stadt erobern. Seit Jahren haben wir uns vorgenommen, eine dieser touristischen Schiffsfahrten durch Berlin-Mitte zu unternehmen. Vom Schiffsbauerdamm aus auf der Spree das alte Berlin zu entdecken.

Ich wohne zwar seit fast zwanzig Jahren in dieser großartigen Stadt, aber stelle doch immer wieder fest, wie wenig ich sie kenne. Als meine Tochter noch klein war, gingen wir jedes Wochenende ins Heimatmuseum, und als sie größer wurde, in die eine oder andere Ausstellung. Aber irgendwann war der Moment gekommen, dass sie aus dem mütterlichen Nest ausziehen und ihr eigenes Leben führen wollte.

Dann sammelte ich mich, richtete mich neu aus und zog mit meinen Hunden raus aus der viel zu lauten Stadt, in der

man so wahnsinnig viel Zeit damit verschwendet, einen Parkplatz zu finden.

Gestern Abend nahm ich einen Zettel und schrieb drei
Dinge auf, die ich unbedingt mit Mina machen wollte:

Berlin per Wasser entdecken
Eine zweistündige Busrundfahrt machen
Essen beim Lieblingsvietnamesen

In Hinblick auf diesen sehr kulturbeladenen Tag muss ich jetzt
noch unter die Dusche springen, mit den Hunden durch den
brandenburgischen Wald streifen und einkaufen gehen.

Ein Blick auf die Uhr verrät mir, dass ich noch genau drei
Stunden für alles Zeit habe.

Also ziehe ich mir irgendein Kleid über, schnappe den Beutel mit den leeren Plastikflaschen und mache mich als Erstes
auf den Weg zum Supermarkt.

Beim Rückwärtsfahren streife ich den Balken meines Garten-
tores und das Geräusch, das dabei entsteht, lässt mir die Haare
zu Berge stehen. Ich springe aus dem Auto. Gott sei Dank nur
ein brauner Farbstreifen, den ich leicht mit dem Fingernagel
abkratzen kann. Der Tag kann echt nur besser werden.

Am Fleischstand bestelle ich 300 Gramm Rindfleisch, das
die Auszubildende in einem viel zu großen Stück abschneidet. Es ist mindestens doppelt so viel, wie mir scheint. Augen-
maß liegt halt nicht jedem. Nun gut, ich nehme mir vor, die
Hälfte einzufrieren. Ich bin zwar Veganerin, aber und ein gutes
Steak für Gäste kann man immer gebrauchen.

Ein Stück Käse für Mina wäre auch nicht verkehrt, denn morgen früh im Garten zu frühstücken, wäre einfach traumhaft. Natürlich nur, wenn das Wetter endlich mitspielt.

Während ich schon an Mina und unsere gemeinsame Zeit denke, sehe ich zu, wie die Verkäuferin das blutige Messer gekonnt an ihrer roten Schürze abwischt, erst rechts, dann links und ein dreieckiges Stück Käse damit abschneidet. Hoppala.

Ich frage sie, ob das ihr Ernst ist und ob ihr klar ist, dass das, was sie gerade macht, nicht besonders hygienisch ist. Dann nehme ich mir die Tüte mit dem Fleisch und lasse sie verdutzt und mit dem Messer in der Hand hinter der Käsetheke stehen. Gerade erst habe ich eine erschreckende Dokumentation über Keime gesehen, die einige Leute das Leben kosteten ...

Die Zeit rennt unaufhörlich davon, ich schnappe mir hier und da noch etwas Brauchbares, werfe es in den Einkaufswagen und merke, wie mir langsam die Energie flöten geht. Sie rinnt einfach aus mir heraus wie Wasser aus einem beschädigten Gefäß. Wie so oft in den letzten Monaten. In Gedanken versuche ich mich aufzubauen: Es wird ein wunderschöner Tag. Auf dem Wasser. In der Stadt. La dolce vita. Lalala.

Ich renne zur Kasse und bin gedanklich schon ganz bei meiner Zeiteinteilung für die nächsten Stunden, da fragt mich die Kassiererin, ob ich Panda haben möchte.

„Wie bitte?" Ich verstehe nicht ganz. „Was möchten Sie?"

„Panda?"

Ich runzle die Stirn. Kung-Fu, oder was?

„Panda, Panda." Sie wiederholt es noch dreimal, ohne dass bei mir der Groschen fällt, bis sie genervt eine Packung Kinderaufkleber in die Luft hält, die als Werbeaktion verschenkt werden.

„Oh, nein, nein. Danke schön." Ich packe die Lebensmittel in die Tüte und sehe noch, wie der Rentner hinter mir mit den Augen rollt.

Ähm, bin ich im falschen Film, ist irgendwo eine versteckte Kamera? Das Leben meint es heute aber besonders nett mit mir.

Tja, da hilft nur, diesem Tag mit aller Macht einen Eimer bunter Farbe überzugießen. Also ab nach Hause. Kaffee hilft bestimmt. Viel davon. Die rosa Sonnenbrille aufsetzen, Hunde anleinen und durch den Wald spazieren. Nichts ist entspannender als Waldbaden. Gestern habe ich noch einen Artikel darüber gelesen, wie heilsam der unterirdische Energiefluss der Bäume ist.

Ich könnte versuchen, den Tag zu resetten. Oder einfach vorspulen? Nur nicht aus dem Gleichgewicht bringen lassen.

Natürlich haben sich die Hunde ausgerechnet in Minas Gästebett die Zeit vertrieben, was für mich nichts anderes bedeutet, als das gesamte Zimmer noch einmal zu enthaaren und das Bett neu zu beziehen. Das würde echt noch fehlen, dass Mina wegen ihrer Hundehaarallergie einen anaphylaktischen Schock bekommt. Das wäre dann ganz bestimmt der krönende Abschluss eines durch und durch verkorksten Tages. Aber so weit werde ich es nicht kommen lassen.

Die Sonne scheint nun und ich gehe mit den Hunden spazieren. Wie herrlich es doch ist, nach dem Regen unter märchenhaften Baumkronen zu laufen. Es ist, als würde der Wald atmen. Ich kann beinahe seinen Puls spüren.

In Gedanken bin ich bei Mina. Wie gut, dass wir uns vor einigen Jahren kennengelernt haben. Erst beruflich, dann auch privat. Unsere Telefongespräche wurden schnell immer vertrauter und persönlicher und trotz anfänglicher Missverständnisse, die immer entstehen, wenn man einander nicht kennt, haben wir es geschafft, uns nahezukommen. Ganz selbstverständlich wählten wir dann irgendwann die Telefonnummer der anderen, um persönliche Ratschläge einzuholen, wenn das Leben mal wieder auf dem Kopf stand. Und das tut es ja irgendwie oft.

In mein Herz schleicht sich die Frage, wie oft man jemanden trifft, der einem ähnlich ist und mit dem man sich so verbunden fühlt. Eher selten!

Beschwingt spaziere ich den Weg an dem Ziegengehege vorbei, der direkt zu meinem Haus führt.

Jetzt nur noch duschen und dann geht es in die große Stadt.

Mein Handy klingelt und ich lese Minas Nachricht:

„Bin pünktlich um 14 Uhr am Hauptbahnhof ☺"

Daheim drucke ich noch schnell unsere Tickets für die Berlin-Erlebnis-Tour aus – eine Hop-on/Hop-off-Busrundfahrt in einem roten Doppeldecker. Wie praktisch! Alle Sehenswürdigkeiten der Hauptstadt in zwanzig Stationen: vom Kurfürstendamm und dem Café Kranzler über den Potsdamer Platz mit dem Sony Center, Checkpoint Charlie und den Gendarmenmarkt bis zum Brandenburger Tor, dem Reichstag und natürlich Schloss Bellevue. Wir werden an der Stelle stehen, wo Hitler Selbstmord begangen hat, echt creepy, mehr über den Fall der Mauer hören und den Geschichten über berühmte

Berliner Anwohner und Besucher der Stadt lauschen, von Marlene Dietrich bis zu John F. Kennedy.

Wir können wählen, wann und wo wir länger verweilen möchten, und jederzeit wieder in den Bus steigen, um unsere Tour fortzusetzen. Perfekt. Eigentlich sollte man in jeder Stadt, die man besucht, so eine Tour machen. Schneller kann man keine Metropole einsaugen.

Anschließend entdecken wir bei einer einstündigen Bootstour Berlin vom Wasser aus. Und danach habe ich uns einen Tisch in meinem Lieblingsrestaurant reserviert, um nach dem anstrengenden Nachmittag den Abend gemütlich ausklingen zu lassen.

Wie ich mich freue! Die Straße ist wie immer zu voll, und ich hoffe, dass ich pünktlich zum Hauptbahnhof komme. Ich weiß ja, dass Mina Massenansammlungen sehr schlecht verträgt, und nirgendwo in der Stadt sind mehr Menschen auf einem Haufen als am Hauptbahnhof.

Immer wenn ich meinen kleinen idyllischen Lieblingsort verlasse, um nach Berlin hineinzufahren, schlagen zwei Herzen in meiner Brust. Ich sehne mich einerseits nach dem Trubel der Stadt, der Möglichkeit, mich in ein schönes Café zu setzen, um einen cremigen Cappuccino zu trinken, den Gesprächen der Menschen zu lauschen oder einfach mitten in der Nacht in eine Spätvorstellung ins Kino zu gehen. Andererseits weiß ich um die Schattenseiten dieses Großstadtlebens: Als ich noch hier wohnte, kam mir die pulsierende Stadt immer wie der Turm von Babel vor, flüchtige Bekanntschaften und wenige Menschen, die einem am Ende bleiben.

Mein jetziges Leben steht dazu in einem strengen Kontrast. Ich bin viel mehr im Einklang mit der Natur. Ich kann barfuß durchs Gras gehen, die Wäsche trocknet draußen im Sommerwind und duftet dann herrlich. Wonach eigentlich? Irgendwie nach allem: Es ist, als könnte ich die Sonnenstrahlen tief in den Fasern wahrnehmen. Genau wie den Gesang der sich paarenden Grashüpfer oder das Lied der Tauben am frühen Morgen. Als hätte die Essenz eines traumhaften Sternenhimmels sich in die Fasern eingelassen.

In meinem Garten kann ich die Äpfel vom Baum pflücken, Apfelmarmelade und Chutney einkochen. Dieser sagenhafte Geruch, wenn der Zucker die Früchte karamellisiert. Ich kann ihn tatsächlich riechen, in diesem Augenblick, mitten in der überfüllten Stadt.

Alles im Leben hat sein Für und Wider, und so bin ich froh, dass ich mir das, was ich brauche, nehmen kann, wann immer ich will.

Während ich an einer Ampel rechts abbiege, reißt mich das Klingeln meines Telefons aus den Gedanken. Mina ist dran und hörbar angespannt. Sie wartet bereits am Hauptbahnhof, und ich brauche noch mindestens fünf Minuten. Ich erkläre ihr, an welcher Stelle wir uns treffen könnten. Am Taxistand.

Doch als ich von Weitem den riesigen Hauptbahnhof ausmache, fällt mir ein, dass an beiden Ausgängen Taxis stehen.

Gut, dass ich gleich einen Notparkplatz finde. Die Sonne knallt gnadenlos vom Himmel und ich renne zum hinteren Ausgang.

Keine Mina. Ich schaue mich um, drehe mich mehrfach um die eigene Achse. Das Telefon habe ich natürlich im Auto gelassen. Ich will gerade zurückrennen, da entdecke ich sie doch noch. Unbeweglich steht sie inmitten der davonhastenden Menschen, mit ihrem kleinen Köfferchen in der Hand. Fast sieht sie aus wie ein kleines Mädchen, in diesem weißen Kleid, die Haare wild zu einem Zopf gebunden. Sie erblickt mich ebenfalls und wir fallen uns in die Arme. Freundinnenmodus. Ein Wochenende voll davon. Sekt und eine Feuerschale. Ach, das Leben!

Sie ist aufgeregt, eine lange Zugfahrt von beinahe vier Stunden liegt hinter ihr. Fast habe ich ein schlechtes Gewissen, dass wir nun gleich weitere sechs Stunden von der Stadt verschluckt werden. Aber sich jederzeit auszuklinken, wenn es zu viel wird, ist zum Glück kein Problem. Das liebe ich so an Berlin. Wir könnten uns auf eine Bank im Tiergarten setzen oder in mein Lieblingscafé am Kollwitzplatz, weit weg von den Touristen dieser Stadt, und entschleunigen. Und natürlich haben wir die Möglichkeit, jeglicher Reizüberflutung zu entfliehen. Einfach ins Auto setzen, aufs Land fahren und in meinem Garten chillen. Oder am See. Kaum jemand ahnt, was für schöne Seen wir haben. Mein absoluter Favorit ist der Werbellinsee im Biosphärenreservat Schorfheide-Chorin.

Aber ich schweife ab. Zurück zu Mina und mir. Was mich immer wieder erstaunt, wenn wir uns treffen: Selbst, wenn wir uns ein Jahr nicht gesehen haben, scheint keine Zeit vergangen. Wir reden so natürlich miteinander, als würden wir nur ein paar Minuten voneinander entfernt wohnen und uns täglich sehen.

Was macht Luna, Minas Tochter? Was macht Marie, mein Kind? Wie läuft es auf dem Bauernhof, der vor vielen Jahren Minas Lebensmittelpunkt geworden ist? Natürlich aus Liebe, wie hätte sie sonst zwischen Hunderten Rindern landen sollen. Mit einem echten Landwirt, der früh morgens aus dem Bett springt, um die Tiere zu versorgen. Ihre Miniponys. Ihre Katzen. Und das alles, obwohl sie eine Tierhaarallergie hat …

Was macht mein Liebesleben? Ähm. Es schläft noch. Wie Dornröschen. Hoffentlich nicht hundert Jahre lang.

Wir machen uns auf zum Kurfürstendamm, springen in den roten Bus und klettern in die zweite Etage des Doppeldeckers. Ich habe zwei Piccolos Prosecco eingepackt. Wir beschließen, die Stadt an uns vorbeiziehen zu lassen, ein freundlicher Student gibt uns eine herzliche Lektion in Berliner Geschichte.

Abwechselnd schauen wir uns die Sehenswürdigkeiten von ganz oben an und erzählen uns von den letzten Monaten in unserem Leben. Von unseren Kindern, die mitten in ihren ersten zarten Erfahrungen mit der schrecklich schönen Liebe sind. Vergleichen ihre Geschichten mit unseren und stellen ein ums andere Mal fest, dass das damals bei uns gaaanz anders war. Tauschen Anekdoten aus unserer Jugendzeit aus. Finden wie immer Parallelen. Unser erster Freund, der uns das Herz gebrochen hat, war Wassermann. Wir schwören uns, nie wieder Männer, die in diesem Sternzeichen geboren sind, zu daten.

Uns fallen so viele Gemeinsamkeiten auf, dass wir uns in die Arme schließen. Ganz fest – wir sind so froh, uns begegnet zu sein. In einer Zeitschrift habe ich gelesen, dass man sich immer Freundinnen sucht, die einen an einen selbst erinnern. So kann man seine Erlebnisse, seine Weltanschauung leichter auf die andere projizieren. Und deswegen ist es nicht verwunderlich, wenn sich die jeweiligen Erfahrungen ähneln.

ANJA

Die vier Stunden im Doppeldecker vergehen wie im Flug. Und schon sind wir am Schiffsbauerdamm an der Spree – raus aus dem Bus, rauf aufs Boot. Wir setzen uns in die Sonne auf dem Oberdeck, bestellen uns einen Eistee und sind erstaunt darüber, dass Berlin mehr Brücken hat als Venedig. Vorbei geht es am alten Stadtkern.

Alles ist ganz friedlich, bis zu dem Moment, in dem ich das Klingeln eines Handys wahrnehme. Aber da jeder Mensch heutzutage ein Handy besitzt und immer erreichbar ist, komme ich gar nicht auf die Idee, dass es meines sein könnte, das so penetrant schrillt.

Es klingelt erneut und endlich kapiere ich, dass es aus meiner Tasche kommt. Ich entdecke es nicht gleich. Tja, in so einer Frauentasche befindet sich ungemein viel. Überlebensmaterial für alle Lebenslagen. Tampons. Lippenstifte. Altes Brötchenpapier. Noch mehr Lippenstifte. Gesichtswasser. Gleich zwei Portemonnaies. Endlich auch das Handy. Die Nummer ist mir unbekannt. Ich überlege noch kurz, ob ich lieber später zurückrufen soll, dann nehme ich das Gespräch doch an.

Im ersten Moment erkenne ich die Stimme am anderen Ende nicht. Dann bekomme ich ein unheimliches Gefühl in der Magengegend.

Wenig einfühlsam und in gleichgültigem Ton posaunt mir der Chefarzt höchstpersönlich das Ergebnis meiner letzten Darmspiegelung ins Ohr. In weniger als einer Sekunde verzerrt sich das Bild um mich herum, verschwimmen Farben und Geräusche. „Sie haben Krebs", schallt es immer wieder durch mein Gehirn. „Sie haben Krebs. Sie haben Krebs …"

Ich erstarre, verliere jegliches Zeitgefühl und bin zu nichts anderem in der Lage, als mit weit aufgerissenen Augen geradeaus zu schauen. Mein Körper ist taub und ich kann meine Beine nicht mehr bewegen. Das Einzige, was ich höre, ist das Rauschen meines Blutes, als hätte ich an beide Ohren eine Muschel gelegt. Ich will schreien ... Mina schaut mich ratlos an, ihr Gesicht wird kreidebleich, als ich kaum hörbar flüstere: „Ich habe Krebs!"

Ich will nur noch nach Hause, in mein Schlafzimmer, um mich in Embryostellung ins Bett zu legen und die Wand anzustarren.

Ich spüre, wie sie ganz ruhig ihren Arm um mich legt. Wir sitzen auf dem Schiff fest und ich muss mich beherrschen, nicht in Tränen auszubrechen. Da höre ich ihre Stimme wie durch eine Nebelwand: „Wir schaffen das!"

Mina

Vorsichtig fädele ich meine Finger in Anjas und schaue hinauf in den Himmel. Graue Wolken türmen sich zu einem seltsamen Gebilde und ich wühle in meinem Kopf nach Worten. Nach etwas Tröstlichem, doch so sehr ich auch suche, ich stehe selbst vollkommen neben mir. Alles war eben noch so heiter und das Wasser der Spree flüstert uns immer noch unschuldig zu.

„Der Arzt von der Darmspiegelung?", hake ich sanft nach. Wir hatten vor einigen Stunden noch über diese unangenehme Untersuchung gescherzt. Finger im Po, Mexiko. Und jetzt sollte diese Routinemaßnahme solch einen Schrecken gebären? Beinahe fühle ich, wie Flammen über meine Haut lecken, mich aufschrecken.

Anja nickt nur, ihre Hand in meiner wird immer kälter und ich bekomme Angst, dass sie einen Schock erleidet. So etwas kann doch gefährlich werden, oder? Gefahr. Es ist seltsam, wie sie einem das Blut mit Adrenalin füllt, und ich erinnere mich plötzlich ganz klar an einen Moment vor etwa zehn Jahren. An den Tag, an dem ich selbst mit diesem Ungeheuer namens Krebs konfrontiert wurde. Diese nüchterne Mitteilung, dass sich ein Zervixkarzinom an meinem Muttermund eingenistet hatte und wuchs.

„Ja", antwortet Anja, und mir gehen all ihre Beschwerden der letzten Monate durch den Kopf. Sie war so oft hundemüde und wachte nachts schweißnass auf. Wir hatten es dem Stress zugeschoben, denn als Selbstständige hat sie wenig

Verschnaufpausen und muss auf den Punkt genau funktionieren. Ich bewundere es oft, wie Anja ihr Pensum schafft, und weiß nur zu gut, dass ich selbst diesen Dauerlauf nicht durchhalten würde.

Ich blinzele und stehe ungelenk von der Holzbank auf. Anjas Hand lockert sich in meiner und ich greife fester zu.

„Komm, das Schiff legt an, wir müssen von Bord", flüstere ich, zupfe leicht an ihr und höre, wie Anja sagt: „Ja, die Fahrt ist vorbei." Ihre Antwort gefällt mir nicht.

„Nichts da. Wir machen uns jetzt auf den Weg nach Hause und dann erzählst du mir ganz in Ruhe, was der Arzt dir gesagt hat." Der kann ihr doch unmöglich so eine Nachricht an den Kopf werfen und dann in sein wohlverdientes Wochenende gehen, oder doch? Wie ein schlechter Klingelstreich: einmal läuten und schnell verschwinden ...

„Da gibt es nichts zu erzählen." Anja steht auf, wischt sich imaginäre Fusseln von ihrem geblümten Kleid.

„Und wir wollten doch noch Essen gehen. Ich habe extra einen Tisch reserviert", erinnert sie mich und meine Augenbrauen schnellen in die Höhe. Als könnten wir wirklich ganz entspannt so tun, als wäre nichts. Ihre dunkelbraunen Haare werden vom Wind verweht, verstecken ihr schönes Gesicht.

„Ich denke, wir planen einfach um. Ich für meinen Teil hätte Lust auf etwas Gemütliches, ohne viele Menschen." Die sind mir ohnehin sehr schnell zu viel.

„Bist du sicher?", fragt Anja und mustert mich prüfend. „Du bist ja nicht gerade oft in der Hauptstadt."

Es wird unangenehm hier an Deck, die Leute schieben und drängen von Bord. Können die nicht ein bisschen Rücksicht nehmen? Sie müssen doch merken, dass wir auf unsicherem Boden stehen. Ich verziehe ärgerlich das Gesicht und drücke selbst energischer, um mir und Anja mehr Raum zu verschaffen. Ein Kind rennt mir in die Hacken und ich spüre die Flammen auf meiner Haut deutlicher.

Wir warten, bis alle Fahrgäste das Schiff verlassen, und gehen als Letzte. Landluft ist mir sowieso lieber als die Hektik der Stadt. Besonders wenn mein Hirn so sehr beschäftigt ist wie jetzt gerade.

„Sag mal, kannst du bitte fahren?", fragt Anja irgendwann während unseres schweigenden Fußmarschs, gerade als ich die Stille zwischen uns bereits verfluche. Warum fällt einem nichts ein, wenn es drauf ankommt?

„Natürlich. Auf jeden Fall", antworte ich, den Blick auf das Riesengefährt geheftet, das so gar keine Ähnlichkeit mit meinem Mini aufweist. Ich schlucke und lächle so hübsch ich kann. Zeitgleich öffnet Poseidon seine Schleusen und heftiger Platzregen geht mit einem Rauschen auf uns nieder.

„So eine Scheiße", zischt Anja und wirft mir in der nächsten Sekunde ihre Autoschlüssel zu. Ich fange sie natürlich nicht und komme aus dem Tritt bei dem Versuch. „Das knallt dem Frosch die Locken weg!", murre ich und kann es nicht fassen, dass die Welt tatsächlich dabei ist, unterzugehen.

„Beeil dich, ich will nicht noch 'nen Schnupfen bekommen", ruft Anja über das Prasseln hinweg und eilt zur Beifahrerseite. Sie wippt auf den Fersen und ich entriegele die Tür. Wir hüpfen zeitgleich ins Innere des Wagens. Der Regen wird ausgesperrt und ich frage mich, warum dieser Sommer so verdammt nass sein muss.

„Was für ein Tag", höre ich Anja weiter zu, die langsam wieder zum Leben erwacht. „Mir fällt gerade ein, ich hab ganz vergessen, den Wein kaltzustellen. So ein Mist."

„Das ist nicht schlimm."

„Doch, wir wollten schließlich auf deinen Berlinbesuch anstoßen."

„Dann disponieren wir halt um und nehmen Eiswürfel dazu oder wir machen Glühwein draus", schlage ich vor und starte den Motor. Mein Gott, wo hört das Auto eigentlich auf und wo fängt es an? Das Ding ist ein Schlachtschiff.

„Erinnere mich dran, dass ich noch die Waschmaschine anstelle. Das hab ich auch vergessen und Marie braucht ihre blaue Jeans", redet Anja ohne Punkt und Komma. Dann zählt sie diverse andere Dinge auf, die sich auf ihrer To-do-Liste befinden.

„Mh", brumme ich und setze den Blinker. Jemand hinter mir hupt laut und ich trete auf die Bremse. Der Fahrer eines BMW zeigt mir den Vogel und brüllt irgendwas. Pissnelken blühen eben das ganze Jahr.

„Die Stelle hier ist immer heikel, du musst warten, bis die Ampel rot ist, sonst kommst du hier nicht weg", verrät Anja mir nach diesem Beinahe-Crash und ich lächele stur. Ich gebe Gas, der Wagen hoppelt über den Bordstein.

„O Gott, hast du kein Schaltgetriebe?", fällt mir zu allem Überfluss auf, während ich mich zwischen den anderen Fahrzeugen einreihe, die sich wie bunte Perlen auf einer Schnur langsam durch den Regen bewegen. Überall leuchten rote und gelbe Lichter und der sonnige Abschnitt des Tages liegt weit hinter uns.

Ich konzentriere mich auf die verschiedenen Fahrbahnen, eine wahre Reizflut, und folge Anjas Anweisungen. Ganz ehrlich, ich lobe mir das Landleben: Die Straßen dort kommen mir weitaus ungefährlicher vor. Trotz der landwirtschaftlichen Maschinen, die einen in den Graben befördern können, so wie es neulich meinem Cousin beim Versuch, so ein Ungetüm zu überholen, passiert ist. Er hatte Glück im Unglück und überlebte.

Aber, was soll ich sagen? Wir scheiden alle tot aus dieser Welt. Der eine früher, der andere später. Und statistisch gesehen sind die häufigsten Gründe für ein verfrühtes Ableben Herz-Kreislauf-Erkrankungen, dicht gefolgt von Krebs. Mein Kiefer zuckt und meine Zähne knallen viel zu fest aufeinander.

Ich war erst fünfundzwanzig, als ich den Brief in der Post fand, in dem stand, ich solle mich bitte unverzüglich in der Frauenarztpraxis meines Vertrauens melden. Dumm nur, dass die gerade im Urlaub waren, und ich frage mich bis heute, warum man solche Briefe verschickt, mit denen man andere Leute aufscheucht, und dann die Nase in die Sonne der Karibik hält. Es vergingen ganz drei Wochen, bis ich endlich einen Termin bekommen hatte und hibbelig im Wartezimmer hockte. Ich weiß noch, dass meine Tochter dabei war, weil ich keinen Babysitter hatte. Sie wippte die ganze Zeit auf meinen Knien und flirtete mit meinem Arzt, der Mühe hatte, zum ernsten Teil des Gesprächs überzuleiten.

„Ihre Tochter ist wirklich reizend", meinte er und ich dachte an die schwierige Schwangerschaft zurück.

„Woran Sie ja auch einen Anteil haben", hörte ich mich sagen und merkte schnell, dass sich das seltsam anhörte. „Ich meine, wenn Sie nicht rechtzeitig die Schwangerschaftsvergiftung erkannt hätten ...", erinnerte ich ihn an die Zeit, in der ich beinahe täglich bei ihm war. Er lächelte nett und hing einem Gedanken nach. Etwas zu lange vielleicht.

„Und jetzt hält sie mich ganz schön auf Trab, die kleine Maus", sprach ich weiter. Luna war mir ziemlich ungeplant ins Leben gegrätscht, aber dennoch das Beste, was mir je passiert war. So viel steht für mich fest. Auch wenn sie sich die turbulenteste Zeit ausgesucht hatte, um mich zu überraschen, war sie ein Segen für mein chaotisches Leben.

„Manchmal ist es doch toll, wie sich alles entwickelt." Die Art, wie mein Arzt das sagte, ließ mich aufhorchen.

„Das ist wahr." Ich küsste die kleinen Finger meines Kindes, und sie gluckste. Nichts auf der Welt gibt einem so viel Kraft, wie Mutter zu sein. Doch ich muss zugeben: Als ich erfuhr, dass ich vollkommen ungeplant schwanger war, traf mich zunächst der Schlag. Denn mein Leben stand bereits Kopf. Gerade erst hatte ich mit der Diagnose ADS (Aufmerksamkeitsdefizitsyndrom) Bekanntschaft gemacht und war dabei, Altlasten aufzuarbeiten und mich neu zu erfinden. Ich bin eine vollkommene Chaotin, und das seit Kindertagen. Doch ich wusste lange Zeit nicht, dass das einen neurologischen Ursprung hat und dass ich lernen kann, damit umzugehen. Und mitten in diesem Wirrwarr kam Luna zur Welt. Ein Sechser im Lotto, also.

„Nun", sagte mein Gynäkologe dann irgendwann gedehnt und Luna erwischte meine Halskette. Das Metall schnitt in meine Haut und ich löste ihre kleine Hand vom Herzanhänger, was ihr ein Quäken entlockte.

„Ihr letzter Vorsorgeabstrich war ja nicht in Ordnung", leitete er seine Gesprächsdiagnose ein. „Der war bei Pap III, was schon ein zweifelhafter Befund war."

„Mh", stimmte ich zu und war mir sicher, dass dieser Befund nur irgendeine Entzündung war. Nichts weiter. Ich hatte oft Entzündungen in meinem Körper. Eierstockentzündungen, Halsentzündungen, Blinddarmentzündungen, Bindehautentzündungen, ach, was soll's.

„Und um genau zu sein, der neue ist eher bedenklich." Er faltete die Hände auf seinem Tisch und ich runzelte die Stirn.

„Was soll das heißen?", hakte ich etwas dümmlich nach. Ich hatte keinen Schimmer, worauf er hinauswollte. Luna lehnte sich mit einem Ruck nach hinten und ich legte meine Arme fester um ihre Mitte. In Gedanken ging ich meine Befunde der letzten Jahre durch. Einmal gab es einen, bei dem Humane Papillomviren festgestellt wurden, die Zellveränderungen bewirken können, es aber nicht müssen. Die Pap-Werte gaben den Grad dieser Veränderungen an, benannt nach dem mikroskopischen Untersuchungsverfahren des griechischen Arztes Papanicolaou.

„Ihr Wert liegt jetzt bei Pap IV und ich möchte, dass Sie im Krankenhaus eine Konisation machen lassen. Dabei wird ein Kegel aus dem Muttermund geschnitten und somit das betroffene Gewebe entfernt."

„Oh, muss das sein?", fragte ich leise, als dürfe dieses Gespräch niemand hören. Mir rannten meine Gedanken weg, machten mich augenblicklich schwindelig. Ich hasse Messer, Skalpelle und Laser, und wenn es ums Rumschneiden geht, reagiere ich geradezu allergisch. Was sollte denn noch alles raus? Der

Blinddarm war weg, die Mandeln und einige Zysten. Und überhaupt. Wo sollte ich mein Kind lassen, wenn ich mich operieren ließ? Sie war bis jetzt immer nur bei mir gewesen, ich war alleinerziehend. Wir waren doch noch in Symbiose, zwei Lebewesen, zu einem verschmolzen. Ich konnte nicht einmal allein auf Toilette gehen, es sei denn, sie schlief gerade mal.

„Das muss ich Ihnen dringend empfehlen. Diese Art Befund kann sich zu Krebs entwickeln."

„Okay", flüsterte ich und hätte Luna gerne die Ohren zugehalten, wenngleich ich wusste, dass sie keines dieser Worte verstand.

Etwa zwei Wochen später kam ich nach dem kleinen, aber feinen Eingriff wieder nach Hause. Ich war noch ziemlich mitgenommen, weil man mich mit einer älteren Dame in ein Zimmer gesteckt hatte, die nicht mehr wusste, wer sie war. Die halbe Nacht wollte sie abhauen und weinte, wenn man sie zurück ins Bett zwang. Es muss schrecklich sein, wenn das Meer des Vergessens einen zunehmend einkreist.

Als Luna mich entdeckte, wackelte sie mir sofort entgegen, direkt in meine ausgebreiteten Arme, so sehr freute sie sich. Sie war das erste Mal über Nacht bei meiner Mutter geblieben, was recht gut funktioniert hatte – jedenfalls besser als befürchtet. Ich weiß noch, dass ich sie ohne darüber nachzudenken wie gewohnt hochhob und plötzlich ein heißes Gefühl zwischen meinen Schenkeln wahrnahm. Ich blutete wie ein Schwein auf der Schlachtbank und verspürte sofort einen stechenden Schmerz, der an Regelkrämpfe erinnerte. Eine Konisation war ja aber ein harmloser Eingriff, deshalb blieb ich auf dem Teppich. Trotz des vielen Rots, das meine Jogginghose färbte.

Ich verbrachte den Tag mit Luna auf dem Sofa. Wir guckten *Jim Knopf und Lukas der Lokomotivführer*. Nie im Leben hätte ich damals damit gerechnet, wenige Tage später einen Anruf zu erhalten, der mich über den Fund eines Karzinoms aufklären sollte. Ein winziges, bösartiges Ding, das nur etwas über einen Zentimeter maß. Ein Befund, wegen dem ich wieder ins Krankenhaus musste und der mein Leben noch heftiger durcheinanderbringen sollte, als es eh schon war. Ich geriet ins Schleudern und landete auf dem Pannenstreifen, während andere auf der Überholspur unterwegs waren. Zum Glück wurde in meinem Fall schließlich alles gut, ich kam mit einem blauen Auge davon. Ich gelte heute als geheilt. Und trotzdem bleibt die Furcht vor diesem Schatten namens Krebs. Ich will das Wort nicht mal aussprechen und neige dazu, es zu umschiffen. Wie bei Harry Potter, in dessen Geschichte man den Namen des bösen Zauberers Voldemort nicht nannte und stattdessen „Du weißt schon wer" raunte.

„Du musst hier rechts abbiegen", lotst mich Anja weiter, unterbricht damit meine Gedanken und erzählt mir anschließend etwas über dreckige Hundepfoten auf weißer Wäsche. Ich will aus einem Impuls heraus einen Gang runterschalten und vergesse für einen Moment, dass ich gerade einen Automatikwagen steuere. Mein Fuß tritt ins Leere.

„Esta war vor einiger Zeit läufig, ich sag dir, das kann dir den letzten Nerv rauben", erzählt Anja von ihrer Hündin. „Und

der arme Kimo frisst dann nicht mehr richtig, so hormonge-
steuert ist er in dieser Zeit."

„Oh je", sage ich, meine so vieles damit und bin gleichzeitig
erleichtert, den riesigen Wagen sicher auf die Hofeinfahrt gebracht zu haben. Ich stelle den Motor ab und starre meine
Freundin an. Ich will ihr Fragen stellen, sie löchern zu diesem
beschissenen Telefonat, das die Schwerkraft ausgehebelt hat.
Aber es geht nicht, ich kann sie nicht nötigen, darüber zu sprechen, wenn sie es nicht von allein schafft. Bei mir war es damals
ähnlich, ich musste die Nachricht und ihre möglichen Konse-
quenzen erst einmal sacken lassen. Keine Panik auf der Titanic,
so lautet die Devise. Der Eisberg ist noch lange nicht in Sicht.

Es hat aufgehört zu regnen und die Sonne frisst sich langsam, aber beständig durch die zinngrauen Wolken. Wir steigen
aus und gehen zur Tür des roten Schwedenhauses. Die Vögel
singen in den Bäumen und ich lächele Anja ein weiteres Mal
aufmunternd an.

„Wie wäre es mit einem Tee?", frage ich und gehe voran in
die Küche. Tee ist immer gut, er beruhigt die Nerven und ist
gesund. Zumindest Matchatee, glaube ich. Die beiden Jack-
Russel-Terrier freuen sich wie Bolle, dass ihr Frauchen wieder
da ist, und hüpfen aufgeregt neben uns her. Ich habe einmal
gelesen, dass Hunde eine Zeitspanne, in der sie zurückgelassen
werden, nur sehr schwer einschätzen können. So kommt ihnen
das Alleinsein oft wie eine Ewigkeit vor.

Ewigkeit, was für ein Wort. Ich stolpere über Esta, die Hündin, und halte inne. Anja setzt sich auf den Boden, zieht die
Beine unter ihren Po und nimmt Kimo in den Arm. Er winselt

ganz leise und leckt ihr über die Wange. Dann passiert es. Für einen Moment könnte man meinen, Anja lacht, vielleicht tut sie es sogar zuerst, doch dann sacken ihre Schultern nach vorne und Tränen bahnen sich ihren Weg. Ich fühle mich hilflos, knie mich einfach neben sie und lege meinen Arm um ihre Mitte. Die beiden Hunde sind sichtlich neben der Spur, Esta dreht sich im Kreis und weiß gar nicht, wohin mit sich. Kimo leckt Anja die Wangen ab.

„Alles wird wieder gut", sage ich und bekomme Kimos Hintern ins Gesicht.

„Und wenn nicht?" Anja blickt auf, wischt sich hektisch die Tränen weg, die der Hund noch nicht erwischt hat.

„Am Ende wird immer alles gut", lüge ich und weiß, dass es eben manchmal nicht so ist. Vor Kurzem erst ist die Freundin einer Freundin mit gerade einmal achtundzwanzig Jahren an Brustkrebs gestorben. Sie hinterlässt eine fünfjährige Tochter, die die Welt nicht mehr versteht, und einen zutiefst deprimierten Mann.

Anja stößt als Antwort nur hart die Luft aus.

„Und wenn es noch nicht gut ist, ist das Ende noch nicht erreicht", gebe ich ein altes Zitat wieder, ohne mich zu erinnern, von wem es stammt.

„Aber was, wenn nicht?", wiederholt sie die Frage und neue Tränen schwimmen in ihren Augen. Ich spüre erneut das Feuer auf der Haut und in meinem Herzen, das mich jetzt auch weinen lässt.

Ich weiß nicht, wie lange wir auf den Fliesen mitten im Flur kauern und still unsere Tränen freien Lauf lassen. Mein Kopf ist für einige Minuten vollkommen leer, dann kriecht eine seltsame Angst an mir hoch. Ich kann es kaum beschreiben. In den letzten Jahren habe ich den Schatten Krebs ganz gut verdrängt. Ich habe keine Angst mehr, zur Nachsorge zu gehen, weil sie jetzt wieder Vorsorge heißt. Ich bekomme keine Panik mehr bei simplem Zahnfleischbluten oder wenn ich ungewöhnliche Bauchschmerzen habe. Jetzt aber, wo diese Krankheit wieder so präsent ist, fühlt es sich an, als stünde ich in einem Becken voller Piranhas und schnitte mir in den Finger. Das Blut tropft ins Wasser und ich rechne damit, dass die Raubfische jederzeit hochspringen und angreifen.

Dieser kurzzeitige Drang, Reißaus zu nehmen, ist absurd, das ist mir klar. Denn Krebs ist weder ansteckend, noch kann man ihn durch bloße Gedanken heraufbeschwören.

Dennoch wird mir plötzlich einiges klar. Wieso viele Freunde auf Abstand gingen, als ich krank wurde. Konnte – neben Hilflosigkeit, fehlender Empathie, Furcht vor Verantwortung – auch so ein Gefühl eine Rolle gespielt haben?

Ich verstärke den Druck meiner Arme, die um Anjas Taille liegen, und helfe ihr aufzustehen.

„Wir machen es uns jetzt erst mal nett", schlage ich mit belegter Stimme vor. „Netter jedenfalls als auf dem Boden eines Flures."

Ich manövriere Anja aufs Sofa und gehe gedanklich durch, was mir damals gutgetan, mich abgelenkt und auf andere Gedanken gebracht hat. Ich finde die DVD *Schokolade zum Frühstück*. Wir machen sie an und kuscheln uns in Wolldecken.

Es ist weit nach Mitternacht, als Anja einschläft und ich mir mein Handy aus der Tasche angele, um zu Hause Bescheid zu geben, dass ich etwas länger in Berlin bleiben werde.

Nachdem ich die Zeilen abgeschickt habe, schaue ich hinaus in die Nacht. Der Polarstern funkelt an einem verhangenen Himmel und ich denke an jenen Abend zurück, bevor ich den alles entscheidenden Termin im Krankenhaus hatte. Mein Exfreund, dem ich erst kurz vor dem ganzen Desaster die Tür gewiesen hatte, kam unangemeldet vorbei. Er klopfte an die Terrassentür, während ich in den Sternenhimmel glotzte, als hätte der all die Antworten parat, die ich brauchte.

„Hey, wie geht es dir?", fragte er, während ich öffnete. Ich schlang die Arme um meine Mitte – zum einen, weil es beinahe Oktober und kalt war, und zum anderen, um nicht auseinanderzufallen.

„Okay", log ich und sah ihn misstrauisch an.

„Ich habe davon gehört", ließ er mich wissen und ich fragte mich, wer zum Geier diesmal die undichte Stelle war. Ich wollte nicht, dass er es wusste. Unsere Wunden, die wir einander zugefügt hatten, waren noch zu frisch, um jetzt eine ernste Erkrankung ins Spiel zu bringen. Zumindest für mich.

„Es wird schon nicht so wild sein", antwortete ich also so lässig wie möglich und erstickte dann beinahe an meiner Furcht.

„Du bist wirklich tapfer", meinte er und wich meinem Blick aus. „Wenn ich dir irgendwie helfen kann ..."

Weiter kam er nicht, da schüttelte ich schon heftig den Kopf. Von seiner Hilfe hatte ich vorläufig genug.

„Ich kann dir Lu abnehmen", schlug er vor, und mein Herz machte einen unangenehmen Satz gegen meine Rippen.

„Ich werde nicht lange weg sein, nur ganz kurz", entschied ich. „Und in der Zeit kümmert sich meine Mutter um sie." Ihr vertraute ich blind.

Im Hintergrund lief das Radio und *Don't Fear the Reaper* setzte sich als Dauerschleife in meinem Kopf fest. Fürchte nicht den Sensenmann. Als er meine Hand nehmen wollte, wurde mir eiskalt.

„Ich muss jetzt nach Lu sehen, komm ein anderes Mal wieder, okay?" Ich lächelte. Es schmerzte in meinem Gesicht. Ich war froh, die Tür hinter ihm und seinem wissenden Blick zuschließen zu können.

Ich wippe ein, zwei Mal auf den Zehenspitzen, überlege, ob ich jetzt ins Gästebett verschwinden sollte. Die beiden Hunde haben sich schon lange ganz eng an Anjas Körper gelegt und schlafen selig. Die guten, unwissenden Seelen. Oder riechen sie vielleicht den Krebs, der in Anja wohnt ... Hund müsste man sein! Ich betrachte ihr schlafentspanntes Gesicht. Die feinen Linien um die Augen, die von vielen fröhlichen Zeiten sprechen. Ihre vollen Lippen bewegen sich ganz leicht, als flüsterten sie. Ich streiche ihr eine ebenholzfarbene Strähne aus dem Gesicht und schicke diesem Schneewittchen all meine guten Wünsche, während ich ihr die Decke über die Schultern ziehe.

In jedem Märchen gibt es ein Happy End. Und wir finden unseres. Ganz sicher. Denn am Ende wird alles gut. Das muss es.

Lieber Hiob, mach mal halblang

JULI 2015

Anja

Der nächste Morgen fühlt sich an, als hätte ich zwei Flaschen Rotwein allein getrunken. Der Kopf ist schwer, die Zunge pelzig, die Lider sind angeschwollen und meine Augen verklebt. Vorsichtig versuche ich trotzdem, sie zu öffnen.

Es gibt diese Momente, in denen du zweifelst, ob das, was dir gerade passiert, wirklich Realität ist. Dies ist so einer!

Ich starre die Zimmerdecke an und falte die Hände über meinem Bauch zusammen. Die Zeiger des Weckers stehen auf fünf Uhr. Es ist so früh am Morgen, dass die Welt noch schläft. Und ich möchte mich einfach nur ins Auto setzen. Das Ziel wäre mir egal, ich würde die Landschaft an mir vorbeifliegen sehen und so lange fahren, bis ich wieder ganz frei denken könnte. Stattdessen rattern in meinem Kopf die Fragen durcheinander.

Wie geht es nun weiter? Was wird sich alles ändern? Mir wird klar, dass meine Lebensordnung nun durch eine neue ersetzt wird. Ich werde mich mit Themen auseinandersetzen müssen, die bis jetzt kein Bestandteil meines Alltags waren. Angst und Unsicherheit steigen in mir hoch. Mir fallen die vielen Berichte über Krebskranke ein, die ich in Zeitschriften nur flüchtig gelesen habe. Dass ich jemals davon betroffen sein könnte, kam mir niemals in den Sinn. Oft ertragen wir das Schicksal der anderen ja kaum und versuchen, diese Geschichten so schnell wie möglich abzuschütteln.

Bilder flackern auf. Von Frauen und Männern, die durch eine Chemotherapie alle Haare verloren haben. Matt, dünn, kreidebleich und an Plastikschläuchen hängend, in kargen Krankenhausbetten liegend ... Meine Kehle schnürt sich zu.

Ich habe das Thema bisher ganz weit von mir weggeschoben, fühlte mich unangreifbar, nicht davon betroffen. Nicht einmal, als ich das erste Blut in der Toilette sah. Hämorrhoiden hat doch jeder ab einem gewissen Alter, dachte ich mir. Auch als es mehr wurde, schob ich das Thema weit aus meinem Bewusstsein. Ich war beschäftigt, hatte einen Vollzeitjob, eine Tochter, die mich noch brauchte, Hunde, die versorgt werden mussten, eine Trennung zu verkraften und ein Leben, in dem für eine Krankheit auf keinen Fall Platz war. Die Auseinandersetzung mit dem Tod war mir bisher nicht im Entferntesten in den Sinn gekommen.

Warum auch? Ich bin jung, habe Ziele. Vielleicht wollte ich mir mit dieser Strategie die Wirklichkeit ein wenig vom Leib halten?

Und mit einem Mal bricht die Welt, die ich bis jetzt kannte, schlagartig zusammen. Wie wird es weitergehen?

Ich greife nach meinem Laptop und gebe den Suchbegriff „Darmkrebs" bei Google ein. Karzinome, lese ich, entwickeln sich dann, wenn Zellen in der Schleimhaut des Dickdarms entarten und sich unkontrolliert teilen. Im Normalfall schafft es der Körper, veränderte Zellen zu erkennen und rechtzeitig zu beseitigen. Manchmal gelingt dies jedoch nicht. Die Folge: Die entarteten Zellen wachsen unkontrolliert weiter – ein Tumor entsteht. Warum genau das passiert, ist noch nicht abschließend geklärt. Das Alter spielt eine wichtige Rolle. Je älter ein Mensch ist, desto höher ist auch das Erkrankungsrisiko: Vor dem 40. Lebensjahr ist Darmkrebs selten, im höheren Alter steigt das Erkrankungsrisiko an. 90 von 100 der Betroffenen sind älter als 55 Jahre. Mehr als die Hälfte aller Erkrankten hat den Krebs nach dem 70. Lebensjahr entwickelt. Bei der Diagnose ist eine Frau im Durchschnitt 75 Jahre alt, ein Mann 72 Jahre.

Dickdarmkrebs ist – nach Prostatakrebs bei Männern und Brustkrebs bei Frauen – bei beiden Geschlechtern die zweithäufigste Krebserkrankung. Im Jahr 2013 erkrankten in Deutschland rund 34 050 Männer und 28 400 Frauen daran.

Zu den Risikofaktoren zählen vor allem:

- langjährige chronisch-entzündliche Darmerkrankungen, vor allem Colitis ulcerosa.
- Darmkrebsfälle in der Familie, insbesondere, wenn die betroffene Person bei Erkrankungsbeginn unter 50 Jahre alt war.
- Darmpolypen bei sich oder bei engen Familienmitgliedern.

- Eine ungünstige Ernährung: wenig Ballaststoffe, viel Fett und Fleisch (insbesondere rotes Fleisch), wenig Obst und Gemüse.
- Übergewicht und Bewegungsmangel, Rauchen, ein hoher Alkoholkonsum.
- Fälle von bestimmten anderen Krebsarten bei sich selbst oder bei nahen Verwandten.

Hatte jemand in meiner Familie Krebs? Oder bin ich vielleicht selbst schuld, weil ich in der Studentenzeit ein eher wildes Leben geführt habe?

In Gedanken rattere ich die To-do-Liste herunter, die ich mir kurz vor dem Einschlafen für den heutigen Tag erstellt habe: Testament schreiben, Beerdigung planen und mir ein Lied überlegen, das während der Beisetzung laufen soll. Das weiß ich schon: „November Rain" von *Guns n´ Roses* habe ich mir ausgesucht. Aber wo will ich eigentlich beerdigt werden? Und funktioniert die Umsetzung meines Wunsches überhaupt? Ich muss meine Mutter anrufen! Mein Herz zieht sich zusammen ...

Leise schleiche ich aus dem Schlafzimmer. Das Haus ist noch ganz ruhig. Die Hunde schlafen mit den Füßen nach oben, Akimo winselt leise und jagt im Traum wahrscheinlich einem Vogel hinterher. Esta wedelt glückselig mit dem Schwanz. Was wird aus ihnen, wenn ich es nicht schaffe?

Ich öffne behutsam die Tür zum Garten. Ein leichter Nebel liegt über dem feuchten Gras. Müde und verwirrt setze ich mich in den Schaukelstuhl, ziehe die Beine dicht an meinen Körper und wippe hin und her.

ANJA

Was sind die nächsten Schritte? Was muss ich wissen und worüber muss ich, mich informieren? Wem muss ich alles Bescheid geben? Wie verhindere ich, mit widersprüchlichen und zweifelhaften Aussagen überschüttet zu werden? Was wird aus meiner Tochter, aus meiner Familie? Werde ich arbeiten können?

Eins ist klar: Bemitleidet möchte ich nicht werden!

Meinen Laptop habe ich mit nach draußen genommen. Ich klappe ihn auf und googele, wie man ein Testament aufsetzt:

Ich, [Ihr vollständiger Name], geboren am [Ihr Geburtsdatum] in [Ihr Geburtsort], setze hiermit x [vollständiger Name, ggf. Geburtsname, Geburtsdatum, Geburtsort] als Alleinerben ein.

Wichtig ist nur, dass das Dokument handschriftlich unterzeichnet ist, den Ort der Unterschrift und ein Datum enthält.

Ich googele weiter. Was ist eine Patientenverfügung? Ein schriftliches Dokument, in dem man festlegt, ob man nach einem Unfall oder bei schwerster Krankheit mit allen medizinischen Mitteln am Leben erhalten werden will. Möchte ich das? Monatelang an Maschinen angeschlossen sein? Oder spende ich meine Organe der Medizin? Und wer bezahlt dann meine Beerdigung?

Ich gehe wieder rein und suche den Ordner mit den Versicherungsunterlagen. Ich habe doch so eine Versicherung, die nach meinem Ableben die Kosten übernimmt. Gründlich, wie ich bin, habe ich natürlich Vorsorge getroffen.

Möchte ich eingeäschert werden? Lieber nicht! Meine Oma sagt, man kommt dann nicht in den Himmel. Glaube ich überhaupt daran?

Also doch ein Sarg. Und wenn ja, welcher?

So viele Fragen, über die ich mir mit vierzig Jahren das erste Mal ernsthafte Gedanken machen muss. Doch die wichtigste ist: Wie und wann kann ich die Diagnose meiner Tochter, meiner Familie mitteilen? Mein sensibles Kind fängt in ein paar Wochen seine Ausbildung an. Darf ich überhaupt mit meiner Diagnose in ihr Leben grätschen? Und wenn ja, welche Worte wähle ich? Wie beginne ich ...?

Oh Mann, ich hänge an meinem Leben! Noch so eine Frage: Was wird mir fehlen?

Ich streife den weißen Bademantel über, setze mich mit einem Bleistift und einem Block wieder in den Garten und erstelle eine Liste. Mit zitternden Fingern schreibe ich:

den Geruch von Hundepfoten, von Sommerregen, Barfußgehen im nassen Gras, das Zirpen von Grillen, der Geruch von Schnee an kalten Wintertagen ...

Und dann frage ich mich, ob das Sterben schmerzhaft sein wird. Wie stirbt ein Mensch? Spüre ich, dass ich noch zweimal einatme und dass es dann vorbei ist?

Ich erinnere mich an meine erste Darmspiegelung, an die Vorbereitung darauf, als ich literweise bitteres Zeug zum Abführen trinken musste, an Bauchkrämpfe und an das warme Gefühl, das sich in mir ausbreitete, während die Narkose zu wirken begann. Ich habe bis fünf gezählt und mich bemüht, den Rat der Schwester zu befolgen, an etwas wirklich Gutes zu denken.

Gefühlte Sekunden später blinzelte ich, geweckt vom Knallen einer Tür im Aufwachraum. Ich fror, meine Zähne klapperten. Durch einen kleinen Spalt sah ich einen Mann, der den Kopf an die Wand hinter sich lehnte. Mit weit auseinandergerissenen Augen starrte er ins Leere. Auf ihn zu steuerte eine Krankenschwester – mit einer Bockwurst in der Hand! –, sagte: „Tja, Herr Müller, hätten Se mal lieber eine Narkose genommen …", und verzog sich ins nahe gelegene Schwesternzimmer. Mit entsetztem Gesicht schaute er ihr nach. Ich hatte ein echt schlechtes Gefühl.

Eine gewisse Vorahnung hat mich schon lange begleitet. Im Grunde genommen kenne ich die Diagnose seit Monaten. Die Symptome waren klar: Sodbrennen, Abgeschlagenheit, Nachtschweiß und ein wichtiges Indiz: Blut im Stuhl. Doch ich habe mich und meine Gesundheit eine Weile hintangestellt. Wegen des Jobs, der mich fordert, meiner Tochter, die mich in ihrem jungen Alter noch braucht, den zwei Hunden und nicht zuletzt der Angst vor dem Ungewissen. Doch nun ist die Zeit mein gefährlichster Gegner und ich habe keine Wahl mehr.

Ich überlege, wem ich dieses Geheimnis zumuten und anvertrauen kann, wer mir zur Seite stehen könnte und schon ähnliche Erfahrungen gemacht hat.

Ich muss einen klaren Kopf behalten. Mich bei Betroffenen informieren. Erfahrungen einsammeln.

Denn je genauer ich meine neue Lebenssituation kenne und je systematischer ich die nächsten Schritte abarbeite, umso leichter wird es mir und meiner Familie fallen, mit der Situation umzugehen. Wie sind die Behandlungsmethoden? Was sind die Nebenwirkungen? Werde ich danach noch ein normales Leben führen können?

Eins wird mir umgehend klar: Je detaillierter meine Entscheidungen sind, desto bewusster kann ich anfangen, die Krankheit zu bewältigen.

In Deutschland haben Patienten einen Anspruch auf Selbstbestimmung, auf eine angemessene Versorgung, auf Aufklärung und Beratung, auf eine medizinische Zweitmeinung und freie Arztwahl.

Doch wie frei ist man in dieser Auswahl wirklich? Mir ist vor allem wichtig, dass ich meine Würde nicht verliere.

Ich erinnere mich an einen Bericht über eine Filmemacherin, die in der Taiga allein unterwegs war, um den Spuren von Wölfen zu folgen. Eines Nachts wurde sie von einem Rudel umzingelt. Sie legte sich ganz ruhig auf den Boden, und anstatt sie anzugreifen, ließ sich die Leitwölfin behutsam für einige Minuten ganz nah neben ihrem Kopf nieder, ein weiteres Tier dicht an ihrem Körper. Irgendwann verschwanden sie. Die Frau konnte kaum glauben, was sie gerade erlebt hatte. Als sie wieder zu Hause war, bekam sie starke Kopfschmerzen und ging zum Arzt. Nach einem MRT-Termin wurde ein Tumor in ihrem Gehirn diagnostiziert und da wurde ihr bewusst, dass genau dieser Tumor der Grund für das Verhalten der Wölfe war. Und wie sozial die wilden Tiere ihr gegenüber gewesen waren.

ANJA

Ich denke an meine Hunde und begreife, welch rührendes Spiel sie vor einiger Zeit begonnen haben. Erst jetzt kann ich das richtig einordnen. Routiniert wechseln sie sich täglich ab, ihren Platz an meinem Kopfende einzunehmen. Die Hündin liegt entweder auf dem Kopfkissen, immer darauf bedacht, mich wenigstens mit einer Pfote zu berühren, oder schmiegt sich ganz dicht an meinen Bauch. Und der Rüde trottet mir mit müden Augen und hängendem Kopf hinterher, wenn ich nachts auf die Toilette muss. Als mir bewusst wird, was das zu bedeuten hat, fange ich bitterlich an zu weinen. Blasen steigen mir aus der Nase, in meinem Hals schnürt sich eine Kugel zusammen, ich bekomme kaum noch Luft.

Da ist er wieder, dieser Augenblick. Ich weine und weine. Schniefe wie ein kleines Kind und schaffe es einfach nicht, mich wieder zu beruhigen.

Ich höre, wie die beiden Hunde die Treppen herunterlaufen, um mich zu trösten. Ganz selbstverständlich. Sie springen auf meinen Schoß, lecken mir das Gesicht und die Haut, bis ich endlich aufhören kann zu weinen und nur noch froh bin, diese beiden Tiere in meinem Leben zu haben.

Das ist der Moment, in dem ich meine Schultern nach hinten ziehe, den Kopf Richtung Himmel strecke, würdevoll wie eine stolze Kriegerin über das noch nasse Gras gehe, tief ein- und ausatme und weiß: Ich will leben!

Ich setze mich unter den Kirschbaum, streichle vorsichtig über die herabhängenden Blätter und überlege, was nun zu tun ist. Ich will mich über die Abläufe der Operation informieren,

Forum-Mitglied werden, Geschichten von Menschen lesen, die diesen schweren Weg bereits gegangen sind, Arzttermine vereinbaren und das bestmögliche Krankenhaus für mich auswählen.

Doch bevor ich den Laptop wieder hochfahre, wähle ich zitternd die Nummer meiner Mutter. Es fällt mir schwer, doch ich nehme mir vor, ganz tapfer zu sein. Aber als ich ihre Stimme höre, fange ich trotzdem sofort an, bitterlich zu weinen, und bin nicht in der Lage zu reden.

Sie ist ganz still. Meine wundervolle Mutter bleibt stark. Sie hört mir zu. Ich erzähle ihr von dem Anruf, der mein bisheriges Leben aus den Fugen gerissen hat. Von den drei Sätzen, die der Arzt mir gestern am Telefon ganz ohne Empathie um die Ohren gehauen hat: Sie haben Krebs. Melden Sie sich in der nächsten Woche in meinem Sekretariat. Ein schönes Wochenende für Sie! So wie: Nichts für ungut, ich wünsche Ihnen noch eine angenehme Restzeit.

Ich weiß, dass auch meine Mama in den nächsten Wochen nicht mehr gut schlafen können wird, und doch hat sie mir mit nur einem einzigen Satz Kraft gegeben: Wir sind für dich da! Familie – ein zartes Wort.

Mein Optimismus ist plötzlich verschwunden. Wieder geht mir durch den Kopf, dass nichts organisiert ist für den Fall, dass ich sterbe. Aber ich habe ja noch ein paar Wochen Zeit, um mein ganzes kurzes Leben zu sortieren.

Ich spüre plötzlich Minas Hand auf meiner rechten Schulter, ihre Finger streicheln beruhigend über meine Haut, in der anderen Hand hält sie eine Tasse Kaffee mit Zimt für mich. Wie dankbar ich bin, dass sie heute Morgen bei mir ist. Sie setzt sich zu mir unter den Kirschbaum, der nur ein paar Strahlen der matten Sonne auf ihr Gesicht scheinen lässt. In ihren Augen sehe ich Besorgnis, und als ihr Blick auf den geöffneten Laptop fällt, sagt sie: „Das ist jetzt aber nicht dein Ernst, oder? Willst du wirklich aufgeben?"

Die Seiten mit den Informationen zur Testamentsaufsetzung und zur Patientenverfügung sind noch immer geöffnet. Sie wird richtig wütend.

Und eigentlich will ich mich damit ja auch gar nicht befassen. Aber muss ich das nicht? Ich schwanke zwischen Aufgeben und Fallenlassen und Tiefdurchatmen und Kämpfen.

Aber weiß ich tatsächlich, was ich wirklich will? Jetzt? In diesem Moment, in dem sich quasi mein Leben auflöst, das alte verblasst ... Wie viel kann ich einer Freundin zumuten? Wo sind ihre persönlichen Grenzen?

Ich rede und rede. Sie hört mir aufmerksam zu. Dann sagt sie: „Ich helfe dir!"

„Kannst du das wirklich ertragen?", antworte ich ihr. „Es wird ein Albtraum aus Schläuchen, Darminhalt und unsagbaren Schmerzen ..."

„Na sicher!", erwidert sie fast eine Spur zu schnell und dann lächelt sie mir aufmunternd zu. „Ich werde mein Bestes geben!"

Auf einmal überkommt mich dieses sagenhafte Gefühl, das mir fast den Atem raubt. Mit aller Macht spüre ich, wie sehr ich das Leben liebe und wie wichtig eine Freundin ist, die ihr Leben hintanstellt, um da zu sein, in höchster Not. Freundschaft ist auch Selbstaufgabe, zu spüren, was die andere gerade braucht!

Ich nehme mein schwarzes Notizbuch und schreibe mit großen Druckbuchstaben auf die erste Seite:

ICH WILL LEBEN. ICH WILL.

Mina

Eine Weile schwebe ich in diesem seltsamen Zustand zwischen schlafen und wachen, verfolgt von Bildern der vergangenen und der zukünftigen Weihnacht. Ich sehe Lu vor mir, wie sie selbst eine Tochter auf dem Arm hält und Geschenke verpackt. Und ich erinnere mich an die Zeiten, in denen wir beide noch allein wohnten und die Feiertage bei meinen Eltern verbrachten. Diese Zeiten waren ebenso schön wie die, in denen wir zu dritt waren.

Irgendwann sickert mir in den Verstand, dass es weder Weihnachten ist noch Winter. Dass ich nicht einmal zu Hause bin. Und dass eigentlich gerade nichts in Ordnung ist ...

Ich jage hoch, blinzele auf meinen Handywecker und stelle fest, dass ich viel zu lang geschlafen habe. Es ist bereits halb zehn und hell in Anjas Gästezimmer. Kein Wunder, ich lag bis zwei Uhr morgens wach und das Gedankenkarussell wollte kein Ende nehmen.

Wie genau läuft das eigentlich mit der Intuition, wenn man so ernsthaft erkrankt ist? Sollten Körper und Seele einen nicht irgendwie warnen? So nach dem Motto: Achtung! Ihr Antivirusprogramm hat eine sehr schadhafte Datei gefunden. Was soll mit ihr geschehen: In Quarantäne verschieben? Oder löschen?

Das wäre super und eine echte Marktlücke. Der Erfinder würde mit Sicherheit reich und berühmt werden.

Ich selbst hatte damals sogar eine Art Frühwarnsystem, das sich allerdings schwer deuten ließ. Das Unterbewusstsein, das putzige Ding, schickte mir Albträume, die an mir rüttelten und zerrten. Ganze drei Mal träumte ich, ich wäre beim Frauenarzt und der würde mir eröffnen, ich könne keine weiteren Kinder mehr bekommen, weil meine Gebärmutter verschwunden sei. Wie die mir abhandengekommen war, verriet mir der Traumarzt natürlich nicht. Also schloss ich auf eine Metapher und suchte mich in der Traumdeutung dumm und dusselig. Natürlich fand ich nichts, was mich weiterbrachte, nur dass es sich um Verlustängste handeln könnte – so wie bei Träumen, in denen einem die Zähne ausfallen.

Das war alles so verrückt. Und beängstigend, da ich unbedingt noch weitere Kinder wollte. Lu tat meiner Seele so gut, ich hatte endlich eine Aufgabe und eine Bestimmung, in der ich voll und ganz aufging und mich zum ersten Mal im Leben angekommen fühlte. Auch wenn die Rahmenbedingungen – gescheiterte Beziehung, wenig Geld – nicht stimmten, war die Mutterschaft mein Segen. Gut, es war oft schwer, allein für alles zuständig zu sein, gerade mit meinem blöden Aufmerksamkeitsdefizit, das für viele kreative Problemlösungen sorgte, aber dennoch hätte ich meine Situation gegen nichts auf der Welt eintauschen wollen. Manchmal tröstete ich mich allerdings damit, dass ich das nächste Kind mit einem Mann bekommen würde, der besser zu mir passte. Dass ich die Bilderbuchmomente einer Schwangerschaft und der Geburt nachholen würde und irgendwann eine intakte Familie hätte. Dass die heile Welt, die viele meiner Freundinnen lebten, auch mir zuteilwerden würde. Das war mir enorm wichtig und ließ mich meine Tiefen gut überstehen, wenn es einmal wieder hart wurde.

Nach dem dritten Albtraum, der mir diesen elementaren Wunsch absprach, ging ich vier Monate früher als geplant zur Krebsvorsorge. Nicht weil ich dachte, ich sei krank, sondern eigentlich nur, um mich zu versichern, dass auch knapp ein Jahr nach Lus Geburt alles zum Besten bei mir stand. Und so geriet plötzlich alles in meinem Leben in Schieflage und ich kam gewaltig ins Rutschen ...

Eines Nachmittags saß ich dann also in der Gynäkologie eines Krankenhauses in Bremen und wartete auf das Resümee der Ärztekonferenz, die eigens für meinen Fall abgehalten wurde. Ich wusste nicht so genau, ob ich mich geschmeichelt fühlen sollte, dass man mich so wichtig nahm, oder in Panik verfallen. Etwas unangenehm fühlte es sich dann doch an, dass sich eine ganze Gruppe von Studierten die Köpfe über meine Lage zerbrach. Ich weiß noch, wie ich meine Finger in die Stuhllehne grub und angespannt darauf wartete, welche Behandlung man mir nahelegen würde.

Mit ratlosen Gesichtern kamen endlich eine Ärztin mit Brille und der Chefarzt höchstselbst auf mich zu und wühlten mich augenblicklich auf. Draußen vor dem Fenster bogen sich kahle Bäume im Wind und ich konnte ihr Ächzen hören, während die beiden auf der anderen Seite des Tisches Platz nahmen.

„Wir sind uns nicht ganz einig, was wir Ihnen empfehlen möchten", leitete der Arzt ein und ich dachte nur: Super – wenn die es nicht wissen, wer dann?!

„Sie sind noch so jung und es besteht ja durchaus noch ein Kinderwunsch."

Und ob!

„Ihr Karzinom ist sehr klein, aber es zeigt deutliche Anzeichen einer Ausdehnung. Es konnte auch nicht alles entfernt werden." Die Stimme des Chefarztes war sachlich, sein Pokerface verriet keinerlei Regung, weder Mitleid noch Sorge. Sicherlich gut antrainiert über die vielen Jahre seines Dienstes.

Ich selbst wurde langsam aggressiv, weil ich endlich wissen wollte, was mit mir geschehen würde. Meine Großeltern waren allesamt an Krebs gestorben und einige meiner Cousins sogar in jungem Alter. Ich schlug ein Bein über das andere und versuchte, es davon abzuhalten, wie wild zu wippen. Unruhe machte sich in mir breit.

„Es besteht die Möglichkeit, dass beim nächsten Eingriff alles an verändertem Gewebe entfernt werden kann. Und dass die Prognose trotz herausoperiertem Karzinom gut ist. Man könnte dem Muttermund dann etwas Zeit geben, bevor man erneut operiert, um weitere mögliche veränderte Zellen zu entfernen, und zeitnah eine Schwangerschaft einleitet, damit Ihr Kinderwunsch erfüllt wird."

Super, dann müsste nur noch geklärt werden, wer mit mir ein Baby kriegen wollte. So ganz zeitnah. Blöd, dass ich Lus Vater gerade die Kündigung überreicht hatte. Wegen unüberwindbarer Differenzen. Es war nicht so, dass ich ihn nicht mehr liebte, ganz im Gegenteil. Diese Beziehung bestand aus reinem Feuer, das mich allerdings zu vernichten drohte. Ich konnte die Eskalationen der Streitereien kaum noch zählen, die vielen Tränen, die vielen Vorwürfe, die Energie, die all dies kostete.

„Das klingt doch gut?", wollte ich mich vergewissern und mir entging nicht der Blick, den die beiden Ärzte tauschten.

Holla, die Waldfee.

„Sehen Sie, Frau Kamp" – so hieß ich damals –, „man kann nicht mit Sicherheit ausschließen, dass die Zellveränderungen tiefergehend sind. Meist beginnt ein Gebärmutterhalstumor auf der Oberfläche, kann aber in tieferes Gewebe vordringen. So kann er sich zum Beispiel in den Gebärkörper oder die Scheide und sogar in Blase, Enddarm oder Bauchhöhle ausdehnen. Ihr Karzinom ist sehr schnell gewachsen und es konnte nicht ganz sauber entfernt werden", sagte die blonde Ärztin ernst. In ihren blauen Augen, die sich hinter einer Brille versteckten, funkelte es verdächtig.

„Oh." Mehr brachte ich nicht hervor. Als ich mich zurücklehnte, knarrte der Stuhl. Ein unangenehmes Geräusch, das sich in diesem Moment merkwürdig laut anhörte. Mein Puls beschleunigte, meine Gedanken verhedderten sich, kamen ins Stolpern und landeten auf allen vieren.

Ich hatte von solchen Fällen gehört, in denen Krebs in der Schwangerschaft diagnostiziert wurde. Eine Behandlung wird schwieriger, wenn man ein ungeborenes Leben in sich trägt, Chemotherapie kann erst im zweiten Trimenon durchgeführt werden. Von Bestrahlung ganz zu schweigen. Bei sehr aggressiven Karzinomen wird sogar ein Schwangerschaftsabbruch empfohlen.

„Außerdem besteht das Risiko, dass Krebszellen mit dem Lymphstrom in die umliegenden Lymphknoten gelangen und Metastasen bilden", fuhr der Chefarzt fort.

„Und das ist brenzlig?", fragte ich. „Brenzlig, wie tödlich?" So, jetzt wurde es ernst. Ich spürte, wie sich die Luft zwischen uns erhitzte.

Der Arzt nickte kaum merklich und ich wollte dieses bescheuerte Knarren des Stuhls verfluchen. Und überhaupt alles auf der ungerechten Welt. Warum sah dieses Zimmer eigentlich so unharmonisch aus? Die Gardinen passten nicht zu der Einrichtung und die Bücher waren nicht nach Farben sortiert. Ich musste an meine Kindheit denken, in der ich farbige Glassteine gesammelt und jeden Tag neu geordnet hatte.

„Wir würden dazu tendieren, Ihre Gebärmutter entfernen zu wollen, um auf Nummer sicher zu gehen. Damit haben Sie eine gute Chance auf ein gesundes Leben", hörte ich jemanden sagen und tauchte wieder auf.

„Entfernen – so wie rausoperieren?" Ohne dieses Ding würde ich tatsächlich nie wieder ein Kind zur Welt bringen. Meines Wissens wurden noch keine Babys in Brutstätten oder künstlich generierten Fruchtwassertanks aufgezogen. Und Gebärmuttertransplantationen gab es auch noch nicht. Wieso eigentlich, verdammt? Weil das nicht lebensnotwendig ist, flüsterte es in mir. Doch mein Gefühl widersprach. So wie andere nicht ohne Herz leben konnten, würde ich vielleicht nicht ohne intakte Gebärmutter existieren können? Ich begann zu schwitzen. Draußen war es bereits dunkel. Wind rüttelte zornig am Fenster und es regnete Bindfäden. Toll, ich hatte Lus Kinderwagen zu Hause auf der Terrasse geparkt. Samt Lieblingskissen.

„Wir würden einen sauberen Bauchschnitt vornehmen und die Gebärmutter samt umliegenden Lymphknoten entfernen, für den Fall, dass sich bereits Krebszellen in ihnen befinden. Sie hätten dadurch eine gute Prognose auf vollständige Heilung. Und Sie bräuchten nach derzeitiger Lage keine Chemotherapie."

MINA

„Also, meine Haare bleiben mir?! Das ist ja schon mal ein Anfang", versuchte ich, das Gesagte ganz gelassen aufzunehmen. Ausflippen nützt ja niemandem, sagt mein Papa immer. Die Grimasse, die ich dabei zog, schmerzte.

„Es wäre die sicherste Lösung und Sie haben ja bereits eine kleine Tochter, nicht wahr?" Der Chefarzt ließ sich zu einem recht herzlichen Lächeln verleiten und ich dachte über seine Argumentation nach.

Er hatte ja recht. Wenn ich etwas wollte, dann war es, für meine Tochter da zu sein. Sie zu beschützen und großzuziehen mit meinem ganzen Herzen und all meiner Kraft. Darauf kam es an, schon immer.

„Wir schlagen vor, Sie denken eine Weile darüber nach", schlossen die beiden Götter in Weiß und erhoben sich von ihren Chefsesseln hinter dem Schreibtisch, auf dem ich jetzt eine kleine Spieluhr entdeckte. Ich unterdrückte den Drang, nach ihr zu greifen und sie aufzuziehen. Die Ballerina auf ihr tanzen zu lassen wie meine Gefühle und Gedanken.

„Na gut, ein bisschen denken kann ja nicht schaden", hoffte ich und stand ebenfalls auf. Etwas zu schwungvoll vielleicht, denn mein Stuhl kippte hintenüber und fiel scheppernd zu Boden. Ich fragte mich, ob das schon vielen Patienten passiert war, und hob ihn wieder auf. Es brauchte eine Weile, bis er angemessen stand.

„Wir sehen uns in, sagen wir mal, einer Stunde wieder?", fragte der Arzt, und ich nickte, während er mich zur Tür geleitete. Meine Finger angelten bereits nach dem Telefon in meiner übervollen Handtasche. Ich brauchte unbedingt Rat oder wenigstens ein Rettungsseil, nur hatte ich keine Ahnung, wen ich als Erstes anrufen wollte. Meine Mama? Meine beste Freundin? Lus Vater? Äh, nein! Verlor ich etwa jetzt schon den Verstand? Noch bevor alles überhaupt losging?

Man brachte mich in ein Wartezimmer auf der Gynäkologie. Es befand sich in unmittelbarer Nähe zur Entbindungsstation mit ihren vielen neugeborenen Menschenkindern, die in ihren Bettchen lagen. Babygeschrei schwappte durch jede Ritze in diesem Raum und höhlte mich aus. Wie sollte ich mich ausgerechnet hier gegen ein weiteres Kind entscheiden? Sollte ich den sicheren Weg wählen und mich von meinen zukünftigen Töchtern verabschieden, für die ich irrwitzigerweise schon die Namen ausgesucht hatte? Ich wollte doch Libi und Marei unbedingt kennenlernen. Sie waren mir schon so nah, als wäre ich bereits mit ihnen schwanger. Ich könnte alles auf Los setzen, aber auch haushoch verlieren.

Tja, so ist das mit wichtigen Herzenswünschen, man hält an ihnen fest und sehnt sie herbei. Wie auch mein Cousin, der es liebte, an der frischen Luft zu sein, zu reisen und fröhliche Lieder zu singen. Er war ein wahrer Sonnenschein, mit einem großen Herzen, und brachte mich oft zum Lachen. Als ich zwölf war, schnitzte er mir eine Flöte, damit wir gemeinsam musizieren konnten. Er erzählte mir oft, dass er die ganze Welt sehen wollte. Mit Anfang zwanzig bekam er die Diagnose Hautkrebs. Wenige Monate danach starb er. Gott, du kannst so ein Arsch sein.

In meinem Kopf tickten die Sekunden in einem inneren Countdown herunter. Meine Finger tippten immer wieder Nummern ins Handy und löschten sie gleich wieder. Das

Weinen eines Babys steigerte sich in eine Ekstase und ich spürte eine heftige Verzweiflung in mir aufsteigen, die mir zusehends den Atem stahl.

Irgendwann hatte ich meine Mutter am Telefon, die gerade auf Lu aufpasste und sich dann doch auf den Weg machte, um mich zu unterstützen. Eigentlich hatte ich das hier allein durchziehen wollen und Lu nicht unbedingt dabeihaben, die in so einer Atmosphäre auch quengelig werden konnte. Es war ja nur ein Gespräch, eine Lagebesprechung, um weiteres Vorgehen zu planen. Doch irgendwie lief diese Situation gerade aus dem Ruder und ich konnte keinen klaren Gedanken mehr fassen.

Und plötzlich wählte ich doch die Nummer meines Exfreundes und schlug ihm vor, es noch mal zu versuchen. What the fuck! Und viel heftiger: Ich fragte ihn sogar, ob er mit mir jetzt sofort ein Kind bekommen wollte, da ich nur ein kleines Notfallzeitfenster dafür hätte. Ein Kind auf den letzten Drücker quasi.

Es ist schon erstaunlich, was die nackte Verzweiflung aus einem Menschen machen kann. Wie irrational man sich verhält und dass man ohne Rücksicht auf Verluste einen Untergang gegen den nächsten tauscht, wenn man seine Wünsche davonsegeln sieht.

Es hätte nicht viel gefehlt und er hätte zugestimmt, dieses Himmelfahrtskommando zu wagen. Sicher spürte er die Panik, die in mir wütete. Doch als das Weinen des Babys auf dem Flur so laut wurde, dass ich den ziemlich verunsicherten Ex am Telefon nicht mehr verstand, fasste ich einen ganz anderen

Entschluss: Ich musste um jeden Preis gesund werden und am Leben bleiben. Lu brauchte mich, und das nicht nur die nächsten paar Jahre. Ich wollte ihr ein Anker sein, so wie meine Eltern es für mich auch als Erwachsene immer noch waren, so wichtig wie sonst kaum jemand. Ich liebte meine kleine Tochter abgöttisch, alles andere spielte keine Rolle. Das wurde mit jedem wütenden Herzschlag in meiner Brust klarer.

Also ging ich auf weichen Beinen zum Ärztezimmer, ohne auf meine Mutter zu warten, und hämmerte wie eine Irre gegen die Tür. Noch ehe sie ganz geöffnet war, verkündete ich mit Tränen in den Augen, dass ich den sicheren Weg wählen würde. Und machte einen Termin zum großflächigen Ausräumen meines Unterleibes.

Ich falle mehr aus dem Gästebett, als dass ich aufstehe, und befreie mich hektisch von der Decke. Hätte ich meine Erkrankung früher bemerken müssen? Damals hatte ich manchmal Zwischenblutungen. Aber war das wirklich so ungewöhnlich? Das hatte doch jede Frau mal, oder? Schließlich gibt es viele harmlose Gründe dafür; Stress oder Hormonschwankungen. Es muss ja nicht immer gleich Krebs sein. Hätte mein Arzt mich mehr für das Thema sensibilisieren müssen, aufgrund des Befundes der Papillomviren, die Krebs verursachen können? Nicht nur Gebärmutterhalskrebs, sondern auch Vulva- und Speiseröhrenkrebs. Sex ist echt mordsgefährlich, wie mir scheint. Und das Heftigste, vor diesen Viren schützen nicht mal Kondome zuverlässig, da man diese Biester auch an den Händen, am Mund, am Schaft des Penis und sonst wo haben kann.

Viele Menschen haben kein großes Leid mit ihnen, sind aber stille Überträger. Fast jeder Dritte hat in seinem Leben mindestens einmal eine Infektion mit diesen Viren. Manch einer bekommt Feigwarzen von ihnen, die recht unangenehm beseitigt werden müssen. Andere bekommen Krebs. Jede dritte meiner Freundinnen hatte einmal einen positiven Befund. Zwei von ihnen mussten, genau wie ich, einen operativen Eingriff vornehmen lassen, sogar mehrfach, bis sie geheilt waren. Eine meiner besten Freundinnen konnte deshalb sehr lange nicht schwanger werden, hat aber jetzt endlich ihr ersehntes Wunschkind. Und was soll ich sagen, das Warten auf dieses wundervolle Mädchen hat sich gelohnt.

Eine ganze Zeit hatte ich durch den Befund der Humanen Papillomviren das Gefühl, ich sei irgendwie schmutzig, weil ich so eine Art Geschlechtskrankheit habe. Oft habe ich mich sogar gefragt, wem ich diese Viren zu verdanken hatte, denn es gab nur vier Männer, die infrage kamen. Die Lust, ihnen die Autos anzuzünden, war immer mal präsent und brachte meine Fantasie auf Touren und zum Lodern.

In einer ruhigen Minute tröstete mich mein Frauenarzt mal mit der Aussage, dass nur echte Frauen HPV hätten. Sprich, wenn man Sexualität lebt, dann kann man sich trotz Schutz und Umsicht halt auch mal mit was anstecken. Und da hoffentlich keine Frau und kein Mann mehr als Jungfrau in die Ehe und „bis der Tod uns scheidet" gehen muss, ist das Risiko halt einfach da. Heilige Jungfrau Maria!

Ich werfe mir einen Pullover übers Nachthemd und schleiche aus Anjas Gästezimmer und die Treppe hinunter. Koche einen Kaffee. Einen enorm starken, der unsere Herzen zum Rasen bringen wird. Zuerst höre ich nichts, denke schon, sie schläft noch, da entdecke ich sie im Garten, hochkonzentriert am Laptop. Ich komme näher, Esta entdeckt mich zuerst und springt schwanzwedelnd auf mich zu.

„Hey", sage ich leise und lege meine Hand auf Anjas Schulter. Dann lese ich die Zeilen auf dem PC:

Wie man den Letzten Willen aufsetzt. Alles über Ihr Testament.

Ich runzele die Stirn, bis ein scharfer Schmerz durch meine Schläfen zuckt.

„Sag mal, spinnst du?", frage ich erschrocken. „Du weißt doch nicht mal, wie ernst deine Lage ist. Du weißt nicht, welche Wege es gibt, dich wieder gesund zu machen, und du schließt schon mit dem Leben ab? Das kannst du nicht machen ..." Meine Stimme versagt, ich reiße mich zusammen, um weder aus der Haut zu fahren noch loszuheulen. Als Heulsuse bin ich keine Hilfe.

„Ich mach mich nur schlau", antwortet Anja verlegen.

„Da bin ich anderer Meinung." Sachte lege ich meinen Zeigefinger auf den Laptop und klappe ihn ganz langsam zu. Anja lässt es geschehen und schaut mit der Andeutung eines Lächelns zu mir auf. „Ich muss mich auf alles vorbereiten."

„Nicht auf alles, das kommt einer Kapitulation gleich. Und das kann ich nicht akzeptieren." Ich lächle sie aufmunternd an. Beinahe kann ich sehen, wie ihr die Gedanken durch den Kopf gehen. Und wie dieser besondere Funke in ihren Augen erwacht. Zuversicht, Kampfgeist.

Wir reden und reden. Ziehen Grenzen, aber lassen uns auch immer weiter aufeinander ein. Ich will für Anja da sein. Oft in meinem Leben war es so, dass mir Leute aufgrund meines ADS unter die Arme gegriffen haben und mir nie zu viel zumuten wollten. Ich habe echte Fürsorge erlebt und weiß, wie sie aussehen kann. Und solange meine Freundin mich lässt, möchte ich für sie da sein. Doch ich fürchte mich genauso vor dieser Verantwortung.

„Versuche, dich nicht verrückt zu machen", sage ich irgendwann zu ihr und sie lächelt. Wir sind zurück in die Küche gegangen, die Hunde wuseln um uns herum.

„Wie geht das?"

Ich zucke etwas hilflos die Achseln. Eigentlich habe ich keine Ahnung und davon noch ganz viel.

„Wichtig ist, dass du dir deine eigene Mannschaft zusammenstellst. Verschaffe dir Rückendeckung für die Zukunft. Im Alltag und im Job", überlege ich weiter und stelle meine leere Tasse in die Spülmaschine. Sie klirrt leise gegen Anjas. „Du wirst sehen, deine Familie wird dich unterstützen. Deine Freunde …" Ich verstumme kurz, blicke mich über die Schulter zu ihr um. „Ich werde dir helfen."

„Wirklich?", fragt sie, als glaube sie mir immer noch nicht so recht, und ich setze mich wieder zu ihr an den Tisch.

„Na, sicher." Auf jeden Fall werde ich mein Bestes geben.

„Marie kann ich das nicht sagen", stößt Anja plötzlich aus und wird kreideweiß. Sie ringt ihre Hände. „Es würde sie fertigmachen."

Nur zu gut kann ich mir vorstellen, was in ihr vorgeht. Mittlerweile ist meine Tochter auch kein Baby mehr. Wenn ich wieder erkranken würde, wie würde ich es ihr beibringen? Wäre ich in der Lage, diese Karten mit all ihren Widrigkeiten auf den Tisch zu legen?

„Du musst nicht sofort entscheiden, ob und wann du es Marie sagst. Aber du solltest es anderen erzählen, damit sie Rücksicht nehmen können."

Anja stößt hart die Luft aus. „Wem soll ich denn verraten, dass ich ab jetzt offiziell ernsthaft krank bin? Ich bin selbstständig, man erwartet von mir, dass ich funktioniere."

Vorsichtig stupse ich sie, ein lahmer Versuch, zu verhindern, dass sie in Hoffnungslosigkeit abgleitet.

„Das sind alles organisatorische Dinge, ich höre so was kannst du gut. Für den Rest bin ich zuständig", versuche ich zu scherzen und grinse dümmlich.

„Für was genau?", hakt sie nach.

„Für den Spaß an trüben Tagen, stundenlanges Telefonieren und als Filter für Gedankenkotze zum Beispiel. Manchmal bin ich besser als jede Mutmachpille, wirst schon sehen", behaupte ich einfach mal.

Jetzt lächelt sie ein wenig. „Wie lange bleibst du noch?", fragt sie dann und ich schaue auf eine imaginäre Armbanduhr.

„So für ewig und drei Tage?"

„Das ist gut", haucht sie und ihre Augen füllen sich wieder mit Tränen.

Ich greife nach ihrer Hand, fädle meine Finger in ihre.

„Ich werde das schaffen." Ihre Mundwinkel zucken.

„Und ob, du bist nicht allein", antworte ich und wetze meine Messer, um einen Kampf vorzubereiten.

Tatsächlich bleibe ich nur noch bis zum nächsten Tag, weil ich zu Hause gebraucht werde. Aber wir haben einen Plan und ich bin ab jetzt jederzeit erreichbar für Anja. Und das Gefühl, ihr damit wenigstens ein bisschen zu helfen, ist unbeschreiblich gut.

Unter Wasser
atmen lernen

Anja

Das Taxi steht pünktlich um 6 Uhr vor meinem Haus, um mich ins Krankenhaus zu bringen, und ich fühle mich wie ein Tier, das zur Schlachtbank geführt wird. Irgendwie bekomme ich diesen Gedanken nicht mehr aus dem Kopf. Als ich die Darmspiegelung beim hier ansässigen Gastrologen eigentlich mehr aus Prophylaxe durchführen ließ, wäre ich nicht eine Sekunde auf die Idee gekommen, dass ich ein paar Monate später im selben Krankenhaus einen Teil meines Dickdarms lassen würde. Was machen die eigentlich mit den entfernten menschlichen Teilen? Werden diese verbrannt oder beerdigt?, denke ich, während ich meinen rosa Koffer die Auffahrt hinaufschiebe.

Nun ist also der Tag, an dem sie mir den kompletten Bauch aufschneiden werden, gekommen. Der Tag, an dem ich einen Teil meines Dickdarms verlieren werde, der übersät von

Polypen und Tumoren ist. Einer der Tumore befindet sich sehr dicht am Ausgang meines Schließmuskels und ist schon sechs Zentimeter groß. Sechs Zentimeter ... Ich stelle mir augenblicklich einen großen Käfer vor. Welcher Käfer ist so groß? Eine Vogelspinne dürfte in etwa dieses Ausmaß haben.

Ich erinnere mich an den ersten Termin nach der Darmspiegelung. Ich saß unglaubliche zwei Stunden im Wartezimmer und bekam das Gefühl, dass mich die Schwestern vergessen hatten. Dann endlich wurde mein Name aufgerufen. Der Arzt war unglaublich charmant und riet mir eindringlich, wenigstens das am meisten von Polypen befallene Stück Darm entfernen zu lassen. Überall auf den während der Darmspiegelung aufgenommenen Bildern sah man mal kleinere, mal größere pilzartige Polypen. Wie Pfifferlinge, die eine grasgrüne Lichtung im Wald überfluteten. Er drückte mir eine Telefonnummer in die Hand, um das weitere Vorgehen und einen OP-Termin absprechen zu können.

Und heute ist es so weit. Ich bin nicht wirklich aufgeregt oder habe Angst, nach der Operation nicht wieder aufzuwachen. Es ist eher diese Furcht, völlig ausgeliefert zu sein. Und mir wird außerdem klar, dass ich nach diesem Gespräch nicht mehr wirklich gut aufgeklärt worden bin. Zumindest nicht so, wie ich es als Patient erwartet hätte. Im Grunde weiß ich noch immer nicht genau, was heute mit mir passieren wird. Wie ist der Behandlungsplan? Was werden die Ärzte genau mit mir machen?

Beim ersten Vorgespräch zur OP schob mir ein gelangweilter Arzt wortlos die Aufklärungsbögen über den Tisch, auf denen alle möglichen Eventualitäten unleserlich hingekritzelt worden waren. Beim nächsten Termin sollte ich die dann unterschrieben wieder mitbringen. Wirklich erklärt hat mir keiner etwas, frei nach dem Motto: Keine Sorge, die Ärzte wissen schon, wie sie ihren Job zu erledigen haben! Und wenn nicht, sind Sie ja abgesichert. *Ach, wenn ich die Hauptschlagader treffe, das ist doch nicht meine Schuld. Ich habe die Darmwand verletzt, einen Nervenstrang durchtrennt? Das haben Sie doch gewusst, dass so etwas passieren kann, schließlich haben Sie ja den Bogen unterschrieben, da brauchen Sie jetzt aber nicht jammern!*

Haben wir eigentlich alle so viel Ehrfurcht vor Menschen in weißen Kitteln? Halten andere auch einfach den Mund, wenn es sich lohnen würde zu sprechen? Bloß nichts fragen, der Herr Doktor hat ja schließlich genug um die Ohren.

Bei den Voruntersuchungen konnte ich nur mit Ärzten sprechen, die sich noch im praktischen Jahr befanden. Einer tippte gelangweilt stundenlang auf sein Handy. Eine andere versuchte, mir Blut abzunehmen, und erzählte dabei, dass sie vorher Landgartengestalterin gewesen war. Und das blaue Muster, das sie mit der Nadel auf meiner Hand hinterließ, erinnerte tatsächlich an einen Landschaftsplan – lauter Flüsse auf einem leeren Blatt Papier. Nach 30 Minuten waren die Untersuchungen zum Glück geschafft. Ich verließ benommen das Zimmer und stolperte in den Lärm des Krankenhausflurs. „Jetzt kommen Sie halt mit", schrie eine junge Ärztin einen alten Mann an und wehrte seine Frau ab, die hilflos aufgesprungen war, um ihm zu helfen. „Na Ihr Wartezimmer wird später bestimmt mal voll", rief ich ihr sarkastisch zu. Sie sah aus, als wolle sie mich anspringen. „Jetzt stehen Sie halt nicht da wie ein tollwütiges Eichhörnchen und kümmern sich um den armen Mann", sagte ich. „Auch Sie werden schließlich irgendwann alt sein!" Sie rannte in ihr Zimmer. Die ältere Dame nahm meine Hand und wünschte mir Glück.

Wenig später kauerte ich im Behandlungszimmer des Chefarztes auf einem Stuhl, die Schultern Richtung Ohren gezogen, machte mich klein, so klein, wie man sich genau in diesem Moment fühlt, und dachte immer noch, das habe schon alles seine Richtigkeit. Den Zettel mit meinem Fragenkatalog (auf dem der erste Punkt „Wie oft haben Sie diese OP schon gemacht?" lautete) hatte ich zerknüllt und lieber geschwiegen. Das Zimmer des Chefarztes verließ ich nach wenigen Minuten mit Hunderten von Fragezeichen im Kopf. Was er wohl für die 120 Sekunden der Krankenkasse in Rechnung gestellt hat?

Während der Fahrt zurück nach Hause fühlte ich mich dann wie in Watte gehüllt, jede meiner Bewegungen schien in Zeitlupe abzulaufen. Leergefegtes Gehirn, sag ich nur. Ich hätte mir gewünscht, dass sich jemand dafür interessierte, was tief in meinem Inneren ablief, oder sich gar die Mühe gemacht hätte, mir Mut zuzusprechen.

Und obwohl ich zweifelte, ob diese Klinik die richtige für mich sei, verbannte ich diese Gedanken tief in die Windungen meines Gehirns. Denn immerhin hatte mir der charmante Gastrologe den Chefarzt, der mich gleich operieren wird, empfohlen. Oder tat er das nur, weil seine Praxis in derselben Klinik ist, in der ich nun die nächsten zehn Tage liegen soll? Aber auf den Gedanken kam ich nicht, so groß war meine Achtung und vielleicht auch meine Angst vor den Göttern in

Weiß. Die gleiche Art Furcht, die ich verspüre, wenn ein Polizist vor mir steht oder ich ein Polizeiauto hinter mir fahren sehe. Wütend war ich nur auf mich selbst.

Überhaupt ist Wut eine der stärksten Emotionen, die ich beständig in mir trage, seitdem ich weiß, dass ich Krebs habe.

Zorn, dass es mich getroffen hat. Wut darüber, ausgeliefert zu sein. Nackt und völlig ausgeknockt sehe ich mich schon unter der OP-Lampe liegen, die kalt den gesamten Raum beleuchtet. Machen Ärzte Witze, wenn ein Patient schnarcht oder pupst? Worüber unterhalten die sich eigentlich die ganze Zeit, wenn sie so vor sich hin arbeiten? Ich meine, sechs Stunden OP-Zeit sind ja sehr lang. Da schweigt man doch nicht vor sich hin! Hören die Musik wie bei *Grey's Anatomy?* Und unterhalten sich über ihr Privatleben und dass sie sich schon aufs Mittagessen freuen ... Haben die eigentlich wie in der Serie wirklich Sex in ihren Ruheräumen?

Im Fernsehen gibt es ja meistens nur gut aussehende männliche Ärzte. Mmh. Perfekte weibliche natürlich auch. Solche, die sich um das Gefühlsleben ihrer Patienten kümmern, Hände halten, Umarmungen geben, immer ein offenes Ohr für ihr Gegenüber haben ... Eine heile Welt, die leider nicht im Geringsten mit der realen übereinstimmt.

In meiner Kindheit war ich nicht oft krank. Ich brach mir kein Bein, fiel nicht vom Baum oder Dächern. Bis auf Magendarmgrippe oder Erkältungen hat mich das Leben verschont ... bis jetzt. Seit Jahren ernähre ich mich bewusst, lese jedes Etikett auf den Lebensmitteln, überprüfe, welche Inhaltsstoffe in

Kosmetikartikeln enthalten sind, um mich zu schützen. Ich trinke literweise Wasser, achte drauf, dass ich Glasflaschen kaufe, selbst beim Hundefutter prüfe ich jeden einzelnen Inhaltsstoff. Viele Jahre war ich Vegetarierin, mittlerweile bin ich sogar Veganerin. Also, wie konnte ausgerechnet mir das passieren?

Ich lebte in einem Kokon, wenn überhaupt überflog ich Artikel über schwere Krankheiten nur, um ja nicht emotional betroffen zu sein. Denn das kann ich gut, die Tränen für andere vergießen.

Keine Lassie-Folge habe ich ohne Heulanfall überstanden, fieberte mit, dass sie es nach Hause schafft. Meine Mutter erklärte mir dann immer, dass es nur ein Film sei, dass alle Tiere und Menschen nur Darsteller sind. Diese Information erreichte leider mein blutendes Herz nie. Ich heulte und heulte. Ich presste mir ein Kopfkissen ins Gesicht. Meine Stimme zitterte, keine Silbe schaffte es über meine Lippen. Meine Eltern vermeiden es noch heute, mit mir Tierdokumentationen anzusehen, denn sie wissen, was passiert, wenn das kleine Gnukalb es nicht schafft, den Löwen zu entkommen. Immer!

Ich bremse für jeden Vogel auf der Straße, erst neulich entkam ich nur knapp einem Crash, als aus dem Nichts eine Entenfamilie eine Schnellstraße überqueren wollte.

Mein Vater, der neben mir im Auto saß, hielt sich beide Hände vors Gesicht und schrie: „Du bremst auch für jede Ameise!" Tja.

Und darum schrie eine Frage besonders laut in meinem Kopf: Warum ich?

Und jetzt wartet das Taxi vor der Tür. Ich halte inne, an diesem ersten Septembertag. Die Wiese gegenüber atmet noch die Hitze des Vortags aus. Feine Nebelschwaden wabern über dem grünen Gras. Die Sonne macht sich bereit für den Tag. In meinem Kopf ist ebenfalls Nebel und ich fühle mich unglaublich schlapp. Die gestrige Nacht saß ich stündlich auf der Toilette.

Der Gedanke an das Abführmittel, von dem ich vier Liter trinken musste, lässt mich sofort würgen.

Ich weiß gar nicht, wie ich dieses Gesöff beschreiben soll, bitter, ein wenig nach Pfirsich schmeckend. Hört sich ja vielleicht auf den ersten Blick ganz lecker an – ist es aber nicht! Meine Mutter gab mir den Tipp, Apfelsaft unterzumischen. Gut, ich werde niemals mehr im Leben Apfelsaft trinken können.

Beim ersten Liter dachte ich noch: Ach, das packst du doch mit links! Was die Leute immer so reden. Beim zweiten Liter schoss mir die Flüssigkeit durch die Nase wieder raus und ich musste mich übergeben. Mein ganzer Körper zitterte, mein Hintern brannte (eigentlich tut er das noch immer!) und Tränen schossen mir aus den Augen.

Ich war in eine dicke Decke eingewickelt, umklammerte die Toilette und fühlte mich irgendwie high. Wie sollte ich mich bloß überwinden, weitere zwei Liter von diesem Zeug herunterzuwürgen, ohne mich ein weiteres Mal zu übergeben?

Als Kind hatte meine Großmutter mich immer aufgefordert, Dinge alphabetisch aufzuzählen, wenn ich Dauerniesen musste oder es mir schlecht ging. Also zählte ich alle Märchen von A bis Z auf, um mich abzulenken. Ich versuchte, mit den

Zehen zu wackeln, an etwas Schönes zu denken. Aber Fehlanzeige. Vier Liter zu trinken, wenn es sich dabei nicht um eine leckere Flüssigkeit handelt, ist sehr schwer. In mir schüttelte sich alles, ich konnte das Gesöff nicht mal mehr riechen.

Da das Gehirn ja so fürchterlich leicht zu überlisten ist, stellte ich zwanzig kleine Schnapsgläser schön ordentlich in eine Reihe. Füllte ein wenig Apfelsaft in jedes Glas und kippte die Bitterbrühe obendrauf. In Gedanken versuchte ich mir einzureden, dass es sich um einen wohlschmeckenden Shot handelte. Mmmh, Papaya. Und nun Melone … Jedes Mal, wenn ich die Küche durchquerte, führte ich schnell ein Glas an die Lippen und schwupps, fertig! Stolz schickte ich Mina nach jedem geleerten Glas ein Foto. Nur noch neun, nur noch acht, nur noch drei, nur noch eins. Aber damit war es ja nicht getan, denn es standen noch zwei Liter Wasser als Nachschlag auf meiner Liste. Am Ende war ich so satt, als hätte ich ein deftiges Vier-Gänge-Menü verdrückt.

Es folgten Darmkrämpfe, unendliche Entleerungen auf dem Klo, Schüttelfrost, der sich abwechselte mit Hitzewallungen. Ich fühlte mich unendlich krank. Den Geschmack konnte ich selbst mit Zahnspülungen nicht aus dem Mund bekommen.

Ich habe mich ernsthaft gefragt, ob es nicht sanftere Methoden gibt, um den kompletten Magen-Darm-Trakt zu entleeren. Ärzte und Schwestern sollten dieses Zeug selbst probieren müssen, um auch nur ansatzweise zu erahnen, welche Tortur man vor so einer Riesenoperation durchmacht. Stattdessen wird ein Rezept rübergeschoben, darauf hingewiesen, dass die Anleitung in der Packung liegt, und fertig!

Wieder im Hier und Jetzt denke ich an die traurigen Blicke meiner Hunde, die mich nun als festgemeißeltes Bild in meinem Herzen in den nächsten zehn Tagen begleiten werden. Zweifel steigen in mir hoch. Hätte ich meiner Tochter doch etwas über die OP und vor allem die Diagnose erzählen sollen? Wie sadistisch ist es eigentlich, die 26 Kilometer zum Krankenhaus allein fahren zu wollen? Wäre es nicht besser gewesen, Mina dabeizuhaben? Sie hat mich so oft gefragt, aber ich entschied mich dafür, ganz still im Taxi zu sitzen, schweigend, an wirklich nichts zu denken und noch einmal ganz bei mir zu sein. Auf der Schnellstraße ist an diesem Morgen noch nicht viel los. Wir fahren in die Stadt, schon von Weitem sehe ich den Fernsehturm.

Die Mauern des Krankenhauses leuchten rot, mechanisch zahle ich die Taxirechnung, vergesse dabei, mir eine Quittung geben zu lassen, die die Krankenkasse zahlen muss. Irgendwie funktioniere ich seit Tagen nur auf Autopilot. Erledige Aufgaben, schreibe E-Mails, reinige das Haus auf allen vieren. Wer weiß schon, wann ich wieder dazu komme? Meine Abwesenheitsnotiz habe ich im E-Mail-Programm auf Open End eingestellt.

Ich durchquere das erste Gebäude und suche die Patientenanmeldung, um das weiße Bändchen zu erhalten, das mich von da an als Patientin des Krankenhauses ausweisen wird. In mir steigt ein ungutes Gefühl hoch. Die Frage, ob ich wirklich hier operiert werden möchte, wird in mir wieder lauter.

Ich sitze mit Dutzenden Menschen im Warteraum. Alle haben ihr Gepäck vor sich stehen und starren wie paralysiert die Wände an. Neben mir sitzt eine ältere Frau, die mir erzählt,

ANJA

dass sie heute an der Hüfte operiert wird. Es ist nicht ihr erster Krankenhausaufenthalt und sie schwärmt von der Klinik, von den Ärzten. Irgendwie beruhigt mich das ein wenig. Vielleicht, ja, vielleicht habe ich einfach nur doch mehr Angst vor dem Eingriff, als ich mir eingestehen möchte.

Dann bin ich dran, unterschreibe die Aufenthaltsdokumente, kreuze hier und da etwas an, schreibe unter Besonderheiten, dass ich Veganerin bin. Schließlich lebe ich in Berlin, der Stadt, in der ich bei jedem Bäcker einen laktosefreien Milchkaffee bekommen kann. Die freundliche Aufnahmedame wünscht mir alles Gute und ich gehe mit einem Summen im Magen weiter.

Ich laufe die Treppen in den dritten Stock, werde von der Schwester in ein dunkles Einzelzimmer geführt, das wohl einst ein Schwesternzimmer war. Rieche frisch gewischte Böden und Desinfektionsmittel.

Auf dem Bett liegen ein OP-Hemd und Thrombosestrümpfe. An der Wand hängt ein Kreuz. Ich öffne das große Fenster und sehe in einen schönen grünen Park, in dem ein Brunnen steht, der leise und besänftigend vor sich hin plätschert. Für einen Augenblick schließe ich die Augen und atme zweimal tief ein und aus. Loslassen. Alle negativen Gedanken schicke ich durch das Fenster in den weißen Himmel.

Dann räume ich meine Sachen in den Schrank, die Kosmetik griffbereit in meinen Nachttisch und lege mich auf das Bett. Immer wieder werden Türen geknallt. Warum haben es die Menschen verlernt, die Türklinke zu benutzen? Die Bettwäsche riecht nach Essig.

Eine Schwester kommt ins Zimmer gestürmt, ohne anzuklopfen.

Sie stellt sich als Stomaschwester vor und reißt mir das T-Shirt hoch. Mit einem blauen Edding, den sie aus ihrer Kittelschürze zieht, möchte sie mir etwas auf den Bauch zeichnen. Ich bin irritiert und mein erster Impuls ist, mich zu wehren. „Was genau möchten Sie da tun?", frage ich. Verwundert schaut sie mich an. „Das ist fürs Stoma. Wussten Se davon nichts?"

Leider nein. Stomaschwester? Ich wusste bis jetzt nicht einmal, dass es einen Beruf mit dieser Bezeichnung gibt.

Ich schüttle wortlos den Kopf, dass ich letzte Nacht nicht schlafen konnte, hat mich kraftlos gemacht. Was bitte ist ein Stoma? Sie zückt erneut ihren wasserfesten Stift. Krampfhaft ziehe ich mein T-Shirt nach unten. Ich will nicht angemalt werden.

Mit alkoholgeschwängertem Atem erklärt sie mir ganz langsam, dass es sein kann, dass ich einen Anus praeter gelegt bekomme. Einen Anus-was? Davon war aber nie die Rede. Einen künstlichen Darmausgang? Ich schlucke trocken.

Seelenruhig stellt sie eine orange Tasche auf den Tisch und packt irgendwelche hautfarbenen Teile hinein. Daneben legt sie Infoblätter, die ich ja lesen könne.

Ich sage ihr, dass ich keinen künstlichen Darmausgang möchte! „Warum hat mir denn niemand davon erzählt? Ich hätte mich gern vorab belesen und nicht jetzt erst", sage ich verzweifelt. Sie rollt mit den Augen und erklärt mir genervt, dass ein Stoma eine angelegte offene Verbindung zwischen einem Darmstück und der Bauchhaut ist, die den Stuhlabgang gewährleistet. Durch diese Öffnung kann der durch Krankheit oder Operation geschwächte untere Darmabschnitt geschont werden, da er nicht mehr durch den Kot belastet wird. Der abgehende Stuhl wird dann mit einem speziellen angehängten Kunststoffbeutel aufgefangen. Sie zieht einen zwanzig Zentimeter langen Beutel aus ihrer Tasche und hält mir diesen an den Bauch. Er sollte nicht direkt unter dem Hosenbund liegen und beim Sitzen nicht in die Bauchfalte rutschen. Meistens liegt der künstliche Ausgang zwischen Bauchnabel und Leiste.

Schön wäre es natürlich gewesen, wenn ich einen Beutel zur Probe hätte tragen können, um herauszufinden, wo es unangenehm und störend ist. „Tja, dafür bleibt jetzt aber keine Zeit mehr. Wie schade", antwortet sie gereizt. Ich folge ihren Bewegungen und mir wird schlecht. „Wie soll ich mich denn bitte kleiden und den Alltag mit so einer Tüte meistern?", antworte ich kleinlaut. „Ach", sagt sie, „das ham ganz andere geschafft, und wenn Se Glück ham, bleibt das Stoma ja nur für eine gewisse Zeit. Drei bis sechs Monate höchstens!"

Ich bin total geschockt und hoffe, dass der große, runde Kreis auf der rechten Seite meines Bauches nur eine Zeichnung bleibt.

Die Schwester plappert munter weiter und gibt ihre Theorie zum Besten, wie der Krebs sich Menschen holt. Fast klingt es wie eine Kindergeschichte: „Der Krebs steht vor so'ner Karte", sagt sie. „Mit so Tausenden Menschennamen drauf. Er schließt die Augen und wirft 'nen Dartpfeil. Den, den er trifft, erwischt es. So einfach ist das! Und nu sind Sie halt an der Reihe!"

Kaum hat die Frau das Zimmer verlassen, eilt eine weitere Schwester ungebeten hinein und teilt mir mit, dass es nun losgeht. Strümpfe schnell anziehen (Wie bitte soll ich alleine in diese engen weißen Schläuche kommen?), OP-Hemd an, das mit einem kleinen Bändchen hinten am Hals zusammengebunden wird und Rücken und Hintern freilegt. Vor dem Spiegel im Bad streiche ich über die Stelle, die die Stomaschwester markiert hat. Ich blinzle gegen Tränen an und atme langsam aus. Krampfhaft versuche ich, das Leibchen an meinem Rücken festzuhalten und fühle mich schrecklich nackt.

Ich setze die OP-Haube auf, lege mich auf das Bett und starre an die Decke. Es geht gleich los! Nun ist es wirklich so weit. Kurz Mina anrufen, ich erreiche sie nicht, schreibe ihr eine SMS: „Es geht los!"

Schnell wähle ich die Nummer meiner Eltern. „Ich bekomme ein Stoma", wiederhole ich immer wieder. Meine Mutter versucht mich zu trösten, merkt aber, dass sie das nicht kann.

Ich klingele nach der Schwester und möchte eine OP-Hose haben, so nackt kann ich einfach nicht in den OP gefahren werden. Missmutig stampft sie los und bringt mir eine. Schon habe ich den Stempel einer schwierigen Patientin auf der Stirn.

Im Bett werde ich eilig durch die Flure des Krankenhauses geschoben. Es stößt gegen Ecken, Wände und an die Türen von Fahrstühlen. Über mir flackern die Neonröhren und ich friere und beginne zu zittern.

Im Vorraum des OP-Saales soll ich mich auf eine schmale Liege legen. Die Fläche ist unglaublich hart. Auf diesem Gestell werde ich nun also mindestens sechs Stunden liegen.

Schläuche werden kommentarlos an meinen Körper angeschlossen, mir werden Zugänge gelegt. Nadeln werden in meine Haut gebohrt. Niemand redet mit mir. Ich bin so unendlich nervös, fühle mich taub und einsam. Aber ich nehme mir vor, dass es das letzte Mal in meinem Leben ist, dass ich etwas über mich ergehen lasse. Krebs macht ehrlich!

Dann kommt der Anästhesist, bittet mich, einen Katzenbuckel zu machen, um die Schmerzpumpe zu positionieren. Er erklärt mir, dass das Gerät Schmerzmittel in meine Venen pumpen kann. Dazu muss erst einmal eine Art Katheter in mein Rückenmark gelegt werden. Über den wird dann später das Schmerzmittel kontinuierlich zugeführt. Die Pumpe hat eine Vorratskammer für Medikamente, immer, wenn ich diese benötige, brauche ich dann nur einen Knopf zu drücken.

Meine Beine baumeln über den Boden, berühren ihn nicht. Der Arzt findet die Stelle zwischen den Wirbeln nicht sofort, wo er die Nadel setzen will. Ich habe Schmerzen und kann diese Tortur kaum aushalten. Ich stehe völlig unter Stress.

Natürlich funktioniert es auch beim zweiten Mal nicht, beim dritten Mal endlich. Ich weine und jedes Aufschluchzen durchrüttelt meinen Körper. Der Arzt hinter mir stöhnt genervt. Mehr Reaktion ist leider nicht drin.

Dann geht alles ganz schnell, mir wird das Narkosemittel verabreicht. Ich spüre die Wirkung als Erstes in der Nase, ein wohliges Gefühl überkommt mich von den Haarspitzen bis zu den Zehen. Kurz sehe ich auf die Uhr, die an der Wand über der Eingangstür zum OP-Saal hängt, zähle innerlich bis drei und bin weg.

Erst das helle Licht auf der Intensivstation weckt mich. Es brennt die ganze Nacht. Mein Mund ist unglaublich trocken.

Ich höre andere Menschen stöhnen, sich übergeben, nach dem Pflegepersonal rufen oder weinen. Eine Frau gegenüber bittet um Schmerzmittel, kriegt aber gesagt, dass sie sich nicht so anstellen soll. An ihrer Stimme erkenne ich sie als die Dame, die ich heute Morgen im Wartebereich kennengelernt habe. Sie lässt sich nicht einschüchtern, ruft immer wieder nach der Schwester, die aber scheinbar nicht mehr auf sie reagiert. Schließlich resigniert sie, was bleibt ihr auch anderes übrig.

Es fühlt sich an wie das Tor zur Hölle, hab ich so viel Mist gebaut in meinem Leben? Kann eigentlich nicht sein ...

Ich hebe den Kopf, er ist schwer. In diesem Raum liegen mindestens zwanzig Menschen, Frauen und Männer, einzig getrennt durch eine dünne Wand. Die Betten stehen sich gegenüber. Zehn auf der rechten und weitere zehn auf der linken Seite. Ich liege links, blicke in die Gesichter der rechten Seite. Kann beobachten, wie die Schwestern meine Mitpatienten waschen oder mit Schmerzmitteln versorgen. Wie unpersönlich, keine Privatsphäre.

Mir ist heiß, ich spüre, dass ich Fieber habe und unglaubliche Schmerzen. Meine Hauptbeschäftigung ist es, auf den Knopf der Schmerzpumpe zu drücken, die das Mittel eigentlich im Dreißig-Minuten-Takt durch meinen Körper jagen soll – ich habe das Gefühl, es wirkt nicht. An meiner Nase klebt die Magensonde. Das Atmen fällt mir schwer. Ich kann nur durch den Mund Luft holen. Mir ist so unglaublich schlecht, dass ich mich übergeben muss. Dann wird mir plötzlich bewusst, dass ich einen Schlauch zwischen den Beinen habe, mir wurde ein Katheter gelegt, damit sich meine Blase allein entleeren kann.

Irgendwann habe ich genug Kraft, um die Decke hochzuziehen, und starre auf eine handgroße, ovale Tüte. Und weiß sofort, dass sie mir ein Stoma gelegt haben. Ein Wimmern entweicht mir. Die Stelle schmerzt unwahrscheinlich. Durch das durchsichtige Plastik sehe ich einen roten, blutenden Wulst, der mit mehreren blauen Fäden auf meine Bauchdecke genäht worden ist. Eines weiß ich genau – ich werde mich nie an dieses Ding gewöhnen.

Ich fühle mich, als hätte ich mit der Operation auch ein Stück Würde verloren. Ich bin nun ein Känguru. Meine Körpermitte ist mit einem ungefähr vierzig Zentimeter langen Zellstoff vom Ansatz der Brust bis zum Venushügel beklebt. Die Auffangbehälter der Wunddrainagen liegen rechts und links neben mir und ich versuche, nicht an sie zu denken.

Geräuschvoll arbeitet der Zeiger der Wanduhr die Zeit ab. Körper werden gewaschen, Wasser wird verteilt, alte Ohren werden angeschrien.

Die Luft ist erfüllt von Urin, Blut und Kot, mein Geruchssinn ist hyperaktiv. Der Geräuschpegel auf der Intensivstation ist für mich nur erträglich, weil ich unendlich schlapp und müde bin. Immer wieder fallen mir die Augen zu, mein geschundener Körper ist zu erschöpft.

Ich möchte nur noch auf mein mir angedachtes Zimmer, keine Schmerzen mehr haben und in Ruhe schlafen. Neben mir liegt eine junge Frau, der ein Topf auf den Fuß gefallen ist, den man daraufhin abnehmen musste. Sie war Tänzerin.

Mir fehlt nur ein Teil meines Dickdarms, beruhige ich mich. Nur ein kleines Stück von etwas Großem.

Am nächsten Tag fährt man mich endlich in mein Kranken-zimmer. Das Fenster ist geöffnet und ich höre, wie das Wasser in dem kleinen Brunnen plätschert. Die Essensfrau bietet mir Erbsensuppe an. Ich frage sie nach den Inhaltsstoffen dieses Eintopfes, ist da etwa Fleisch drin? Sie weiß nicht, woraus die Suppe besteht. Wozu auch? Ist ja nicht so, als hätte ich gerade eine schwere Operation am Magen-Darm-Trakt hinter mir ... Ich lehne dankend ab. Warum macht sich hier niemand Ge-danken um meine Ernährung? Ich würde gerne wissen, was ich essen darf und was nicht.

Irgendwann stattet die freundliche Stomaschwester mir einen Besuch ab und erklärt, dass eine meiner Dünndarmschlingen durch eine Öffnung am Bauchraum nach außen geholt wurde und so durchgetrennt, dass zwei Öffnungen entstanden. Der eine Darmschenkel sorgt nun dafür, dass der Darm entleert wird und der Stuhl in den Stomabeutel läuft, der andere ist stillgelegt, so-dass über den After keine Ausscheidungen mehr stattfinden kön-nen, damit die Darmnaht geschont wird und sich erholen kann. Sie erklärt mir außerdem, wie die Versorgung des Stomas statt-finden muss. Der Beutel wird an einer Basisplatte befestigt. In dieser befindet sich bereits eine Öffnung. Dieses Loch passt man der Größe des Stomas an. Dafür schneidet man es einfach größer.

Um es mir zu zeigen, entfernt die Frau den Beutel und ver-sucht, die Klebeplatte von meiner Haut zu ziehen. Und das erste Mal sehe ich den Mund des Grauens. Lange kann ich nicht hinsehen. Gekonnt reinigt die Schwester die Stelle, die dabei fürchterlich schmerzt, und erklärt mir, dass sie immer frei von Kot sein muss. Das Stoma spuckt wie ein Vulkan.

Anschließend pudert sie die roten Stellen, die sich auf meiner Haut gebildet haben, und klebt die neue Basisplatte auf meinen Bauch. Darauf befindet sich eine Einkerbung, an die man den Stomabeutel festklinkt. Am Ende des Beutels ist ein Klettverschluss, den ich öffnen muss, damit ich den Inhalt über der Toilette ausstreichen kann. Pro Tag steht jedem Patienten ein Beutel zu.

Dieses Stück Darm, das mit acht Nähten am Bauch befestigt worden ist, besitzt so viel Schrecken, dass ich es nicht ansehen, geschweige denn berühren kann. Ich kann es nicht einmal beim Namen nennen.

Werde ich es jemals allein schaffen, diesen Mund zu reinigen?

Aber lieber einen Beutel am Bauch als einen Zettel am Zeh!

Mina

Der Zug rast durch die Landschaft und ich fummle an der Ladevorrichtung für den Laptop herum. Dabei rutscht er mir fast vom Schoß und ich stoße einem Herrn neben mir aus Versehen in die Rippen, als ich den Sturz meines Heiligtums abfangen will.

„Sorry", nuschle ich und lächle zögerlich. Er nickt, schlägt seine Zeitung wieder auf. Wie ich Zugfahren hasse. Ich mag einfach nicht unter fremden Menschen sein. Wie muss sich Anja jetzt erst fühlen, in diesem Krankenhaus, auf Hilfe Unbekannter angewiesen. Es ist erst wenige Tage her, dass wir telefonieren konnten, und sie hatte sich nicht sonderlich gut angehört. Vor allem in dem verstörenden Augenblick, als sie mir mit piepsiger Stimme anvertraute, dass sie einen künstlichen Darmausgang bekommen habe. Ich kann mich nicht daran erinnern, dass so eine Möglichkeit je Thema vor der Operation war.

Ich gehe online, die Verbindung reißt immer wieder ab und ich fluche. Der Mann neben mir schaut kurz zu mir auf und ich lächle entschuldigend. Ich gebe den Begriff „Stoma" ein und endlich bauen sich die ersten Seiten auf.

Ein Stoma ist eine künstlich geschaffene Verbindung von einem Hohlorgan zur Körperoberfläche. Typische Beispiele einer Versorgung mit einem Stoma sind der künstliche Darmausgang und der künstliche Blasenausgang.

So weit, so unangenehm. Die ersten Fotos, die sich mir zeigen, erschrecken mich tatsächlich. Es sieht irgendwie aus wie ein riesiger roter Wurm, der durch die Bauchdecke tritt und lebt.

Ich lese, dass dieser Restdarm ab und zu sogar krampfen kann, dass dies aber vollkommen normal sei.

„Okay, nur keine Panik", flüstere ich und der Mann mit Halbglatze neben mir räuspert sich. Als er aufschaut, in Richtung Laptop, möchte ich ihm gerne auf die Rübe hauen, weil er nicht sehen soll, was ich mir da anschaue. Augenblicklich wird mir klar, dass meine Regung genau die Art von Scheu ist, die Anja selbst empfindet und die hier keinen Platz hat. Wir müssen da jetzt irgendwie durch und das Beste daraus machen. Und es soll ja nicht für immer sein.

Ich lese auf einem Blog über eine junge Frau, die bereits seit zehn Jahren mit einem künstlichen Ausgang lebt.

Ihr Stoma fällt unter ihren Kleidern nicht weiter auf, schreibt sie. Nur wenn der Beutel total voll ist. Die meisten Patienten bekommen einen Stomatherapeuten an die Seite gestellt, der anfangs die Versorgung übernimmt und einem das Prozedere in Ruhe beibringt, damit man sich später selbst versorgen kann.

Ich scrolle weiter. Der Zug hält, Leute steigen aus, andere zu. Eine Anleitung, wie man mit den Utensilien umgeht, speichere ich mir für später ab. Sieht ein bisschen aus wie ein Bastelset, schießt es mir durch den Kopf. Oje, basteln ist ja nicht unbedingt meins. Ich drücke mich davor, wo es geht. Sei es Weihnachten, Ostern, im Kindergarten oder Schule. Meine arme Tochter musste diese Aktivitäten nach Möglichkeit mit jemand anderem ausführen, nur nicht mit mir. Wenn sie wüsste, dass meine Bereitschaft dafür gerade so groß ist wie nie zuvor, sie würde mich bestimmt schief angucken.

Jetzt gilt es meiner Freundin ihre Abneigung gegenüber diesen Beuteln zu nehmen. Ich selbst entspanne mich so langsam und bin mir sicher, dieses Hilfsmittel wird ihr einen guten Dienst erweisen. Zumindest, wenn alles so läuft wie geplant. Glücklicherweise leben wir ja im einundzwanzigsten Jahrhundert. Nach dem Zweiten Weltkrieg wurden Patienten mit künstlichem Darmausgang noch geschweißte Metallschüsseln um den Bauch gebunden. Dagegen ist dies hier doch ein Kinderspiel.

Irgendwann nähern wir uns dem Berliner Hauptbahnhof, an dem ich rausmuss. Natürlich stehe ich auf der falschen Seite und die Türen öffnen sich in meinem Rücken. Ungelenk bringe ich meinen Koffer um die Kurve und steige aus. Das erste Taxi ist meines, und ich lasse mich zu Anjas Haus fahren. Der Schlüssel liegt tatsächlich in dem vereinbarten Versteck und ich atme erleichtert auf. Die Hunde toben und kläffen hinter der Haustür wie kleine Raubtiere. Noch während ich den Schlüssel drehe, bete ich, dass sie mich erkennen und nicht fressen, wenn ich zu ihnen eintrete.

Akimo springt mir bis zum Hals. Wer zum Geier hat dem Hund eine Sprungfeder eingepflanzt?

„Hey, ihr beiden Süßen", begrüße ich die Terrier und gehe in die Hocke. Esta schnüffelt an meiner Hand, zunächst ist sie hochkonzentriert und skeptisch, dann macht es endlich Klick und sie erinnert sich. Puh! Glück gehabt.

Ich füttere die beiden und mache mir zur Stärkung einen Kaffee. Dann schreibe ich mir eine To-do-Liste, um zu planen, was in den nächsten Tagen alles so zu erledigen ist.

Irgendwann ist es Zeit für die große Runde mit den Hunden und danach würde ich mit der Bahn zum Krankenhaus fahren. „Kommt, ihr Süßen. Wir gehen jetzt Gassi!", zwitschere ich den beiden Terriern zu. Esta ignoriert mich, Akimo, der kleine Eisbär, bringt mir eine alte Socke. Was soll mir das jetzt sagen? „Ihr wollt doch bestimmt mal an die frische Luft?", versuche ich es in einem noch enthusiastischeren Ton. Esta legt sich ins Körbchen und bettet ihren Kopf auf die Pfoten. Sie kommt mir vor wie ich, wenn ich Liebeskummer habe. Ich gehe zu ihr, kraule das weiche Fell hinter ihren Ohren.

„Deine Mami ist bald wieder da", verspreche ich ihr und lege ihr die Leine an. Akimo erscheint neben mir und wedelt mit dem Schwanz. Er bringt mir sein Halsband, das ich ihm umlege, und scheint sich zu freuen. „Es wird gar nicht mehr allzu lange dauern, wisst ihr. Deshalb bin ich auch hier. Ich passe ein bisschen auf euch auf und bereite alles für Frauchens Rückkehr vor."

Jetzt hat Akimo auch die Leine am Halsband und ich beeile mich, in meine Jacke zu kommen. Gar nicht so leicht, wenn zwei Hunde kreuz und quer um einen herumlaufen und möglicherweise den Plan verfolgen, einen zu stürzen. Blöd, wenn man sich so gar nicht mit diesen Tieren auskennt. Ich niese herzhaft, öffne die Tür und gehe hinaus. Meine Nase prickelt. Ob man mit Viren ins Krankenhaus darf? Eher nicht, aber wahrscheinlich ist es eh nur die Allergie. Ich steige über eine der Leinen und versuche, den Hund nicht aus Versehen zu treten. Dabei knicke ich um und vollführe einen Tanz auf der Veranda. Hunde sind gar nicht so leicht zu händeln, wie ich finde. Dann höre ich das leise Klacken der Tür, die hinter mir ins Schloss fällt.

Können Hündinnen eigentlich Schlüssel betätigen? Der steckt nämlich von innen und die eingeklemmte zweite Leine verrät mir, dass Esta auch noch im Haus ist. Mist! Jetzt muss ich mir erst mal überlegen, wie ich reinkomme. Gott sei Dank habe ich die Terrassentür offen gelassen. Ein Hoch auf mein Goldfischgedächtnis. Ich hole Esta aus dem Haus und gehe mit den Hunden spazieren, bevor ich zu Anja eile.

Stunden später bin ich endlich im Krankenhaus angekommen und haste die Gänge entlang.

Meine Finger streichen über die runden Ecken des iPods, auf dem ich eine Auswahl von Songs gespeichert habe. Meine ganz persönliche Liste für einen Kämpfer-Soundtrack, der Anja begleiten und stärken soll. Während ich in den Fahrstuhl steige und auf den Knopf für den dritten Stock drücke, kreist eines der Lieder in meinem Hirn. „Ein Elefant für dich" von *Wir sind Helden*:

Ich seh uns beide, du bist längst zu schwer
Für meine Arme, aber ich geb dich nicht her
Ich weiß, deine Monster sind genau wie meine
Und mit denen bleibt man besser nicht alleine
Ich weiß, ich weiß, ich weiß und frage nicht
Halt dich bei mir fest, steig auf, ich trage dich

Ich werde riesengroß für dich
Ein Elefant für dich
Ich trag dich meilenweiter
Übers Land...

Ich summe die Melodie, fülle mich selbst mit Zuversicht und ganz viel Mut, weil ich Krankenhäuser nicht mag. Zu nah kommen mir meine eigenen Erinnerungen an Schmerzen und Krankheit und ich schiebe sie erneut energisch fort. Ich habe ein Zentimetermaß mit Markierungen für jeden Tag an diesem Ort und eine kleine rosafarbene Schere dabei. Mir hatte es damals geholfen, jeden Morgen ein Stück abzuschneiden, bis ich wieder nach Hause durfte. Die Idee stammte von meiner besten Freundin, die mir sogar jeden Tag per Fleurop eine Blume schicken ließ, um mich aufzuheitern. Ich muss lächeln. Der Fahrstuhl ruckt, hält an und die verkratzte Tür öffnet sich. Ich atme den typischen Geruch nach Desinfektionsmittel ein und schließe meine Finger fest um das kleine Abspielgerät in meiner Jackentasche.

Eine kleine hagere Schwester eilt an mir vorbei, sie erwidert meinen Gruß nicht und meine Augen suchen nach der Zimmernummer 12. Ich für meinen Teil mag diese Zahl, sie hat etwas Beruhigendes. Sie ist rund, hat keine Ecken und wärmt irgendwie. Das Jahr hat 12 Monate.

Ich drücke die Klinke, trete ein und spähe um die Ecke. „Hallo", flüstere ich und suche den Raum ab. Er ist recht klein, nur ein Bett steht vor dem Fenster.

Zuerst denke ich, Anja schläft, ihre dunklen Haare ergießen sich unordentlich auf dem hellen Kissen und sie hat die Augen geschlossen. Ich trete näher, ziehe meine Kriegslieder aus der Tasche und wickle die Schnur der Kopfhörer um das kleine Gerät. Ich bin ganz nervös, hoffentlich gefällt ihr die Auswahl. Lange habe ich Listen durchforstet, damit sie den richtigen

Beat und Text haben. Mal sind es schnelle Rhythmen, mal langsame. Mal ist es das Luftholen vor einem Sprung, dann wieder der Sprint vor einer Ziellinie.

Mir wird mulmig, als ich bemerke, dass ein Beben durch Anjas Körper geht, und ich scanne im nächsten Moment ihr gesamtes Erscheinungsbild. Anja sieht schrecklich aus, sie ist blass, und die Präsenz, mit der diese starke junge Frau sonst ihrer Umwelt begegnet, scheint geschrumpft zu sein.

Die Magensonde erkenne ich erst jetzt und die Tränen, die in ihren Wimpern hängen.

Mir wird kalt. Anja sollte nicht weinen, sie hat die OP überstanden, ab hier soll es aufwärtsgehen.

„Hey, wie fühlst du dich?", hauche ich die dumme Frage, weil mein Kopf plötzlich ganz leer ist. Meine Finger lassen den iPod wieder in der Tasche verschwinden. Der Song von Broods „Worth the Fight" vermengt sich in meinem Hirn mit „Born to Fight" von Tracy Chapman. Es ist schrecklich.

„Hallo", bringt sie schwach hervor und versucht sich aufzurichten. Ich lege schnell meine Jacke auf einem einsamen Stuhl ab, setze mich ganz vorsichtig auf den Rand ihres Bettes. „Hey, ich soll dich ganz lieb von deinen beiden Rackern grüßen", erzähle ich von Akimo und Esta und zeige ihr ein Foto von den beiden, wie sie Männchen machen. Es hat mich ganze dreißig Minuten gekostet, das Bild so hinzubekommen.

Sie schluchzt und ich fürchte, ich habe ihr noch mehr Kummer bereitet. „Es wird nicht mehr lange dauern, dann bist du wieder zu Hause", beeile ich mich und nehme ihre kühle Hand in meine.

„Das ist es nicht." Ihre Stimme ist dünn.

„Hast du Schmerzen, brauchst du etwas?" Draußen knallt ein Flugzeug durch die Schallmauer und ich blicke zum Fenster. Nur ganz kurz. „Soll ich eine Schwester rufen?", kommt mir der Gedanke, weil Anjas Mund sich schmerzlich verzieht.

„Nein", antwortet sie fast ängstlich. „Bloß das nicht."

Ich stutze. „Warum nicht?"

Sie versucht zu lächeln oder ist es die Anstrengung, nach Haltung zu suchen? Die Gewohnheit, Contenance zu wahren?

„Es war gerade erst eine da", sagt sie und beginnt plötzlich fürchterlich zu weinen.

„Hey, hey. Was ist denn nur los?" Ihr Kummer geht auf mich über, meine Augen füllen sich mit Tränen und ich schlucke dagegen an. „Es wird alles wieder gut." Sacht beuge ich mich etwas zu ihr herunter, streiche ihr eine dunkle Locke zurück und warte, bis sie sich etwas gefangen hat.

„Ich habe solche Schmerzen, ich werde noch verrückt", bringt sie zwischen zwei Schluchzern hervor. „Und da habe ich nach einer Schwester geklingelt, weil ich fragen wollte, ob sie mir noch etwas geben kann", berichtet sie. So weit, so normal. Ich warte. Anja macht eine Pause, vermeidet es, mir ins Gesicht zu sehen.

„Dann kam eine und hat mir gesagt, ich könne nichts mehr bekommen. Und ..." Sie atmet zitternd ein. „Und sie meinte, dass Gott will, dass ich Schmerzen leide, und ich müsse das aushalten."

Das Gesagte kommt nicht ganz in meinem Hirn an, zu absurd scheinen mir diese Worte.

„Mina, bin ich ein schlechter Mensch?", fragt sie mich und mein Mund ist staubtrocken. Ich schüttle mit dem Kopf.

„Ich meine, es ist mir ja irgendwie klar, dass diese Aktion echt unverschämt von dieser Frau ist und sie falsch liegt, aber ich bekomme diesen Satz nicht mehr aus meinem Kopf. Ich meine, wenn es einen Gott gibt, wofür will er mich denn bestrafen? Ich bin nicht immer nett, kann schon sein. Bestimmt habe ich schon mal aus Versehen jemandem den Parkplatz geklaut, geflucht oder war patzig zu jemandem, der es nicht verdient hatte, aber bin ich ein so schlechter Mensch, dass ich Krebs verdient habe?" Sie schaut mich intensiv an.

„Sag mal, hat die Frau noch alle Latten am Zaun? Du wurdest gestern operiert, deshalb hast du Schmerzen. Nicht weil irgendein Gott das will!", hauche ich erschrocken. Wie kann man jemandem sagen, dass er leidet, weil es Gottes Plan ist? Man, spinnen die Christen?

„Und, nein. Du bist alles andere als ein schlechter Mensch, ich will, dass du nie wieder auch nur so etwas Dummes denkst. Du bist eine wunderbare, liebe Freundin. Eine großartige Mutter und eine Inspiration. Und du bist toll, so wie du bist." Ich begreife erst mit jedem weiteren Herzschlag, was man Anja mit diesen Worten angetan hat. Ebenso gut könnte man jemandem, der am Boden liegt, einen Tritt verpassen und ihm sagen, er sei selbst schuld.

„Diese Krankenschwester hat ganz offensichtlich ihren Beruf verfehlt", sage ich und grüble. „Weißt du, wie die heißt? Ich bin dafür, die mal richtig anzuschwärzen. So was geht gar nicht."

Anja drückt meine Hand. Sie bewegt sich zu hektisch, sodass ihre Magensonde fast verrutscht. „Bloß nicht, ich glaube, die finden mich sowieso schon alle anstrengend."

„Ach was", antworte ich. „Du hast das Recht, anstrengend zu sein, du bist schwer krank." Ich denke darüber nach, wie oft ich meine hübsche Klingel am Krankenbett betätigt habe.

„Ich fürchte, die sehen das hier anders."

„Ich kann mich darum kümmern", sage ich, obwohl ich wohl einer der schüchternsten und durchsetzungsunfähigsten Menschen bin. Normal ist Anja die von uns, die in die Bresche springt. Die Person, die meine Verträge verhandelt, souverän und stark. Als meine Literaturagentin spielt sie eine wichtige Rolle in meinem Autorenleben.

„Weißt du, was ich glaube? Ich bin einfach nicht still und nicht demütig genug. Die Schwester, die mir sagte, ich soll leiden, hatte ein dickes Kreuz um den Hals", flüstert sie und lässt sich zurück in das Kissen sinken.

„Die wird gleich 'nen Heidenspaß mit mir haben", murmle ich wütend. Ich schaue mich in dem Zimmer um. Als ich meinen Kopf in den Nacken lege, weil ich so verspannt bin, entdecke ich eine fette Spinne, die eine Fliege in ihrem Netz einwickelt. What the fuck!

„Sag lieber nichts. Es sei denn, du schlägst deine Zelte neben meinem Bett auf", sagt Anja in die entstandene Stille.

„Du hast Angst", erkenne ich. Sie stößt hart die Luft aus, was ihr einen Schmerzenslaut entlockt.

„Schau mich an." Sie schlägt die Decke zurück. „Mir läuft die Kacke aus dem offenen Bauch. Ich hab das Gefühl, ich bin kein echter Mensch mehr."

„Hör auf!", bitte ich und muss daran denken, wie sehr es mich schockte, dass sie vor dem Eingriff ihr Testament aufgesetzt hatte.

Ich weiß nicht, woran es liegt, dass mir diese Dinge überhaupt nicht in den Sinn kamen, als ich krank war. Typ-Frage? Überforderung? Grenzenloser Optimismus? Heute weiß ich, dass ich einen Fehler machte, als ich nichts regelte. Das hätte sehr schiefgehen können. Aber wer ahnt denn, dass wider jede Vernunft ein Kind aus dem sicheren Umfeld gerissen wird, sollte die Frage der Obhut nach dem Tod der Eltern nicht geregelt sein. Zum Glück blieb das Lu erspart.

„Wie soll ich aufhören? Ich fühle mich so fremd in meinem eigenen Körper", beginnt sich Anja in Rage zu reden. „Nichts funktioniert mehr, wie es soll. Manchmal, wenn ich einschlafe, träume ich, dass ich neben mir sitze und mich anstarre. Ich habe keine Kraft, meine Gedanken sind träge. Außerdem frage ich mich, ob ich bis hierhin alles richtiggemacht habe. Was ist, wenn ich mich verliere?" Anja wird blass. Noch bleicher, als sie eh schon ist.

„Halt dich einfach an mir fest. Und an deiner Tochter, deiner Mama, deinem Papa. Wir wissen, wer du bist, und erinnern dich daran", sage ich etwas hilflos. „Weißt du, als ich krank war, ging es mir ähnlich. Man kehrt ganz tief in sich ein und das kann manchmal echt gruselig sein", erinnere ich mich an diese vielen einsamen Stunden zwischen Schlafen und Wachen, während der Körper und die Zellen heilten.

Damals stellte ich fest, dass meine Wunschträume die anderer Leute waren und nicht meine eigenen. Somit hatte diese Zeit des Krankseins auch etwas Heilsames, denn danach wusste ich mehr über mich selbst.

Ich ertrage es nur schwer, meine Freundin so zu sehen. Und wie muntert man jemanden auf, der gerade am Boden liegt?

Den der Kontrollverlust so dermaßen ängstigt, dass es ihn lähmt? Mit Wolldecken und Eiscreme kommt man hier nicht weiter.

Instinktiv lege ich mich mental zu ihr, blicke mit ihr gemeinsam vom Boden aus, auf dem sie gerade seelisch liegt, nach oben. Also, bildlich gesprochen – und überzeuge sie davon, dass die Aussicht aus dieser Perspektive scheiße ist. Dass es keine anderen Alternativen gibt, als aufzustehen und die Fäuste zu ballen. Sie muss unbedingt ein Raubtier werden. Und sollte noch einmal jemand versuchen, ihr die Krallen zu ziehen, dann würde ich ernsthaft zum Tasmanischen Teufel werden.

Als ich das Gebäude verlasse, begleitet mich das dezent aggressive Lied „The Fight Song" von Marylin Manson. Adrenalin wirft Blasen in meinem Blut und ich zündle in Gedanken mit Streichhölzern, als mir eine betagte Krankenschwester ins Auge fällt, die stocksteif zu einem alten Ford Fiesta stöckelt. Sie passt exakt zur Beschreibung, die Anja mir geliefert hat, und ich frage mich, ob es in diesem spezialgelagerten Sonderfall legitim wäre, ihr Auto und eventuell auch sie einfach in Brand zu stecken. Ich bin mir nämlich nicht sicher, ob Karma allein das wieder in Ordnung bringt. Und ich hätte da gerade noch Kapazitäten frei und Brandbeschleuniger parat.

Ich muss daran denken, dass ich Anja kaum von so schlimmen Gedanken wie den an ihre eigene Beerdigung abbringen konnte, als sie erfuhr, dass sie Krebs hat. Und jetzt diese Krankenschwester.

Ich kaue auf meiner Unterlippe, betrachte die hagere Frau, der der Autoschlüssel aus der Hand fällt, als sie den Wagen aufschließen will. Sie bückt sich, ich halte auf sie zu. Ich werde sie fragen, ob sie es war, die Anja mental so getreten hat, und ihr eine gehörige Ansage machen. Meine Impulskontrolle ist kaputt, ich hole bereits Luft, da merke ich, dass die Gute nur schwer wieder hochkommt und offensichtlich einen Hexenschuss oder so etwas Ähnliches hat. Komisch, ich dachte immer, Hexen schießen nicht auf ihresgleichen. Am Ende helfe ich der Frau, den Schlüssel aufzuheben, verdutzt von mir selbst, weil ich meine Fackel und die Mistforke verloren habe. Auf dem Weg zurück zu Anjas beiden Hunden, die mich sicher sehnlichst erwarten, den heiligen Futtergeber, muss ich die ganze Zeit über den Schmetterlingseffekt nachdenken. Alles, was wir selbst tun, hat unweigerlich eine Auswirkung auf andere. Wenn wir uns schlecht fühlen, sind wir dann noch gerecht? Wenn jemand fies zu uns ist oder ungerecht, meint er es so, wie wir es wahrnehmen? Wie weit prägt unser eigenes Leid unsere Handlungen? Und gibt es Menschen, die einfach nur böse sind und Spaß daran haben, jemanden zu quälen? Und wo wir schon dabei sind, war Mutter Teresa eigentlich wirklich heilig?

Acht Tage und einige Besuche im Krankenhaus später bereite ich alles für Anjas Rückkehr in ihr Zuhause vor und kümmere mich, so gut ich kann, um ihre trauernden Hunde. Ich hatte keine Ahnung, dass die quasi depressiv werden, wenn ihr Frauchen sich eine Weile nicht blicken lässt. Und man kann ihnen so gar nicht erklären, warum das so ist. Egal wie weit ich aushole im Gespräch, sie gucken mich jedes Mal nur fragend an und verstehen gar nichts. Das Einzige, was hilft, ist Kampfkuscheln, auch wenn das jedes Mal in schlimmen Niesattacken endet. Die leidige Hundehaarallergie. Was soll ich sagen: Der Teufel scheißt immer auf den größten Haufen.

Ich hake To-do-Listen ab und gehe mit dem Fahrrad einkaufen. Memo an mich: Nie wieder Tüten an den Lenker hängen, das ist lebensgefährlich. Ich recherchiere, was Anja essen darf, was sie zu sich nehmen sollte und was auf keinen Fall. Die Liste der No-Gos ist überraschend lang – keine Geschmacksverstärker, keine Zwiebeln, kein Knoblauch, keine faserhaltigen Gemüsesorten wie Spargel, wenig Fett, keine laktosehaltigen Lebensmittel – und ich gerate kurz in Panik, weil ich so schlecht in der Küche bin. Wie soll ich nur kochen ohne diese ganzen Dinge?

Die Stunden vergehen, ich verliere das Gefühl für Zeit und werde ganz hibbelig, als ich merke, dass es fast so weit ist, sie abzuholen. Gestern habe ich aus lauter Unruhe sogar den Rasen gemäht, Blumen gepflückt und sie hübsch in Vasen drapiert. Ich bin ziellos durchs Haus gelaufen, die Hunde sind mir schon gar nicht mehr gefolgt, weil sie kein Kilometergeld bekamen.

Nur zu gut weiß ich, dass es immer Komplikationen geben kann, bei so einem Eingriff. Bei meiner simplen Gebärmutterentfernung ging so einiges schief. Während Esta ihren Kopf auf meinen Bauch legt, versinke ich in einer Erinnerung an damals. Meine Lider waren so unglaublich schwer und das gleichmäßige Piepsen von Apparaturen begleitete mein Wachwerden. Ich wollte mich bewegen, doch es ging nicht. Es war, als gehorche mir mein Körper nicht mehr, oder war ich zu schwach, um ihm Befehle zu erteilen? Also schlief ich wieder ein, ließ mich davongleiten. Die Intensivstation war hell.

Überall an mir waren Schläuche befestigt, aber sie störten mich nicht weiter. Sie waren halt einfach da. Und als ich es endlich schaffte, die Augen zu öffnen, waren bereits drei Tage vergangen. Ich weiß noch genau, dass meine Eltern da waren. Nur vage klopfte der Gedanke an, dass mein Papa nicht weinen sollte. Dieses Bild war einfach falsch. Lu, ich musste immer wieder an mein Baby denken. Ich hörte sie weinen und lachen in meinen Gedanken. Ich fühlte ihre kleinen Hände in meinen. Irgendwann träumte ich, dass meine Freundin an meinem Bett stand. Oder vielleicht war es auch nicht geträumt. Und dann waren da fremde Gesichter, die mich freundlich ansahen. Die Schwestern trieben mich aus den Federn hoch, sie wollten meinen Kreislauf mit aller Gewalt in Gang bringen. Und die wilden Worte, dass ich beinahe gestorben wäre, weil es Probleme mit der Blutgerinnung während der OP gab, ließen mein Herz schneller schlagen. Ich schwitzte, wurde wütend. Wütend für meine Tochter, mein Leben, meine Ziele, meine Träume. Hatte ich die falsche Entscheidung getroffen, indem ich mich radikal operieren ließ? Hätte ich warten sollen? Ich hatte mich doch für diesen Schritt entschieden, um auf Nummer sicher zu gehen, um zu leben. Ich kämpfte mich zurück und die Worte, dass ich beinahe gestorben wäre, wurden zahm. Sie liefen mir zwar nach, seit diesem Tag, aber sie versetzten mich nicht mehr so sehr in Angst. Und eine ganze Weile später erfuhr ich, dass mein beinahe Ableben nicht umsonst gewesen war. Denn in der pathologischen Untersuchung meiner herausbeförderten Gebärmutter wurden überall Zellveränderungen nachgewiesen. Im Grunde war es eine glückliche Fügung, dass ein Zervixkarzinom gefunden und mir damals nahegelegt wurde, den Uterus zu entfernen. Denn es hätte sich unbemerkt Krebs in meinem Inneren auswachsen können. Und wenn er durch die Organwand gelangt wäre, hätte das böse ausgehen können. Viel böser als eh schon.

Vom Sammeln von Arschkarten

Anja

Mitten in der Nacht habe ich unerträgliche Schmerzen, die mich innerlich zerreißen. Ich bekomme Schnappatmung, Panik. Tag drei. Gestern war Mina zum ersten Mal zu Besuch und hat mir Mut zugesprochen. Jetzt fühle ich mich überhaupt nicht mehr mutig. Dieses enge Zimmer erdrückt mich, obwohl es vier Meter hohe Wände hat. Meine Kehle ist wie zugeschnürt. Am liebsten würde ich aus dem Fenster schreien, dass ich dies hier alles nicht will! Aber ich könnte mich nicht einmal allein aufsetzen, kann nur die Augen nach links oder rechts drehen. Als wäre ich in einem Albtraum gefangen. Ich laufe und laufe vor einem unbekannten Etwas davon. Hoffe, dass ich alles nur träume und irgendwann wieder erwachen werde. Jeder kennt doch diese Träume, die sich unglaublich real anfühlen, in denen man sich versichern kann, dass sie es eben nicht sind.

Aber aus mir hängen immer noch die Drainagen, der Katheter, im Rückenmark liegt der Zugang für die Schmerzpumpe. Meine Armbeugen sind tiefschwarz angelaufen, weil der andere Zugang, über den mir Antibiotika und Wasser verabreicht werden, nicht mehr richtig funktioniert hat. Mittlerweile steckt die Nadel auf der Oberfläche meiner Hand, die ebenfalls schon angeschwollen ist. Damit bin ich kaum mehr beweglich. Vor ein paar Monaten war mein Leben ein komplett anderes. Mit Zeit beschenkt. Ein Leben eben. Nicht ein Dahingesieche. Ich war glücklich mit dem, was ich hatte. Und nun? Hier bin ich nur eine Nummer, die kein Mensch mehr ist. Nur ein Körper, der komplett aufgeschnitten wurde, der vor Kurzem noch mit geöffneter Bauchwand auf dem kalten OP-Tisch lag. Dem nun ein Stück Darm fehlt.

Und ich sollte eigentlich dankbar dafür sein, die Zehen bewegen, die Augenlider öffnen zu können, noch zu atmen. Das bin ich aber nicht. Mir kommt alles so unerträglich vor. So schwer. Fast surreal.

Ich rieche getrocknetes Blut, das verkrustet an meinem Oberarm, an meinem Bauch, zwischen meinen Beinen klebt. Nun liege ich hier, nicht in der Lage, mich zu bewegen, in diesem Bett, breitbeinig, auf dem Rücken, auf einer Gummimatratze, den Kopf auf einem unbequemen Kissen, das nur aus vielen verklumpten Einzelteilen besteht. An der linken Seite meines Bettes hängt der volle Beutel des Blasenkatheters. Rechts auf meinem Bauch liegt der durchsichtige Stomabeutel, der so warm wie eine Wärmflasche ist. Wie lange war ich schon nicht mehr auf der Toilette?

Das Laken unter mir ist rötlich verfärbt. Blutflecken sprenkeln das gelb-weiße Muster des Leines. Meine Füße und Beine schwitzen in den engen weißen Thrombosestrümpfen. Auch das Hemdchen ist vom Schweiß ganz feucht und rot getupft von Blutspritzern.

Mein altes Bett lässt sich nicht mit einer Fernbedienung bedienen. Ich kann das Kopfteil nicht höher stellen, wenn mir wieder übel wird. Mir bleibt nichts anderes übrig, als zu klingeln, um die genervte Nachtschwester darum zu bitten, mir zu helfen. Ich liege zudem so nah an der Haupttür zur Station, dass jedes Türenknallen mich zusammenzucken lässt. An Schlaf ist nicht zu denken.

Meine Haut ist unglaublich trocken, Fußsohlen und Lippen sind gerissen. Meine Hände sind die einer alten Frau. Nur meine Tränendrüsen und das spuckende Stoma funktionieren ausgezeichnet. Ich tue mir so unendlich leid.

Als der Arzt das Skalpell in meine Haut stach, um den Schnitt zu beginnen, habe ich mein altes Leben verloren. Was wird das neue mit sich bringen? Was, wenn ich es nicht will, nicht mit ihm umgehen kann?

Bei einer Schwangerschaft geht man zur Geburtsvorbereitung, fühlt sich gewappnet für die Zeit mit Baby. Auf das Leben nach dieser Operation hat mich niemand vorbereitet. Wie lebt man nach der Diagnose Krebs? Was wird mich erwarten?

Der Mond scheint ins Zimmer. Ich starre auf das hölzerne Kreuz, das genau gegenüber von mir die ansonsten weiße Wand schmückt.

ANJA

Plötzlich folgt dem tosenden Gedankensturm eine stille Leere. Ich möchte nicht mehr kämpfen, möchte aufgeben, loslassen, weiß nicht mehr weiter. Will ich so überhaupt leben? Für was denn? Mir entgleitet ein leises Wimmern, so groß ist die Angst vorm Unbekannten.

Mein Zimmer war früher ein Ordensschwesternzimmer. Klein und schmal. Mittlerweile wohnen die verbliebenen Nonnen in der oberen Etage des Seitentraktes. Sie schieben täglich ein Wägelein mit Büchern durch die Gänge des Krankenhauses, klopfen höflich an die Türen der Zimmer und warten, bis man sie hereinbittet, um die Bücher zu verleihen. Von ihrer Herzlichkeit sollten sich die Ärzte, vor allem die neue Generation, mal eine Scheibe abschneiden. Bestimmt kannten die Schwestern früher die Namen all ihrer Patienten und brauchten keine Nummer und kein Namensschild am Ende des Bettes. Mit diesem Gedanken schlafe ich endlich ein.

Es gibt Menschen, die das Unmöglichste schaffen. Tausende Kilometer zu Fuß den Jakobsweg gehen, mit blutigen Blasen in den Turnschuhen. Menschen schwimmen Hunderte Meilen durch das Meer. Ich gehöre wohl nicht zu ihnen. Die ersten Tage im Krankenhaus sind die Hölle. Mein ganzer Körper besteht aus undefinierbaren Schmerzen. Schmerzen, die ich nie zuvor gespürt habe. Obwohl der Katheter der Schmerzpumpe anfangs nicht richtig liegt, sodass die Schmerzmittel ihren Dienst nicht erledigen können, wird ihr roter Knopf mein bester Freund. Alle halbe Stunde kann ich das Schmerzmittel durch mein Rückenmark jagen. *Nur* alle halbe Stunde. Ich halte es oft nicht aus und klingle nach der Schwester. Sie bringt mir dann ungern zusätzlich einen Becher voll Novalgin. Einmal geht sie mit den Worten, dass sie mir nicht mehr geben könne, da ich sonst auf einer Bahre tot herausgetragen werde.

Wenn der Schmerzarzt kommt und mich fragt, auf welcher Stufe von eins bis zehn es wehtut, antworte ich mit zwölf. Woher soll ich wissen, was acht oder zehn bedeutet?

Ich spüre den Blasenkatheter und habe ständig das Gefühl, auf die Toilette zu müssen. Als hätte ich eine Blasenentzündung. Das Druckgefühl der zwei Drainageschläuche, die tief in meine Haut gelegt worden sind, strahlt bis tief in meinen Rippenbogen.

Meine Handoberfläche brennt unter dem Zugang. Sie hat sich bereits entzündet.

Ich kann kaum atmen. Der Stomabeutel füllt sich wie von Geisterhand. Unter der Platte ist die Haut blau angelaufen. Immer wieder schlafe ich ein und möchte mich auf die Seite rollen, doch es ist nicht möglich. Dann bin ich wieder hellwach und tausend Gedanken donnern wie ein E-Zug durch mein Gehirn. Fragen ohne Antworten. Heißer Atem. Habe ich jemals so warme Luft ausgeatmet? Werde ich das alles überstehen? Wie?

Einschlafen, kurz, um dann wieder aufzuwachen und nur eines zu können: weinen.

Ich weiß nicht, ob ich erleichtert sein soll, dass ich die Operation überstanden habe, oder ob es besser gewesen wäre, nach der Narkose nicht mehr aufzuwachen. Wie viel Selbstmitleid steht mir zu?

Jeden Tag, den ich überlebe, hat mein Kind eine Mutter. Der Gedanke an meine Tochter ist der einzige Antrieb, den ich habe. Ich will versuchen, ihr eine noch bessere Mutter zu sein, so lange es geht. Ich habe alle darum gebeten, ihr zu verschweigen, dass ich Krebs habe. Sie denkt, ich liege hier wegen einer Darmspiegelung. Wie lange kann ich sie wohl davon abhalten, mich zu besuchen?

Die Schwestern betreten nur selten mein Zimmer. In den ersten Stunden habe ich ständig geklingelt, um nach einer Spucktüte zu fragen. Sie brachten mir eine Schüssel aus Pappe, von deren Geruch mir noch übler wurde, und ich bat um eine Plastiktüte. Seit dieser Begegnung bin ich unten durch. Ich glaube, ich gelte als zu empfindlich. Eine der Schwestern hat das gleich am ersten Tag nach der OP ziemlich deutlich gemacht. „Sie können nicht ständig Schmerzmittel verlangen", sagte sie. „Schmerzen gehören bei Krebs nun einmal dazu. Gott hat sich dabei schon etwas gedacht. Er will, dass Sie Schmerzen haben." Als ich Mina gestern davon erzählte, wurde sie wahnsinnig wütend. Irgendeinen Grund muss dieser Scheißkrebs doch aber haben, denke ich. Habe am Ende doch ich etwas falsch gemacht?

Auch meine Bitte um anderes Essen kam nicht so gut an. Eine Schwester erklärte mir schnippisch, dass das Geld für eine Tagesration, sprich Frühstück, Mittag, Kaffee und Abendessen, bei knapp vier Euro liegen würde. Ich müsste mich mit meinen Extrawünschen (wer lebt denn schon vegan?) etwas anpassen. Die letzten drei Tage hatte ich die Auswahl zwischen drei

Tütensuppen: Spargelcreme, Tomate oder Gemüsebrühe, ganz praktisch für genau eine Tasse. Als ich mir die Tüte mit dem Aufdruck „Spargelsuppe" wegen der Inhaltsstoffe geben ließ, konnte ich nur mit dem Kopf schütteln. Palmöl, Stärke, Weizenmehl, jodiertes Speisesalz, natürliches Mineralsalz (enthält weniger Natrium als Speisesalz), Zucker, vier Prozent Spargel, Hefeextrakt, Milchzucker, Milcheiweiß, Speisesalz, Schnittlauch, Zitronensaftpulver und jede Menge E-Stoffe.

Glutenhaltig.

Laktosehaltig.

Nicht vegan.

Nicht essbar und vor allem sicher nicht die Schonkost, die ich bräuchte, um Blähungen zu vermeiden.

Was ich nicht weiß: Ich könnte auf Wunschkost bestehen, denn der Darm muss sich erst langsam wieder an Nahrung gewöhnen und vor allem muss er sich nach jedem noch so kleinen Eingriff erst einmal erholen. Jedes Krankenhaus hat Wunschkost. Nur achten die Angestellten selten darauf, den Patienten die für sie bestmögliche Ernährung zu gewährleisten.

Da ich aber eh keinen Hunger oder Durst verspüre, nicht auf die Toilette muss und außer Schmerzmittel und Schlaf nichts benötige, verzichte ich komplett auf Nahrung und kann erleben, was für ein Wunder unser Körper eigentlich ist. Nur mit dem Nötigsten, auf Sparflamme, läuft er.

Am Mittag des vierten Tages kommt der Anästhesist, der für die Schmerzpumpe verantwortlich ist, und erklärt mir, dass Menschen unterschiedlich auf die Medikation ansprechen. Wie stark die Schmerzen nach einer OP empfunden werden und wie sehr sie einen beinträchtigen, sei abhängig von der Art des Eingriffes und der individuellen Konstitution. Der Darm sei nach einer Operation irritiert, was zu starken Bauchkrämpfen führt. In den ersten Wochen nach der Operation sei es wichtig, auf die Ernährungsanweisungen der Ärzte zu hören, um die Genesung des Darms zu unterstützen. Jetzt bin ich es, die irritiert ist. Schließlich hat mich hier noch niemand auf eine Ernährungsumstellung angesprochen. Tütensuppe scheint mir definitiv nicht das Richtige. Er ignoriert meine ausgesprochenen Gedanken und wieder einmal verstumme ich vor dem Gott in Weiß.

Am nächsten Tag soll der Physiotherapeut kommen, dann muss ich das erste Mal das Bett verlassen und stehen. Allein bei diesem Gedanken schießen mir die Schmerztränen in die Augen.

Wie soll ich nach dem Krankenhaus den Alltag überstehen, wenn ich nicht einmal aufstehen kann?

Mit diesem Gedanken schlafe ich ein und werde erst kurz vor sechs Uhr von den Schwestern geweckt, die wortlos ihre Routinearbeit leisten: Fieber messen, Blutdruck checken.

Zum Frühstück gibt es Kamillentee und eine Instantbrühe. Allein beim Geruch muss ich mich übergeben. Fünf Stunden passiert nichts. Ich liege auf dem Rücken, starre die Wand an. Im Grunde bewege ich nur den Kopf vom Fenster zur Decke. Langsam wird es hell. Die Sonne schickt ihre warmen Strahlen in mein abgedunkeltes Zimmer, durch einen ganz schmalen Spalt, den die Schwester für mich offen gelassen hat. Mehr Licht kann ich nicht ertragen. Tag fünf ist angebrochen.

Die Visite kommt gegen 11 Uhr – eine Mannschaft aus Ärzten und Bald-Ärzten. Ich komme mir vor wie ein Affe im Zoo. Alles ist sehr distanziert und von mir wird in der dritten Person geredet. Ich schnappe nur Fetzen auf: „...vermutlich FAP." Was zur Hölle ist FAP?

Schnell verlässt der Trupp in Weiß das Zimmer. Die Tür wird zugeknallt. Keine meiner Fragen, die ich beantwortet haben wollte, konnte ich stellen. Ich nehme mir fest vor, mich beim nächsten Mal durchzusetzen und die Patientenakte anzufordern. In der einen Zimmerecke rollt eine Spinne ihr Opfer im Netz ein. Genauso fühle ich mich: gefangen.

Mein Mund ist staubtrocken, und ich verspüre den Drang, mir die Zähne zu putzen. Wie lange ist es schon her, dass ich mich gewaschen habe? Ich fühle mich schmutzig und rieche.

Die rote Farbe, die mir für die Operation auf die Haut gemalt wurde, klebt mittlerweile auf der Bettwäsche, die so stark nach Essig riecht, dass ich ständig würgen muss. Automatisch greife ich nach der Spucktüte.

Ich klingele, um eine Schwester um den morgendlichen Waschgang zu bitten. Auch mein Stomabeutel müsste dringend geleert werden. Täglich kam bis jetzt die Stomaschwester, die ihren Dienst an mir erledigte, aber für das Entleeren sind nun mal die Schwestern verantwortlich. Was kann bitte daran so schwer sein? Ein bisschen Fürsorge, ein bisschen Mitgefühl. Die Schwester ist eher wie ein Roboter, der sein System hochfährt und Schritt für Schritt seine Programmierung erledigt.

Sie schickt mir einen Pfleger in Ausbildung. Unterleibswäsche von einem Achtzehnjährigen – davon träumt jede Frau in so einer Situation.

Ich frage mich, was Mina dazu sagen würde, sie hat eigentlich immer einen aufmunternden Kommentar. Ich schätze, da wäre selbst sie sprachlos. Als ich mich verweigere, habe ich endgültig den Stempel einer schwierigen Patientin auf der Stirn. Die Schwester verlässt genervt mein Zimmer. „Da müssen Sie sich nicht wundern, wenn keiner vom Personal zu Ihnen kommen mag." Empathie geht anders. Und Mina geht nicht ans Telefon.

Eine Pflegerin kommt und wechselt die Verbände. Tief gafft mich eine riesige Narbe an, die aussieht wie ein Fischgrätenmuster. Dann berühre ich das erste Mal sanft mit den Fingern die Naht, die unterhalb meiner Brüste bis zum Venushügel verläuft, zusammengehalten von zahlreichen Tackern. Eine weitere erstreckt sich quer über meinen Bauch unterhalb des Nabels. Jetzt bin ich Frankensteins Tochter.

Ich versinke im Selbstmitleid und fange an zu weinen. Die Schwester meint dazu nur: „Tja, Sie wollten ja ein Einzelzimmer." Als wenn es in einem Doppelzimmer jetzt lustiger wäre.

Ich erwidere nix. Ich bin zu müde, so unheimlich müde.

Ich öffne die Schublade von meinem Nachttisch, nehme das Bild meiner Tochter raus und küsse und küsse es.

Dann finden meine Finger Minas Zentimetermaß und die Schere. Ich schneide den ersten Zentimeter ab und sehe, dass Mina das Wort MUT draufgeschrieben hat. Dann den zweiten: Hoffnung. Den dritten: Kraft. Dann den vierten: Stärke. Vier Nächte habe ich geschafft, nur noch f-ü-n-f.

Am späten Nachmittag kommt der Physiotherapeut. Ich will noch schnell die Schmerzpumpe betätigen, aber meine letzte Dosis ist noch nicht lange genug her.

Mein Lieblingsmärchen von Hans Christian Andersen fällt mir ein. *Die kleine Meerjungfrau.* Aus Liebe zu dem Prinzen nimmt sie in Kauf, dass jeder Schritt, den sie außerhalb des Wassers auf der Erde geht, ist, als liefe sie auf spitzen Scherben. Wie tapfer! Ich werde auch eine mutige Meerjungfrau für mein Kind sein. Bald, wenn mir weniger übel ist, wenn ich kraftvoller bin. Sehr bald!

Die Übung mit ihm ist mir unangenehm. Ich trage seit fünf Tagen dasselbe blutverschmierte Krankenhaushemd und eine Unterhose, die aussieht wie ein Kartoffelsack. Mein Haar ist schwitzig und müffelt. Eine riesengroße Binde klebt zwischen meinen Beinen und hat die Haut, die ebenfalls mit roter Farbe bepinselt worden ist, bereits wund gerieben.

Mühsam versuche ich, das Hemdchen um meinen Körper festzuhalten, damit mein Rücken und mein Hintern bedeckt sind. Aufstehen kann ich beim besten Willen nicht. Es geht einfach nicht. Morgen muss ich aber, sagt der russische Therapeut lächelnd, bevor er das Zimmer verlässt.

Als die Essensfrau mich später fragt, welche Suppe ich zum Abendessen möchte, bestelle ich nur einen Kamillentee. Morgen kommt meine Familie. Mir wird ganz warm ums Herz.

Ich drücke noch einmal auf den Knopf meiner Schmerzpumpe und schlafe ein. Jetzt finde ich es praktisch, nicht das Bett verlassen zu müssen, um auf die Toilette zu gehen.

Am nächsten Morgen nehme ich bei der Visite allen Mut zusammen und frage den Chefarzt, was FAP ist. Die „Familiäre adenomatöse Polyposis", erklärt er mir, sei eine Erbkrankheit, die ein extrem hohes Aufkommen von Polypen im Dickdarm zur Folge hat. Die Wahrscheinlichkeit, dass einer dieser Polypen entartet, liege bei nahezu 100 Prozent. Bei FAP, und man müsse leider davon ausgehen, dass ich darunter leide, wäre eine totale Entfernung des Dickdarms fast immer nötig. Normalerweise versuche man, einen solchen Eingriff zu vermeiden, da er die Lebensqualität der Patienten stark einschränke. Oft kommt es danach zur Verflüssigung des Stuhls bis hin zum Durchfall, da der Dickdarm den Stuhl nicht mehr eindicken kann. In der Folge kann es zu dauerhaften Entzündungen im Bereich des Afters kommen. Durch die kürzere Darmpassage müssten die Betroffenen zudem öfters auf die Toilette und könnten dadurch nicht mehr durchschlafen. Zwar könnte der Dünndarm sich auf die veränderten Bedingungen einstellen und Aufgaben des Dickdarms übernehmen, aber bei einer Patientin in meinem Alter, über vierzig, wäre das nicht sicher. Mein Leben müsse ich dann komplett umstellen: mindestens drei Liter Wasser am Tag trinken, auf die Ernährung achten und Vitamine wie B_{12} venös zuführen.

Ich starre ihn mit großen Augen an. Richtig Zeit, darüber nachzudenken, was er gerade gesagt hat, bleibt mir allerdings nicht, denn er ordnet an, dass die Magensonde und der Blasenkatheter entfernt werden. Mir wird sofort übel: Wie soll ich denn allein auf die Toilette gehen?

Auf dem Flur höre ich die Stimme meiner Mutter.

Kurz darauf steht sie mit meinen Lieblingsblumen in der Hand im Türrahmen und ringt um Fassung. Meiner Oma steigen gleich die Tränen in die Augen und mein Vater verlässt sofort das Zimmer, er kann meinen Anblick nicht ertragen. Die Stimme meiner Mutter bricht, als sie mich anspricht. Ich bin müde und denke heimlich ans Sterben.

Meine Mutter flüstert mir ins Ohr, dass mein Vater an jeder bayerischen Marienandacht, an der er mit seinem Auto vorbeigefahren ist, eine Kerze für mich angezündet habe, damit ich alles überstehe.

Ich übergebe mich. Das Fieber macht mich schläfrig und ich kann kaum die Augen offen halten. Ich spüre noch eine Hand, die meine Stirn streichelt, und schon bin ich eingeschlafen.

Als ich wieder aufwache, ist es bereits dunkel. Ich taste nach meinem Wecker und sehe die roten Zahlen aufleuchten. Es ist 4:55 Uhr. Ich habe den ganzen Besuch meiner Familie verschlafen. Mir wird so fürchterlich schwer ums Herz, dass ich mich schon wieder übergeben muss.

Noch vier Tage. Nur noch. Ich nehme mir Albert Camus' *Der Fremde* von meinem Bücherstapel und verschlinge einige Seiten, bis die Visite in mein Zimmer schaut. Ich komme mir immer noch vor wie ein Versuchskaninchen. In Asien üben Ärzte erst einmal an Puppen, bis es klappt. Hier lässt man sie direkt auf Patienten los. Ich stelle mir einfach vor, ich wäre woanders. Vielleicht nackt im See baden. Stück für Stück wandere ich in Gedanken ins Wasser, bis nur noch meine gehobenen Arme zu sehen sind. Kühle umfasst mich. Und ich bilde mir ein, kein Fieber mehr zu haben. Meine Sehnsucht nach einer

Badewanne ist so unendlich groß, einmal nur mit dem Kopf untertauchen, treiben lassen wie ein Ölfilm auf der Oberfläche eines klaren Teichs, einfach nur vor sich hin träumen.

Bevor die Mannschaft das Zimmer verlässt, verkündet der Chefarzt noch: „Heute müssen aber endgültig die Schmerzpumpe, Drainagen und Katheter raus." Dann knallt die Tür meines Zimmers zu, und ich blicke durch den Spalt der Vorhänge in den blassen Himmel.

Wie wichtig es ist, sich die richtige ärztliche Mannschaft auszusuchen, wird mir einmal mehr klar. Es ist nicht so, dass wir abhängig von ihnen sind, nein, im Gegenteil, diese Ärzte sind es von uns. Sie werden von unseren Krankenkassenbeiträgen bezahlt. Ich bereue es zutiefst, nicht auf meine Intuition gehört zu haben. Seit den ersten Momenten in diesem Krankenhaus war mir klar, dass ich hier nicht gut aufgehoben sein würde. Sonnenklar.

Die Pflegerin, die mit ihrem Pflegewagen nach der Visite gleich in meinem Zimmer geblieben ist, reißt mich aus den Gedanken. Sie zieht die Drainage aus meiner Haut, und sofort lässt der stechende Schmerz in meinen Rippen nach. Dann deckt sie meine Beine auf, bittet mich, einmal tief einzuatmen, und entfernt den Blasenkatheter, der nun sechs Tage in mir steckte. Sofort habe ich das Gefühl, eine Blasenentzündung zu bekommen.

Ich atme tief ein, sammle meine Kraft. Klein beigeben kommt ab jetzt nicht mehr infrage. Ich werde es ihnen zeigen. Auch dem russischen Drillsergeant, der sich Physiotherapeut nennt. Der gibt mir am Nachmittag erneut Anweisungen, wie ich aufstehen kann. Ich soll mich dazu vorsichtig auf die Seite legen. Während der Therapeut neben mir steht, um mir dabei zu helfen, in die Seitenlage und dann in den Sitz zu kommen, presse ich meine Hände auf den Bauch. Ich hebe automatisch erst das eine Bein, dann das andere aus dem Bett und nehme eine Hand als Unterstützung zum Aufschwung. Und tatsächlich sitze ich, meine Füße berühren den Boden, ich fühle mich fest verbunden mit ihm und schaffe es zu stehen. Dann durchflutet eine heiße Welle meinen Körper und mir wird schwarz vor Augen. Mina hat mir erzählt, dass es ihr ähnlich ging, beim ersten Aufstehen nach der großen OP. Sie hat mich vorgewarnt und ich höre ihre Stimme in meinem Kopf: Das ist okay, der Kreislauf muss sich erst wieder daran gewöhnen. Hab keine Angst!

Den restlichen Tag verbringe ich mit Schlafen. Im Hintergrund läuft der Fernseher, damit die Einsamkeit leiser wird. Am Abend schneide ich einen weiteren Zentimeter meines Maßbandes ab. LICHT steht auf dem winzigen Stück. Wie der Sonnenaufgang nach einer mondlosen Nacht.

Am nächsten Tag kommt mich Mina besuchen, ich steige schon fast allein aus dem Bett, klammere mich nur noch ein wenig hilflos am Rahmen der Tür, um auf die Toilette zu gehen.

Mina beobachtet mich und spricht mir Mut zu: „Ich kann mich noch zu gut daran erinnern, wie es war, als man mir damals den Katheter zog und ich wieder eigenständig das stille Örtchen aufsuchen sollte." Ich nicke ihr zu. Es ist seltsam, wie schwer einem so selbstverständliche Dinge fallen können, wie ein Bein vor das andere zu setzen. Und man braucht eine gewisse Zeit, um zu begreifen, dass der Schnitt quer über den Bauch nicht sofort aufreißt, wenn man sich aufrichtet. Auch wenn es sich so anfühlt. Mir ist schwindelig, doch solange ich es nicht selbstständig schaffe, auf die Toilette zu gehen, werde ich dieses Horrorhaus nicht verlassen können. Mina steht hinter mir, bereit zum Hechtsprung, falls ich ohnmächtig werde und es nicht ins Bett zurück schaffe. Aber ich schaffe es. Es wird besser werden, immer besser. Ich werde mich hier nicht unterkriegen lassen, auch wenn das Personal mich ignoriert. Ich werde Schmerzmittel einfordern. Ich werde die Menschen, die hier arbeiten, bitten, die Türklinke zu benutzen, meine Krankenakte anfordern und lesen und ich werde den ganzen Tag Bildungsfernsehen laufen lassen, um informiert zu sein. Ich bin eine Rebellin, eine Krebskriegerin!

Dann schleiche ich gemeinsam mit Mina den Flur entlang, ich will hier bald weg. Das ist das einzige Ziel, das ich habe. Das Ziel, das in wenigen Tagen Gestalt annehmen wird.

Wenn die Stomaschwester vorbeikommt und die Platte wechselt, drehe ich nicht mehr den Kopf zur Seite, sondern beobachte jeden ihrer Handgriffe.

Und dann steht mir die letzte Nacht bevor, ich fühle mich nicht mehr geschwächt und freue mich darauf, endlich wieder zu Hause zu sein. Mina hat bereits meine Sachen gepackt und den größten Teil mitgenommen, damit wir gemeinsam Hand in Hand das Krankenhaus verlassen können. Mit diesem Gedanken und einem Lächeln auf dem Gesicht schlafe ich ein.

Am nächsten Morgen bin ich ganz kribbelig, als ich in meine Jogginghose schlüpfe und eigentlich mit Mina nur noch auf meine Entlassungspapiere und die Stomaschwester warte.

„Hui, dauert das wohl immer so lange, bis man hier rauskommt? Die Visite ist doch schon lange durch?", fragt mich Mina und ich zucke die Achseln.

„Hier wundert mich nichts mehr", sage ich und lache, doch es bleibt mir im Hals stecken, als die Schwester zu uns kommt.

„So, Frau Koeseling, dann wollen wir mal. Ich zeige Ihnen noch einmal, wie Sie zu Hause mit der Wunde umgehen müssen", meint sie und dirigiert mich zurück aufs Bett. Ich lege mich aufs Kissen, ziehe den Pullover hoch, den Bund der Hose nach unten und winke Mina zu mir heran.

„Willkommen zur Rocky Horror Picture Show", scherze ich und die Schwester lächelt etwas.

„Ach, Frau Koeseling, so schlimm ist das doch gar nicht", meint sie und ich studiere Minas Gesichtsausdruck, als sie freie Sicht auf diesen wurmartigen Darmausgang hat. Hiermit sind wir also bei der Frage, wie viel man seiner Freundin zumuten kann. Und ich bin mir plötzlich nicht ganz sicher, ob das nicht zu weit geht.

Mit routinierten und schnellen Handgriffen arbeitet die Schwester, erklärt, was sie tut, und Minas Augen sind groß, ihre Stirn so sehr in Falten gelegt, dass ich selbst Kopfschmerzen bekomme, und dann ist es endlich vorbei. Alles ist wieder hübsch verpackt und sauber. Und wir verlassen Hand in Hand die Klinik.

„Yay", haucht meine Freundin, als uns der frische Wind um die Nase weht. Ihr typisches Yay in Verbindung mit ihrem Lächeln heißt so viel wie: Jetzt tanzen wir der Sonne entgegen! Sinnbildlich natürlich.

Mina

Es sich so richtig gemütlich zu machen, ist ein Vorsatz, der nicht immer ganz leicht umzusetzen ist. Vor allem dann nicht, wenn man einen langen Weg hinter sich hat, der den Wunsch nach Frieden so groß werden lässt, dass die Erwartungen steigen. Ich bin tatsächlich etwas nervös, als ich für Anja und mich den perfekten Film auf Netflix suche, während meine Freundin sich im Pyjama mit ihren Hunden aufs Sofa setzt. Die beiden überglücklichen Vierbeiner weichen ihrem Frauchen keinen Zentimeter mehr von der Seite und allein die Erinnerung an den Moment, als die Jack Russels Anja begrüßten, treibt mir rührselige Tränen in den Augen. Sie waren so happy, so aufgeregt, so voller Liebe. Gut, auf den Moment, in dem Akimo Anja unverhofft in den Arm springt, hätte ich gerne verzichtet, denn sein Gewicht sorgte für einen heftigen Schmerzmoment, den sie versucht zu verharmlosen.

„Wie wäre es mit einer Staffel *Shadow Hunters?*", frage ich und liebäugele mit der Fantasyreihe, die durchaus in der Lage wäre, uns für eine Weile aus der Realität zu entführen.

„Mh, weiß nicht." Anja zieht sich die Wolldecke bis zum Kinn und linst zu mir herüber. Akimo drückt sich fest an ihre Seite, schaut treu zu ihr auf, jedes Mal, wenn sie einen tieferen Atemzug tut oder nach Luft schnappt oder die noch frische Naht schmerzt. „Wie wäre es mit einem Klassiker?", fragt sie.

Mein Herz hüpft. Gute Idee. „Ja, *Emma und ihre Schwestern?*"

Oder *Sturmhöhe?* Nein, zu deprimierend.

„Hauptsache, etwas mit Happy End", wirft Anja ein und streichelt ihrer Hündin, die sich an ihre andere Seite gekuschelt hat, über den flauschigen Kopf.

Gesagt, getan, wenig später sitzen wir zusammen unter der weichen Wolldecke und lassen uns gemütlich von alten Geschichten berieseln. Das Gleichgewicht zu bewahren zwischen viel tun wollen und genügend Ruhe ausstrahlen an diesem ersten Tag außerhalb der Klinik fällt mir schwer. Ich ertappe mich immer wieder dabei, dass ich ständig frage, ob meine Freundin etwas braucht. Ist sie hungrig? Für den Fall habe ich alles besorgt, was ihr guttut,: Haferflocken, Kartoffeln, Karotten, Zwieback und jegliche sonstige Schonkost.

Ich schaue zu ihr hinüber, beobachte ihre Miene ganz genau und stelle erleichtert fest, dass sich dann und wann ein echtes Lächeln auf ihren schönen Mund legt. Und dass sie sogar wieder Farbe im Gesicht bekommt und nicht mehr weiß wie Schnee aussieht.

Anja wird zum Ende des Filmes unruhig und ich sehe ihr an, dass sie nicht mehr bei der Sache ist. Esta, ihre Hündin, entgeht das auch nicht, denn sie beginnt manisch ihre Finger abzuschlecken, als hätte sie Leberwurstreste daran kleben.

„Was ist los?", frage ich wachsam und niese herzhaft, als die Hundeallergene mir einmal mehr in die Nase kriechen.

„Das sollte ich eher dich fragen", entgegnet sie und hebt ihre Augenbrauen leicht an. „Du wirst ja wohl nicht krank."

„Hatschi!" Ich nehme Abstand, suche ein Taschentuch und gleich mal meine Antihistaminika. „Allergisch."

„Auf mich?" Sie grinst schief.

„Das wird es sein." Akimo springt vom Sofa, setzt sich auf meinen Fuß und ich schnäuze mich geräuschvoll.

„Mach mir nichts vor, dich beschäftigt was", hake ich erneut nach.

„Eigentlich müsste ich dringend mal meine Mails checken, die Post genauer prüfen, den Anrufbeantworter ..."

Ich unterbreche sie mit einer unwirschen Handbewegung und einem erneuten Niesen. „Nicht am ersten Tag."

„Du hast keine Ahnung, wie zeitaufwendig es ist, eine Agentur zu leiten", brummt sie halb lächelnd. Nun gut, natürlich habe ich keinen Schimmer, allerdings eine Ahnung, da mein Mann als Landwirt genauso selbstständig arbeitet und ich als Autorin ja irgendwie auch. Trotzdem möchte ich nicht in der Haut einer Agentin stecken, da die meisten Klienten das Gefühl haben, dass man twentyfour-seven für sie da sein sollte. Mich eingeschlossen, ich hatte durchaus auch schon meine lichten Momente, in denen ich etwas distanzlos werden konnte.

„Du bist offiziell krankgeschrieben, und wenn du brav bist, gucken wir uns morgen zum Frühstück die Post an." Ich lächle ein gewinnendes Lächeln und sie gibt sich geschlagen. Gott sei Dank, ich habe nämlich die Durchsetzungskraft eines rückgratamputierten Huhns.

Einen weiteren Jane-Austen-Film später koche ich uns Haferbrei mit etwas Honig und wir schlagen uns den Bauch voll. Okay, hauptsächlich ich, weil mir der Porridge wider Erwarten echt gut schmeckt und ich vor lauter Aufregung den ganzen Tag vergessen habe, so richtig zu essen.

Bei all der Planung, die ich sonst gemeistert habe – und ich bin wirklich megastolz auf mich, da mir ADS-bedingt so was gar nicht liegt –, kann man sich nicht wirklich auf alles vorbereiten. Denn irgendwann ist es Zeit, das Stoma zu wechseln. Ich war zwar dabei, als eine Schwester im Krankenhaus es Anja im Eilverfahren gezeigt hat, aber das meiste habe ich einfach schon wieder vergessen. Ich hab ja das Gedächtnis eines Goldfischs. Und wenn ich ehrlich bin, war ich damit beschäftigt, mir meine Scheu nicht anmerken zu lassen. Denn egal wie viele Bilder man sich dazu vorher im Netz ansieht, es ist und bleibt befremdlich. Und ich bin eine der Kandidatinnen, die beim allerersten Windelwechseln des eigenen Babys beinahe in den Mülleimer gekotzt hätten.

„So, das sieht doch schon mal gut aus", plappere ich nervös, als ich mir Anjas Bauch mit der Tüte so ansehe. Anja strahlt eine enorme Hitze ab, die mich schwitzen lässt. „Jetzt müssen wir also nur noch ..." Ja, was? Wie war das noch? Zuerst mit dem Klickmechanismus den Beutel abnehmen. Dann den Pflasterlöser auf die Platte sprühen und es vorsichtig von der Haut lösen. Die Handgriffe klappen ganz gut und ich atme auf, als ich fast fertig bin. Doch wenn man mich fragt, sieht die Wunde nicht sonderlich gut aus. Und was haben wir denn da? Sind das Fäden, die vergessen worden sind zu ziehen?

„Sind das selbstauflösende Fäden?", frage ich und runzle die Stirn. Anja hebt den Kopf, schaut nur kurz auf die Narbe und den Mund, der seltsam dunkel an den Rändern aussieht.

„Keine Ahnung."

„Tut das weh?", frage ich skeptisch. Anja kichert unglücklich.

„Mir tut alles weh."

„Warum ist der Bereich um das Stoma so komisch dunkel unterlaufen?" Fragen über Fragen und in meinem Magen beginnt Furcht zu kratzen wie ein verschlucktes Tier.

„Das wird bestimmt nicht so schlimm sein", meint Anja, als ich sie fragend ansehe. Die Ärzte hatten bei der Entlassung gemeint, wenn etwas Ungewöhnliches auftreten sollte oder der Zustand sich verschlechtert, sollten wir ins Krankenhaus fahren. Wenngleich ihr Gesichtsausdruck zu sagen schien, sie können auch ein anderes Krankenhaus als das unsere wählen.

„Bestimmt." Ich bastle ein neues Stoma und schiebe die schlechten Gedanken zur Seite. Wir gehen früh schlafen, die Nacht schleiche ich gefühlte hundert Mal in ihr Zimmer und vergewissere mich, dass alles in Ordnung ist, und verpenne am nächste Morgen prompt. Ich bin erleichtert, als ich Geräusche von unten höre, die bezeugen, dass Anja noch lebt und in der Küche herumgeistert.

Sie hat rosige Wangen und lächelt selig, immer noch glücklich darüber, endlich zu Hause zu sein. Am späten Nachmittag haben wir uns so richtig gut eingegroovt und ich fahre mein Wellnessprogramm auf. Ich glaube, Anja ist relativ beeindruckt, wie schlecht ich Fingernägel lackiere, und wir lachen uns scheckig über unsere Kriegsbemalung, die wir uns wenig später mit Aquarellfarben ins Gesicht malen. Lange blödeln wir herum und machen Selfies, um sie auf Instagram hochzuladen. Wir sehen aus wie farbenfrohe Mädels aus indigenen Völkern, mit eingeflochtenen Federn im Haar, und lassen alle Welt wissen, dass wir leben. Wir haben wirklich lange nicht mehr so viel gelacht, na gut, hauptsächlich ich, da Anja wirklich noch aufpassen muss, wegen ihrer frischen Narben.

Anja lässt zur Untermalung unserer Stimmung Musik laufen und wir singen zu „Riders on the Storm" mit. Sehr schief übrigens, was auf Akimo irgendwie krampflösend zu wirken scheint, denn er furzt den Refrain.

Hätte nie gedacht, dass ich über meine allergisch bedingt verstopfte Nase doch noch froh sein würde.

Gegen Abend fällt mir auf, dass Anjas rosige Wangen immer noch eine enorme Hitze abgeben und ihre Augen glasig wirken.

„Ich bin so müde", wiederholt sie und guckt auf die Uhr.

„Bist du sicher, dass die Müdigkeit von den Tabletten gegen die Übelkeit kommt?" Ich bin mir da nicht so sicher. Und überhaupt, warum lässt die Übelkeit gar nicht mehr richtig nach? Draußen beginnt es zu dämmern, der Himmel färbt sich rot, als hätte jemand Glühwein über ihm verschüttet, und ich beschließe, mir Anjas Bauch erneut anzugucken, auch wenn sie sich ziert, da es noch nicht wieder Zeit ist, das Stoma zu wechseln.

Der Rand um den künstlichen Darmausgang hat eine noch dunklere Farbe angenommen und die Haut ist leicht erhaben.

Gott, jetzt bloß nicht unruhig werden. Nicht alles, was nach einem Fall für 112 aussieht, ist auch einer. Ich lächle gequält und untersuche die Wundränder mit den Fingerspitzen. Anja stöhnt auf und fängt meine Hand ein. „Spinnst du?"

„Vielleicht", antworte ich, denke über unbegründete Panik nach und tatsche noch mal die Narbe an.

„Du, ich bin mir nicht sicher, aber ich glaub, da stimmt was nicht", brumme ich irgendwann und Anja, die es immer noch gerne vermeidet, ihren einst makellosen Bauch anzugucken, stöhnt erschrocken auf, als sie es schließlich doch tut. „Scheiße."

Ihre Bestätigung rüttelt an mir.

„Mir wird schlecht", sagt Anja und macht wenig später einem Glühwürmchen Konkurrenz. Wie im Zeitraffer eskaliert die gesamte Situation und wird mehr als besorgniserregend. Und als wir endlich Fieber messen, bricht bei mir Panik aus. Es fehlt nicht mehr viel und es sind vierzig Grad.

Tja, Komplikationen sind das halbe Leben. Man findet sie überall, beim Einkaufen, Kinderkriegen und den kleinsten Krankheiten. Man kann sogar durch ein Bauchnabelpiercing sterben oder an einem simplen Katzenbiss. Sogar vom Blitz kann man gebraten werden, aber auch von schlecht isolierten Stromleitungen.

Innerlich zähle ich meine Komplikationen auf, um nicht auszuflippen. Mandeloperation erfolgreich, Nähte platzten im Hochsommer trotzdem auf und sorgten für eine Sturzblutung im Hals. Blinddarmoperation verlief super, aber Sport sollte man mindestens drei Monate danach ausfallen lassen. Ich fiel vom Pferd und bekam innere Blutungen. Oh, ja. Die Weisheitszähne waren auch eine hübsche Geschichte. Die hatte ich mir unter Vollnarkose entfernen lassen, alle vier, und bekam später hohes Fieber und zwei Hamsterbacken vom Feinsten. Ich hatte das alles überlebt. Und was auch immer hier jetzt nicht stimmt, irgendwann wäre es eine Anekdote wert. Ganz sicher!

Ich stütze Anja, die schlagartig heftige Bauchschmerzen bekommt, und führe sie aus dem Haus. Die Hunde winseln, das traurige Geräusch steigert sich zu einem herzzerreißenden Schreien, als wir sie zurücklassen und die Tür schließen. Anja beginnt zu weinen, Tränen rinnen ihr über die Wangen, lassen die Regenbogenfarben unserer Kriegsbemalung verschwimmen. Ich weiß, sie will nicht ins Krankenhaus.

„Alles wird gut", wiederhole ich und lasse es zu einem Mantra werden. Ich schwitze wie ein Ferkel, mein Puls rast, und als Anja sich vor Schmerz krümmt, fahre ich los. Und zwar in Richtung der nächstgelegenen Notfall-Ambulanz.

„Nach links", lotst mich Anja und ich gebe Gas.

„Wäre es nicht besser, in die alte Klinik zu fahren? Die wissen wenigstens, was los ist?", zweifle ich einen kurzen Moment an unsrer Entscheidung.

„Eher geh ich drauf", ist Anjas Antwort.

„Okay, also dann auf die Bundesstraße?" Ich vergesse erneut, dass ich gerade einen dusseligen Automatik fahre, werde mich vermutlich nie daran gewöhnen.

„Puh, tut das weh!", flucht Anja und beißt sich auf die Lippen. Mir fällt ein, dass, wenn sie ohnmächtig werden sollte, ich keine Ahnung habe, wo ich langfahren muss. Dass ich nicht mal weiß, wo verdammt noch eins ich überhaupt bin. Ein Beben läuft durch meinen Körper.

„Halte durch, wir sind sicher schnell da und dann hilft uns jemand", knurre ich verbissen und setze den Blinker.

„Was kann das nur sein?", fragt Anja sich selbst. „Wir haben doch alles richtiggemacht."

„Komplikationen können immer mal auftreten", sage ich lahm. Was soll ich auch sagen?

„Ob etwas in mir zerrissen ist, weil Kimo mich angesprungen hat?", überlegt sie und ich will nicht, dass der Hund schuld ist. Er hat es schließlich nicht so gemeint. „Das erklärt noch lange nicht die Verfärbung an der Wunde." Mir geht das Wort Sepsis nicht mehr aus dem Kopf. Und zeitgleich mit meinen fiesen Gedanken beginnen riesige Regentropfen vom Himmel zu fallen. Na super!

„Mir ist so komisch", meint Anja nach einer schweigsamen Weile, während wir endlich in die Stadt gelangen. „Was meinst du damit?" Ihre heiße Hand streift meine, als ich nach ihr greife. „Schummrig." Dieses Wort lässt mich aus Versehen über eine gerade rot gewordene Ampel braten. Das Hupen und Quietschen der Reifen übertönt meinen lauten Herzschlag und ich schnappe nach Luft. Gott sei Dank geht alles gut. Anja reißt die Augen auf, starrt mich an.

„Nur so eine Frage. Du bevorzugst schon, dass wir gemeinsam in einem Stück ankommen?" Sie lächelt gequält und ich wische meine nassen Hände eine nach der anderen an der Jeans ab. Ich lächle zurück, beginne einfach vor mich hin zu plappern. Rede über Filmzitate und Murphys Gesetz. Mein Hirn koppelt sich ab, ich werde zum Beobachter meiner selbst, wie ich versuche, Anja bei Laune zu halten. Und bei Bewusstsein. Die Lichter des für uns neuen Krankenhauses werden mein Fixpunkt und ich schicke ein Dankesgebet in den Himmel, als ich Anjas umständlich große Kiste quer über zwei Parkplätze parke.

Ich reiße die Beifahrertür auf, reiche ihr die Hand. Die Federn, die noch in ihrem Haar eingebettet sind, bewegen sich im schneeträchtigen Wind.

„Ich kann mich nicht …", stöhnt sie. „… mich nicht bewegen." Hilfesuchend schaue ich mich um, entdecke keine Menschenseele und sprinte kopflos hinüber zum Haupteingang. Wenig später habe ich einen einsamen Rollstuhl ergattert und es geschafft, Anja dort hineinzuverfrachten. Alles Weitere verläuft, als wäre ich in einer Seifenblase gefangen. Bis sich die Tür der Notaufnahme mit einem Knall vor meiner Nase schließt und mich zitternd allein zurücklässt.

Es war doch alles gut! Anja hat doch alles überstanden, was geplant war! Jetzt sollte es aufwärtsgehen, die Zeit des Gesundens anstehen und der Schrecken weichen.

Nach meiner großen OP, in der sie meinen Unterleib quasi ausgeräumt hatten, gab es Zeiten, in denen die Tumormarker wieder hochschnellten und mich in Aufregung versetzten. Ich schätze, jeder der einmal eine Krebsdiagnose hatte, kennt das Gefühl. Glücklicherweise war es bei mir stets falscher Alarm. Einmal waren es nur Zysten, die es geschafft hatten, die Werte so negativ zu beeinflussen. Ein weiteres Mal hatte ich mit Endometriose zu kämpfen.

Bei diesem auch recht dunklen Kapitel meiner Krankheitsgeschichte hatte sich gebärmutterschleimhautähnliches Gewebe in meinem Bauchraum und Beckenbereich ausgebreitet. Das Endometriosegewebe verändert sich während des Menstruationszyklus und sorgt nicht selten für Gewebeblutungen, Narbenbildung und Schmerzen im Unterleib. Befällt es die Eierstöcke, kann es sogar zu Unfruchtbarkeit führen, was für mich eh schon gebärmutterlose Frau nun keine Gefahr mehr bedeutete. Bingo.

Aber jedes Mal, wenn etwas nicht stimmte, die Blutwerte schlecht oder Tumormarker erhöht waren, war da diese Unruhe. Simples Zahnfleischbluten konnte die Furcht vor neuem Krebs auslösen. Selbst heute noch. Und das, obwohl ich doch eigentlich mit einem blauen Auge davongekommen bin. Immerhin habe ich nie so heftige Behandlungsmethoden gebraucht wie eine Chemotherapie. Und da ist es anderen mit einem Zervixkarzinom ganz anders ergangen.

Weltweit sind jedes Jahr circa 500 000 Frauen von Gebärmutterhalskrebs betroffen, der somit die vierthäufigste Krebserkrankung der Frau und sogar zweithäufigste gynäkologisch bösartige Erkrankung ist. Ich habe eine Bekannte, die es auch traf. Allerdings ohne die hübschen Papillomeviren, die mir den Krebs bescherten, sondern vermutlich durch andere Risikofaktoren. Sie war starke Raucherin, hatte vier Geburten innerhalb kurzer Zeit und bekam selbst früh ihre Regelblutung. Sie hatte echt Pech. Bei ihr war eine lymphogene Metastasierung eingetreten. Sprich, die Krebszellen waren ins Beckengewebe gelangt und sogar in die Beckenlymhpknoten. Von dort aus kann es passieren, dass sie weitergegeben werden und in Lunge, Leber und Skelett gelangen. In diesen Fällen sieht die Therapie um einiges heftiger aus, als ich sie erleben musste. Bei mir reichten die Hysterektomie, also die Gebärmutterentfernung, und die Resektion, also operative Entfernung eines kleinen Teils des oberen Scheidendrittels. Bei ihr wurde eine kombinierte Radiochemotherapie nötig, deren Nebenwirkungen sie eine ganze Menge Kraft kosteten. Sie hatte keine Haare mehr, ständige Übelkeit und andere fiese Begleiterscheinungen.

Ich starre auf mein Display, während ich vor mich hin warte. Mein mit Kriegsbemalung verziertes Gesicht spiegelt sich und erst jetzt lasse ich meinen eigenen Tränen freien Lauf. Wann würde endlich jemand kommen und mir sagen, was mit Anja ist?

Mängelexemplare

Anja

Ich liege auf dem Flur der Notaufnahme. Die Uhr an der Wand schiebt den Zeiger des Sekundentaktes geräuschvoll vor sich hin – tick, tack, tick, tack.

Seit der Diagnose vergeht die Zeit anders. Nicht mehr so rasend schnell, eher, als ginge ich ohne Orientierung durch eine zähe graue Nebelwand und käme nur mühevoll voran. Manchmal kommt es mir vor, als bewegten sich meine Wimpern, meine Hände, die ich vor meinen Augen hin- und herschwenke, und meine Zehen in Zeitlupe. Jegliches Gefühl für Alltag und Normalität ist mir verloren gegangen. Wie ein Blatt auf der Wasseroberfläche eines Sees treibe ich durch Stunden und Tage. Mal kommt ein heftiger Windstoß, der mich ins Strudeln bringt, sodass ich nicht mehr weiter weiß und in Panik gerate. Dann atme ich ein, atme aus. Immer und immer wieder, um nicht zu hyperventilieren. Versuche, nicht zu denken. Ziehe die Beine Richtung Herz, um den Schmerz, der sich wie ein Gürtel von der

Mitte meines Oberbauchs bis in die Nieren zieht, erträglicher zu machen. Fühle mich alt, so wahnsinnig einsam und hilflos. Darauf folgt eine unglaubliche Stille, und ich höre meinen Herzschlag bis in die letzte Hirnwindung. Als würde ich mir eine Muschel ans Ohr halten.

Das Stoma arbeitet gluckernd vor sich hin, wie von Geisterhand füllt sich der Beutel, schwer und warm wie eine Wärmflasche liegt er auf meiner geschwollenen Bauchdecke. Hoffentlich platzt er nicht. Ich habe doch die orange Tasche mit den Wechselmaterialien nicht mit.

Was ist wichtig, was nicht?

Im Moment wohnen in mir mehrere Anjas. Die eine will einfach nicht mehr. Ihr wäre es recht, wenn sie die Welt verlassen würde, in einem weißen Sarg, die langen schwarzen Haare hübsch um das Gesicht arrangiert – ein bisschen wie Schneewittchen. Axl Rose singt nur für mich „November Rain". Sein rotes Haar weht sanft aufgewirbelt von der Windmaschine. Die Kirche ist von Kerzen hell erleuchtet, es riecht nach Jasmin, rosa Lilien, Pfefferminze und Eukalyptus.

Ich höre die Stimmen meiner Familie. Das Aufschreien meiner Tochter, die es nicht ertragen kann, mich niemals mehr reden zu hören. Die unermüdlich meine Hand streichelt. Meine Schwester singt mit Tränen in der Stimme den Refrain mit:

Nothin' lasts forever
And we both know hearts can change
And it's hard to hold a candle
In the cold November rain

Dann ist da die andere Anja. Die wilde Wikingerin. Die mit wehendem schwarzem Haar auf einer Klippe steht, dem Sturm trotzig entgegenschreit. „Mich bekommst du noch nicht, Gevatter Tod!" Sie kommt mich leider nur selten besuchen.

Und dann sehe ich die dritte Anja. Die, die im Rollstuhl sitzt. Mit einem Buckel, einem dreckigen, mit Blut und Kot beschmierten Nachthemd und der roten Krankenhausklingel in der Hand. Die Beine in vergilbten Thrombosestrümpfen. Die, die friert und die man eilig von einem Zimmer in den nächsten OP schiebt. Ihr Kopf wackelt mit jeder Bewegung des Rollstuhls mit, wird nach hinten gestoßen, wenn der Stuhl eine Wand, ein Treppengeländer trifft. Ein Wackeldackelkopf.

Ein junger Arzt reißt mich aus meinen Gedanken, gibt mir eine Schmerzspritze und erklärt mir, dass ich ins MRT muss. Dann warte ich wieder. Warten ist das Einzige, auf das ich mich verlassen kann. Warten auf den Arzt, warten auf die Ergebnisse, warten auf das Frühstück, das Mittagessen und das Abendessen. Warten, dass die Nacht anbricht und wieder ein Tag geschafft ist. Und mit dem Warten kommt die Hoffnung. Auf Schmerzlosigkeit. Auf ein halbwegs erträgliches Leben.

Meine Augen wandern mit den Zeigern der Wanduhr mit. Menschen eilen an mir vorbei. Durch das Fieber fühle ich mich bewegungslos auf dieser Liege, auf der bereits Hunderte Patienten gelegen haben müssen.

Nach einer guten Stunde kommt ein Arzt mit grau meliertem Haar und fordert mich auf, ihm zu folgen und mich auf die Liege im Ultraschallraum zu legen. Er sieht müde aus, ist gereizt. „Sind Sie sicher?", frage ich leise. „Ich sollte eigentlich ein MRT bekommen."

Er reagiert schnippisch: „Wenn Ihnen das nicht passt, können Sie ja in ein anderes Krankenhaus fahren." Ich? Ich komme ja nicht einmal von der Liege runter. In Zeitlupe hebe ich den Oberkörper vor Schmerzen stöhnend vom Untergrund. Krümme mich und presse beide Hände auf den Bauch, um die Bewegungen erträglicher zu machen. In Minischritten folge ich dem Schatten des Arztes, der gerade in einem Raum verschwindet. Ungeduldig setzt er sich auf seinen Stuhl vor dem Ultraschallgerät und starrt auf den Monitor. Mich beachtet er nicht weiter. Zeigt wortlos auf die Liege vor ihm und deutet mir an, dass ich mich hinlegen soll.

Er zieht mir das T-Shirt hoch, drückt das kalte Ultraschallgel auf meinen Bauch, verschmiert es angewidert auf meiner Haut und schiebt den Schallkopf nach links und rechts. Es ist so still, dass ich das Ticken der Uhr hören kann, das Gluckern meines Stomas, das seine Melodie immer ungefragt in den Raum wirft.

Ich starre die Wand an, die längst ein wenig Farbe nötig hätte. Die schwarzen Schleifspuren ziehen sich durch den ganzen Raum. So achtlos, wie man mit den Wänden umgeht, geht man in unserer Zeit auch mit den Patienten um. Es scheint mir mal wieder so, als ob ich nur ein Gegenstand wäre, mit dem man Geld verdienen kann. Mehr nicht. Niemand vom medizinischen Personal, das ich in den letzten Wochen getroffen habe, hatte auch nur ein tröstendes Wort, ein Schulterstreicheln, eine Aufmunterung oder einen Fahrplan für die kommende Zeit für mich übrig.

ANJA

Ich schließe die Augen und stelle mir vor, ich sitze in einem Kettenkarussell. Die Sonne strahlt vom Himmel und langsam beginnt sich das Karussell zu drehen. Ich lache auf, umfasse die Ketten und baumle mit den Beinen in der Luft. Ich spüre dieses glückliche Kribbeln im gesamten Körper, speichere das Gefühl, das nach Leben schmeckt, ganz tief in meinem Inneren ab. Die Leichtigkeit im Kopf, das Streicheln des Windes in meinen Haaren, das Adrenalin in meinen Zehenspitzen. Wie einfach es ist, dieses Gefühl immer wieder abzurufen. Einatmen, Zehenwackeln, Augenschließen, Glücksmoment startet auf Knopfdruck. Ausatmen. Und wiederholen. Dann fordert der Arzt mich auf, mich wieder auf die Liege im Flur zu legen.

Vier Stunden später werde ich auf die Gynäkologie geschoben.

Gut, dass eine mitdenkende Krankenschwester auf die Idee gekommen ist, Mina Bescheid zu geben, dass sie nicht länger warten braucht, da ich im Krankenhaus bleiben muss. In den Gängen sitzen Mütter mit ihren frischgebackenen Babys. Die Väter streicheln gerührt die Köpfe ihrer Neugeborenen und legen liebevoll den Arm um ihre Liebste.

An den Wänden hängen Babyfotos, unter denen Namen stehen: Lena, Anna, Lucas ...

Und mir wird bewusst, dass ich ein Mängelexemplar bin, bettlägerig mit einem blubbernden Stoma, und das Leben nur noch aus dem Fenster blickend sehen kann. Wer will mich denn so noch? Verlieben ist eh schon so eine Sache, aber jetzt habe ich diese hautfarbene Tüte an meinem Unterbauch kleben.

Wird sich ein Mann davor nicht ekeln? Und vor den vielen Narben, die wie eine Landkarte meinen gesamten Bauchraum bedecken?

Ich werde in ein großes Zimmer geschoben und an die linke Fensterseite geparkt. Draußen sehe ich einen wunderschönen See. Über Nacht haben sich die Blätter bunt gefärbt, der Herbst ist da. Alles leuchtet in roten Farben, so wie das Haar der Frau neben mir, die ungefähr im Alter meiner Mutter sein muss. Außerdem liegt mit uns auf dem Zimmer eine ruhige Kurzhaarige, die starr aus dem Fenster blickt.

Mir wird auch schnell klar, warum. Das Ebenbild meiner Mutter redet und redet, fragt neugierig und ungeniert nach allem, was sie interessiert.

Mir tut es gut. Was für ein Fehler es doch war, ein Einzelzimmer im letzten Krankenhaus zu nehmen.

Eine Schwester nimmt mir Blut ab und erklärt mir, dass ich vermutlich heute Nacht noch auf die chirurgische Station geschoben werde, da dort jetzt aber noch kein Platz ist, soll ich erst einmal hier ankommen.

Ankommen ist für mich das Gefühl von Heimat, Zuhause. Dem Geruch von frisch gebackenem Kuchen, Königsberger Klopsen.

Ein Krankenhaus wird nie ein Ort für mich sein, in dem ich mich auch nur annähernd heimisch fühle.

Ich bin dauerhaft müde und schlafe immer wieder ein. Der Körper nimmt sich das, was er braucht. Das ist ein sehr praktischer Vorgang.

ANJA

Gegen 21 Uhr kommen zwei Schwestern und schieben mich samt Bett und Kleiderschrank den langen Flur herunter in das letzte Zimmer.

Ein Dreibettzimmer. „Hallo", begrüßt mich eine freundliche alte Dame mit dick angeschwollenen offenen Beinen. Neben ihr liegt eine traurige junge Frau, die einen Blinddarmdurchbruch hatte. „Mein Baby ist erst zwei Monate alt", erzählt sie. „Ich vermisse sie furchtbar, sie braucht mich doch noch so. Und meine Mutter ist zu Hause in Albanien, sie kann sich nicht um sie kümmern."

Ich erinnere mich an die Geburt von Marie und dass auch ich den Blinddarm kurz darauf entfernen lassen musste. Die Narbe hatten sie damals zugetackert, und da ich keine Lust mehr hatte auf die Nachbehandlung, hatte mir der Kindesvater die fünf Klammern mit einer destillierten Zange entfernt.

Ich muss schmunzeln und merke, dass ich dringend Wasser lassen sollte. Da ich nicht aufstehen kann, bringt mir die Schwester einen Topf, den sie mir unters Becken schiebt. Da liege ich verrenkt wie in einer Yogabrücke und versuche in der Anwesenheit von zwei mir völlig fremden Frauen zu pinkeln. Also an Wasser denken: Ich stelle mir vor, wie ich unter einer Dusche stehe, aber nix passiert.

Dann öffne ich in Gedanken einen Wasserhahn, auch wieder nix.

Erst als ich mir die mächtigen Victoriawasserfälle, die genau auf der Grenze zwischen Simbabwe und Sambia liegen, vorstelle, klappt es.

Plötzlich wünsche ich mir, nach allem Übel nach Afrika zu reisen. Ich sehe goldene Sonnenaufgänge, fühle den roten Sand der Kalahariwüste schon heiß zwischen meinen Fingern hindurchfließen. Spüre die Sonne förmlich auf meiner Haut. Sehe Löwen, große Herden von Oryxantilopen, Springböcken und Gnus. Mir wird schlagartig bewusst, dass ich ein Ziel habe. Ein winziger Samen Hoffnung, dass alles wieder gut werden wird, keimt in mir und ich habe Fernweh nach Afrika.

Ich muss Mina fragen, ob sie mir mein iPad mitbringt, damit ich meinen Lieblingsfilm *Jenseits von Afrika* ansehen kann.

Diese schönste aller Liebesgeschichten, in der sich die unerschrockene und feingeistige Kaffeeplantagenbesitzerin Karen Blixen, gespielt von der großartigen Meryl Streep, und der Großwildjäger Denys Finch Hatton, verkörpert durch Robert Redford, Anfang des 20. Jahrhunderts verlieben. Der Film basiert auf den Lebenserinnerungen von Tania Blixen, der Autorin des gleichnamigen Buches, die 1914 nach Nairobi reiste, um dort eine Kaffeeplantage zu betreiben. Ich erinnere mich an die beeindruckende Kulisse der Ngong-Berge, die Weite der Serengeti, an den Nakurusee und an das Volk der Kikuyus, für die sich Tania Blixen bis zu ihrem Lebensende eingesetzt hatte. Im Film hat Karen alles verloren, ihre Farm ist abgebrannt, ihre große Liebe mit einem Leichtflugzeug abgestürzt, sie ist aus der Gesellschaft gerissen. Alles änderte sich mit einem Schlag für sie. Dennoch hat sie den Sinn des Lebens erkannt. Am Ende darf sie sogar in die Whiskyloge, zu der Frauen eigentlich keinen Zutritt hatten. Sie erhebt ihr Glas, prostet mit all dem Schmerz in ihrem Herzen in die

Runde und verabschiedet sich von Afrika. Mit diesem Gedanken schlafe ich selig ein.

Mit einem Ruck bin ich wach. Aus dem Badezimmer kommen merkwürdige Geräusche. „Jetzt noch fein Pipi und dann geht es wieder in die Heia", krächzt es. Es dauert einen Moment, bis ich realisiere, dass die alte Dame aus dem Nachbarbett auf die Toilette gegangen ist und lauthals mit sich selbst redet. Sie scheint etwas verwirrt, verlässt das Badezimmer, nur um direkt danach wieder hineinzugehen. Jedes Mal rumst die Tür, die sich direkt neben meinem Bett befindet. Irgendwie schaffe ich es dennoch, wieder einzuschlafen.

Nur, um gefühlte fünf Minuten später durch ein anderes merkwürdiges Geräusch geweckt zu werden. Zuerst glaube ich noch, ich träume, aber es schreit tatsächlich ein Baby in meinem Zimmer. Ich blinzle in den Raum und sehe, dass die albanische Frau Besuch von ihrem Mann und Säugling bekommen hat – um fünf Uhr morgens. Ich wünsche mir Vorhänge und einen iPod in den Ohren. Stattdessen muss ich mich übergeben. Der Mann schaut etwas irritiert und mir ist das Ganze ziemlich unangenehm. Warum werden um die Zeit eigentlich Besucher ins Krankenhaus gelassen?

Um 10 Uhr steht die übliche Mannschaft aus Ärzten vor meinem Bett. Es ist Visitezeit. Der Oberarzt erklärt mir, dass meine Blutwerte eine Katastrophe sind. Dank der vergessenen Fäden um das Stoma habe ich eine Bauchsepsis. Kein Wunder, dass es noch so verdammt wehtut. Mein Fieber sinkt auch nicht.

SEPTEMBER BIS OKTOBER 2015

„Anastomoseninsuffizienz", vermutet er und erklärt mir, dass die sogar zu Multiorganversagen führen kann. Wenn sie innerhalb der ersten drei Tage nach einer Operation auftrete, liege in der Regel ein operationstechnisches Problem vor. Haha. Aber was bedeutet das für mich? Der Arzt ist sehr freundlich und erklärt mir, dass er vermutet, eine Naht sei undicht. Noch heute Morgen wollen sie meine Bauchhöhle operativ untersuchen. Ich muss unweigerlich anfangen zu weinen. Hört das denn nie auf? Irgendwie freue ich mich aber auch auf die Narkose. Plötzlich verstehe ich Michael Jackson, der sich täglich von seinem Leibarzt kleine Dosen Propofol zum Einschlafen verabreichen ließ. Bis zu seinem Tod.

Ich wache am frühen Nachmittag aus der Narkose auf, an meinem Mundwinkel klebt ein getrocknetes Rinnsal Speichel, und ich fühle mich tatsächlich irgendwie gut. Die Antibiotika haben mein Fieber gesenkt und die verabreichten Schmerzmittel erfüllen ihren Dienst. An meiner rechten Seite hängt ein Wunddrainagesystem, um Eiter aus meinem Bauch zu pumpen. Irgendetwas spüre ich an meinem Hintern. Vorsichtig suche ich unter meiner Bettdecke und ertaste einen Schlauch, der aus meinem Anus führt. Bitte, was ist das? Ich klingle nach der Schwester und bitte um ein Gespräch mit dem Oberarzt. „Sie haben einen Bauchdeckenabszess parastomal, eine Anastomoseninsuffizienz mit einem Abszess im kleinen Becken. Es war daher dringend notwendig, eine Endosponge-Anlage in den Abszess pararektal zu legen", erklärt er mir.

Ich starre ihn mit großen Augen an und verstehe nichts.

„Die Bauchdecke um das Stoma hat sich eitrig entzündet, eine der Operationsnähte ist aufgerissen und es befindet sich eine weitere eitrige Entzündung in Ihrem Becken", verdeutlicht er. „Wir haben außerdem festgestellt, dass Sie ein Loch von der Darmwand in die Vaginalwand haben. So ganz können wir uns nicht erklären, wie es dort hingekommen ist", fährt er fort. Aha. Auch dagegen hilft wohl nur diese Endosponge-Anlage. Der Schlauch wurde unter Narkose in den Analgang geführt. An seinem Ende sitzt der Endosponge, der nichts anderes ist als ein Schwamm, der dafür sorgt, dass kontinuierlich Flüssigkeit aus der Höhle mit dem entzündeten Gewebe abgesaugt wird. Das beschleunigt die Heilung. Der Schwamm muss alle drei Tage gewechselt, ausgespült und an die neue Größe der Höhle angepasst werden. Mit viel Glück würde ich zu Weihnachten von ihm befreit sein.

Auf der rechten Seite hätte ich außerdem eine Hernie. Ich habe die Beule sofort gesehen. Ob ich etwas Schweres getragen hätte? Ich erinnere mich schlagartig daran, dass mein neun Kilogramm schwerer Rüde mir vor lauter Wiedersehensfreude in die Arme gesprungen ist. „Hat Ihnen niemand gesagt, dass Sie nicht mehr als zwei Kilogramm tragen dürfen?", will der Oberarzt wissen. Leider hat man das wohl vergessen. Daher also die Hernie, was wohl so eine Art Eingeweidebruch ist. Meine Eingeweide sind quasi in mir rumgewandert. Ich soll wenig an Gewicht heben, erklärt mir der Arzt, und alle bauchmuskelrelevanten Bewegungen sehr achtsam ausführen. Auch beim Niesen, Husten oder abrupten Bewegungen und falls ich mich übergeben muss, soll ich unbedingt die Hand auf das Stoma drücken und es festhalten! Er rät mir außerdem, erst mal eine spezielle Bandage zu tragen. Und für das Aufstehen aus dem Bett oder vom Fußboden sollte eine nicht belastende Bewegungsweise mit dem Physiotherapeuten eingeübt werden. Erklär das mal dem aus dem anderen Krankenhaus, denke ich.

Nur langsam verstehe ich, was mir der Oberarzt sagt. Und obwohl es mir offensichtlich beschissen geht und ich seit zwei Tagen nichts außer flüssiger Nahrung durch den Tropf zu mir genommen habe, bin ich in dem Moment nur unglaublich erleichtert, kaum noch Schmerzen zu haben. Ein Segen.

Irgendwann überkommt mich sogar der Drang, mich der Körperpflege zu widmen. Diesen pelzigen Geschmack in meinem Mund kann ich einfach nicht mehr länger ertragen. Ich suche mit den Augen den Nachttisch nach meiner Waschtasche ab, kann sie jedoch nirgends entdecken. Seltsam.

„Wissen Sie zufällig, ob meine Kulturtasche im Bad steht?", frage ich die alte Frau, die gerade versucht, Kreuzworträtsel zu lösen.

„Nein, dort steht nur mein Kram", sagt sie, ohne aufzublicken. Eine Putzfrau kommt zu uns ins Zimmer.

„Bitte, können Sie einmal schauen, wo meine Kosmetikartikel sind?", frage ich und sie tut mir den kleinen Gefallen. Leider ohne Erfolg.

„Mmh", brummt die junge Frau nachdenklich. „Sie sind ja einmal umgezogen. Vielleicht sind sie noch auf der 214, ich schaue gleich mal nach", verspricht sie mir. Als ich den ganzen

ANJA

Tag nichts mehr höre, verabschiede ich mich gedanklich schon mal von meinem gut gefüllten Sortiment an Cremes und Lotionen. Irgendjemand wird sich ganz sicher über das Chanel N°5 und die Hautmaske freuen.

Mina

Unsere turbulente Fahrt ins Krankenhaus liegt nun beinahe vier Wochen zurück. Ich weiß noch zu genau, wie ich unter Schock irgendwann allein zurück zum kleinen roten Haus gefahren war und mich später fragte, wie ich eigentlich den Weg zurückgefunden hatte. Es hat Vorteile, wenn man einen eingebauten Autopiloten hat, der im Zweifelsfall einspringt. Ganz sicher.

Ich musste erst mal eine Weile in mein eigenes Leben zurück und mich sammeln. Ganz ehrlich, ich war wirklich sehr, sehr mitgenommen von den Ereignissen. Und bei all dem Durcheinander und dem Wunsch, für Anja da zu sein, durfte ich nicht vergessen, dass ich eine Familie habe, die mich auch braucht. Allen voran meine Teenagertochter, die just ihre erste Periode beim Sport bekam, als ich nicht da war. Natürlich trug sie zu allem Überfluss weiße Leggins und war nach diesem Zwischenfall der unumstößlichen Meinung, dass sie nun das Land verlassen musste. Dank sozialer Netzwerke verfolgte sie das wirklich winzige rote Ereignis, das doch eigentlich etwas ganz Natürliches sein sollte, über Bundeslandgrenzen hinaus und stresste sie. Dadurch, dass ich selbst innerlich so wund war, musste ich mich zusammennehmen, um besonnen auf dieses Problem zu reagieren. Denn es kam mir im Angesicht des Kampfes, den Anja gerade führte, so trivial vor. Was natürlich total unfair war.

Es dauerte eine ganze Weile, bis ich mein Kind wieder auf den Teppich geholt hatte. Und es hat mich einiges gekostet. Im wahrsten Sinne des Wortes: Neue Sportsachen mussten natürlich her, allesamt schwarz. Und da sie jetzt eine Frau wurde, kauften wir gleich noch ganz tolle Unterwäsche mit Blumenprint inklusive echtem BH.

Ich genoss unsere gemeinsame Mutter-Tochter-Zeit in vollen Zügen und konnte dadurch meinen Akku wieder aufladen und den Schrecken ein wenig aus dem Kopf bekommen. Auch der schnöde Alltag mit seiner Lebensmittelbeschaffung, den Waschmaschinenprogramm-Problemen und Staubsaugerunglücken kam mir sehr gelegen und entspannte mich beinahe, was er sonst nie tut.

Gestern löste ich nun Anjas Mutter wieder als Hundesitter ab. Die Wochen zuvor hatten Anjas Eltern sich gut um die beiden gekümmert, haben aber nun ein paar Termine, bei denen Hunde nicht mitdürfen. Heute bringe ich die Post, die sich erneut zu einem Ungetüm in Anjas Büro stapelte, mit ins Krankenhaus. Ich hoffe wirklich, dass diesmal alles gut läuft und sie wie geplant in ein paar Tagen nach Hause darf.

Meine Gedanken sind unstet, als ich in den Fahrstuhl des großen Foyers eile, und ich fühle mich einmal mehr nicht so wohl in diesem zweiten Krankenhaus. Ich muss an das letzte Telefonat denken, bei dem Anja mich fragte, ob sie sich jemals wieder als ganz empfinden würde. Nicht als zersplittert und irgendwie kaputt, im weitesten Sinne. Ein Arzt steigt im zweiten Stock zu mir in den Fahrstuhl und holt mich aus den Gedanken. Ich lächle und er nickt knapp, relativ freundlich. Ich frage mich, wo er wohl gerade herkommt. Ob er eine Operation erfolgreich gemeistert hat? Oder ob er auf dem Weg zu einem

Patienten ist, um ihm schlechte Nachrichten zu bringen? Er sieht nach Letzterem aus.

Ist man eigentlich „beschädigte Ware", wenn einem Organe fehlen? Und noch viel interessanter, was macht allein dieser Gedanke mit einem? Ich selbst war nach meiner großen Operation gerade einmal 25 Jahre alt. Zuvor waren mir die Mandeln und der Blinddarm abhandengekommen, was natürlich niemanden störte. Auch mich nicht. Bei einer fehlenden Gebärmutter liegt die Sache allerdings ganz anders. Ich würde niemals wieder einem Mann oder mir selbst ein Kind schenken können. Auch wenn meine Eierstöcke noch einwandfrei funktionieren, fehlt die gemütliche Gebärhöhle, in der sich ein Embryo häuslich einrichten könnte. Wie heftig mich diese Tatsache noch belasten sollte, erfuhr ich erst etwa ein Jahr nach dem Krebs. Als doch eigentlich alles gut sein sollte.

Damals hatte ich gerade meinen ersten neuen Freund nach Tag X. Ich war ziemlich verliebt in Tom. Er war groß und hatte seelenvolle braune Augen, genau wie der Pfleger, der just in diesem Moment aus Anjas Krankenhauszimmer tritt, ein Tablett mit Medikamenten balanciert und mich fast umrennt.

„Nicht so stürmisch, junge Frau", scherzt er nett und mir fällt prompt die Post aus den Händen. Bevor er mir zu Hilfe kommt, klaube ich alles schnell auf und gehe ins Zimmer.

„Hey ho!", begrüße ich meine Freundin, die vertieft in ein Buch zu sein scheint. Wenigstens kommt sie mal zum Lesen, denke ich ironisch und sie blickt auf, lächelt ein nicht überzeugendes Lächeln.

„Wie schön, dass du da bist. Wie geht es meinen Babys?",
zwitschert sie aufgesetzt vergnügt. Ich weiß, dass sie die Hunde meint, ihre Bettnachbarin, eine winzige Frau mit weißen
Locken, ist aber sofort hellwach und fragt: „Ich dachte, Sie haben eine erwachsene Tochter, meine Liebe. Das war doch so,
oder habe ich da etwas durcheinandergebracht?" Sie kratzt
sich am Kopf, ich nicke der älteren Dame freundlich zu und
sie beginnt von ihren eigenen Kindern zu reden, ohne Punkt
und Komma, so lange, bis sie einen Hustenanfall erleidet und
ich ihr Wasser einschenken muss. Na, endlich mal eine Froh-
natur mit Pep im Hintern, die sich mit meiner Freundin das
Zimmer teilt. Es ist eigentlich echt schade, dass man so gar
kein Recht auf Mitsprache hat, bei der Verteilung der Bett-
nachbarn. Dabei ist es wichtig, mit wem man zusammen gesun-
det. Ich hatte oft wirklich Glück. Am schönsten war die Zeit
mit einer Frau, die es schaffte, mich trotz Schmerzen immer
zum Lachen zu bringen. Und wir mochten beide Soaps zum
Abendbrot.

„Stell dir vor, die Gute stand heute Nacht urplötzlich an meinem Bett", flüstert Anja mir nach einer Weile zu und nimmt
ihre Post entgegen. „Sie hatte Hunger und wollte meinen
Wackelpudding haben. Um drei Uhr nachts!"

Ich grinse, die ältere Dame verschwindet schlurfend im Bad
und redet scheinbar mit sich selbst.

„Immerhin bin ich eine der Herausforderungen schon los."
Anja zwinkert, ich weiß, wen sie meint. Die junge Albanerin,
die zu unsäglichen Zeiten Besuch bekam, wurde vor zwei
Wochen entlassen.

Als ich etwa zwei Jahre nach meiner großen Operation einmal mehr wegen Verwachsungen in eine Klinik musste, hatte ich auch das zweifelhafte Glück, eine junge Frau mit Großfamilie im Zimmer zu haben. Jeden Abend fiel eine Horde Kinder samt Ehemann bei uns ein. Und das war nicht einfach für meine wunde Seele, da ich mich ja von meinem eigenen weiteren Kinderwunsch verabschieden musste. Der Dreijährige rüttelte dann gerne an meinem Bettgestell, bis ich seekrank wurde. Im Grunde waren es ganz lustige Zeiten, bis ihr Mann mir meine Lieblingsserie verbot, weil sie nicht kindgerecht sei. Und damals konnte man noch keine Stopptaste auf dem Fernseher drücken. Blöd. Und ich musste mich doch irgendwie von diesem ganzen Mutterglück ablenken. Wäre da nicht eine wirklich liebevolle Schwester gewesen, die meinen Schmerz erkannte, wäre ich vielleicht verrückt geworden. Sie lockte mithilfe von Keksen die Horde regelmäßig in den Aufenthaltsraum und zwinkerte mir dabei wissend zu. Ich glaube, ich empfand so etwas wie wahre Liebe für sie, weil sie mich ohne Worte las und mir nur mit dieser Geste so viel gab und mich nicht alleine ließ.

Anja streicht sich ihre Haare hinter die Ohren und öffnet dann den ersten Brief mit einer fließenden Handbewegung.

„Die alte Dame scheint aber nett zu sein", antworte ich und ernte ein Grunzen. „Ist sie, man kann ihr nicht mal böse sein, wenn sie zum hundertsten Mal vergisst, das Klo zu spülen."

„Au Backe." Ich beiße mir auf die Unterlippe und setze mich auf den Stuhl neben das Bett. Wir plaudern über Nichtigkeiten und Anja ärgert sich über den Brief eines ungeduldigen Klienten, der äußerst erbost darüber ist, dass seine Agentin die Frechheit besitzt, länger als geplant krankzufeiern. Ich versuche, sie zu beruhigen mit so klugen Dingen wie: *Manchen Menschen fehlt es nun mal an Mitgefühl. Mach dir nichts draus. Wenn jemand gehen will, hast du Platz für einen besseren Autor.* Beinahe rede ich mich um Kopf und Kragen, damit sie sich nicht aufregt. Bis sie schnörkellos das Thema wechselt und ich verwirrt blinzle. Hach. Das kann Anja so gut, von jetzt auf gleich das Thema wechseln. Und ich dachte, ich wäre die mit dem ADS.

„Ich weiß nicht, ob ich damit leben kann, falls das Stoma bleibt", sagt sie und schwingt die Beine über die Bettkante. Ich ziehe die Schultern hoch. Hatte der Arzt ihr nicht erklärt, dass es nach fünf Monaten entfernt werden soll?

„Wenn etwas schiefgehen sollte, meine ich", fügt sie an, als ich nicht reagiere. „So wird mich doch kein Mann mehr ansehen." Ihre Miene verfinstert sich und ich muss erneut an damals denken, als ich mein neues Leben nach der OP anging. An diese Tage, in denen meine Befürchtungen, was meinen geschundenen und ausgeraubten Körper anging, wahr wurden.

Der hübsche Tom ging zuckersüß mit meiner Tochter um und wir waren dabei, unsere Beziehung zu vertiefen. Ich hatte gerade erst seine Mutter kennengelernt, eine reservierte Frau mit akkuratem Lidstrich, bei der ich mich gleich unwohl fühlte. Und als Tom urplötzlich auf Distanz ging, zog es mir den Boden unter den Füßen weg.

„Du rufst mich nicht zurück", stellte ich ihn an einem Mittwochabend vor seiner Wohnung zur Rede. Er zuckte die Achseln, lächelte verlegen und hauchte mir einen flüchtigen Kuss zur Begrüßung auf die Wange.

„Ich hatte viel um die Ohren", entschuldigte er sich halbherzig für das spontane Desinteresse und bat mich herein. Ich spürte, dass die Atmosphäre sich unangenehm verdichtete, während ich ihm ins Wohnzimmer folgte. Als wäre das Unheil bereits anwesend, lediglich abwartend, um aus der Ecke zu springen, wenn es am lustigsten wäre.

„Das ist der einzige Grund?", hakte ich nach und zog meine Jacke umständlich aus. Dabei riss ich mir einen Fingernagel schmerzlich ein und schnappte nach Luft. Dieser schrille Schmerz sollte nichts dagegen sein, was nun folgte.

„Mina, ich muss dir etwas sagen", begann Tom zögerlich. Seine dunklen Augen hefteten sich auf meine. „Ich habe die letzten Tage lange über uns nachgedacht."

„Mpf", machte ich und blinzelte. Mir fiel urplötzlich die Ähnlichkeit zu seiner Mutter auf. Die Art, wie er sich zu mir vorbeugte und sprach, erinnerte mich daran, wie sie mich zu meiner überstandenen Krankheit ausgefragt hatte.

„Du bedeutest mir wirklich viel, aber ..." Ich dachte über spontane Selbstentzündung nach. Diesen modernen Mythos, bei dem ein Körper ohne jeglichen Anlass in Flammen aufgeht. Denn so fühlte ich mich gerade. „Mir ist klar geworden, dass ich Kinder zeugen möchte." Er klang gestelzt und ich rang mir ein tapferes Lächeln ab, so in Flammen stehend.

„Natürlich, das verstehe ich." Verzweifelt ging ich die Optionen durch. Man könnte eine Leihmutter engagieren? Gut, moralisch sicherlich etwas fragwürdig, aber viele Prominente taten es auch. Oder vielleicht gab es in naher Zukunft Gebärmuttertransplantationen?

Er nahm meine schwitzenden Hände in seine, strich mit den Daumen über meine. „Besser, wir beenden es jetzt, als wenn es später zu schmerzhaft wird", raunte er gequält.

Ich verstand nicht, wovon er da sprach. Wie schmerzhaft konnte es denn noch werden?

Mein Herz hämmerte hart gegen den Stoff meines Pullovers und ich weiß noch, wie ich aufstand und wortlos ging. Viele Wortfetzen, Tausende Entschuldigungen begleiteten mich auf dem Weg nach Hause. Sehr viel später erfuhr ich, dass Toms Mutter ihm zu der Trennung geraten hatte. Sie meinte, dass die Wahrscheinlichkeit, wieder zu erkranken, hoch war, wenn jemand schon so jung Krebs bekam, und das wollte sie ihrem Sohn nicht zumuten. Es war schließlich schrecklich, eine kranke Frau zu haben, ganz zu schweigen von der ganzen Fürsorge, die man in so einem Fall zu leisten hätte. Welches Muttersöhnchen hört denn nicht auf seine Eltern, was die Wahl des Partners angeht?

Nach meiner Diagnose hatte ich mir eingeredet, dass die meisten Ängste nur in meinem Kopf stattfinden, jetzt holte mich die Erkenntnis ein, dass ich falsch lag. Die Spezies Mensch ist seltsam und manchmal knallhart, wenn es um Unvollkommenheit geht. Und um Krankheiten. Eine Freundin sägte mich gnadenlos ab, als ich krank wurde. Sie meldete sich einfach von jetzt auf gleich nicht mehr. Und als ich sie ein Jahr später mal anrief, weil ich sichergehen wollte, dass sie nicht zufällig von einem Bus überfahren worden war, verriet sie mir, dass sie nicht damit umgehen konnte, dass ich hätte sterben können.

Ich helfe Anja aus dem Bett und reiche ihr den Bademantel.

„Das Stoma bleibt nicht", bestimme ich einfach und lächle

sie zuversichtlich an. Und wenn, es wäre nicht das Schlimmste, füge ich mutig in Gedanken hinzu.

„Und was, wenn doch?" Sie hebt ihre Augenbrauen und geht vor mir in Richtung Tür. Plötzlich wird sie von der hutzeligen kleinen Dame gestoppt, die unglaublich flink und ohne die Vorfahrt zu beachten, aus dem Bad kommt. Sie schiebt mit einer Hand ihren Tropf vor sich her und in der anderen hält sie eine elektrische Zahnbürste.

Anjas Augen werden groß. „Sagen Sie mal, ist das etwa meine?", wundert meine Freundin sich und die alte Frau geht rückwärts wieder ins Bad zurück, die Zahnbürste fest umklammert. Es ist eindeutig Anjas und ich halte mir die Hand vor den Mund, um nicht laut aufzulachen.

Die Gute wehrt sich mit Elan gegen die Anschuldigung.

„Ihnen gehört die blaue in dem roten Becher. Sie haben gar keine elektrische." Anja seufzt, blickt an der Frau vorbei, die jetzt ihr Diebesgut hinter ihrem Rücken versteckt.

„Ich hab sie aber gar nicht benutzt", wirft sie unschuldig ein, als wir das Zimmer verlassen wollen. „Mein Gebiss geht nicht raus, hab wohl zu viel Haftcreme verwendet" Die wasserblauen Augen der Frau werden ganz groß und Anja gibt auf.

„Macht nichts, ich besorg mir einen neuen Aufsatz."

Dann nimmt sie der alten Dame ihre rosa Zahnbürste aus der Hand und steckt sie in die Tasche ihres Bademantels.

„Und übermorgen bist du wieder daheim, da klaut dir keine deine Hygieneartikel", füge ich aufmunternd an, zwinkere der kleinen Frau zu und schiebe Anja aus dem Zimmer.

„Apropos Hygieneartikel. Hast du eigentlich deine Kulturtasche ersetzt bekommen?", erkundige ich mich. Bis auf die
Zahnbürste und -pasta, die sich in die Reisetasche verirrt hatten,
war alles weg. Deo, teures Parfüm, Bürsten, Duschgel, Haut-
creme und Peeling.

„Hör bloß auf, man hat mir vermittelt, ich hätte selbst drauf
aufpassen müssen", winkt sie ab.

„Häh, wie das denn? Du warst zu der Zeit doch bettlägerig?"
Was habe ich denn nun verpasst?

„Richtig", brummt sie. „aber hier nimmt niemand die Schuld
auf sich. Ich könnte ja eine Beschwerde schreiben, meinte die
verantwortliche Person."

„So was bekommt doch keine Flügel", frage ich mich und
weiß nicht, warum ich jetzt an Red Bull denken muss und der
blöde Slogan mir nicht mehr aus dem Kopf geht.

Wir sollten unbedingt frische Luft schnappen, bevor es auch
hier zu spontanen Selbstentzündungen kommt, geht es mir
durch den Kopf und ich biege auf den Flur.

Damals, nach diesem schrecklichen Tag, an dem Tom mich
verließ, weil ich einst krank war, geriet ich psychisch dezent
aus der Bahn. Ich hatte den Krebs vorerst besiegt, war aber
offiziell eine Art Mängelexemplar, nicht mehr nur ein Lieb-
haberobjekt, die ja bekanntlich auch schon schwer vermittelbar
waren. Das machte die Partnersuche noch komplizierter. Und
ich hatte das große Bedürfnis nach einer gesunden Beziehung
und einer heilen Familie. Ganz hübsch Mutter-Vater-Kind.

Ab hier versuchte ich, mein Herz zu schützen, damit es
niemals wieder so heftig zertreten werden konnte. Also suchte

ich den idealen Partner nach strengen Kriterien, liebevoll sollte er sein und mein bester Freund werden. Der perfekte Mann eben, mitten im Leben stehend, am besten etwas älter als ich und intelligent genug, um zu erkennen, dass die Welt ohnehin überbevölkert ist.

Ich fand ihn im Internet. Klingt komisch, war aber so. Und er war toll. Er hatte ein großes Herz und war kein Feigling, den das alte Schreckgespenst Krebs abschreckte. Hey, ganz ehrlich? Jedem kann jederzeit der Himmel auf dem Kopf fallen. Oder man übersieht einen offenen Gullideckel beim Straße-Überqueren.

Kurzum, ich verliebte mich in die Vorstellung einer heilen Familie und auch ein bisschen in diesen großartigen Mann, der mich auf Händen trug. Wir heirateten nach wenigen Monaten, zogen zusammen und starteten mit Vollgas in ein neues Leben.

Es gibt übrigens viele Möglichkeiten, seine Familie zu vergrößern. Neben Leihmutterschaft kann man auch Pflegekinder aufnehmen oder adoptieren. Wir planten Letzteres zu wagen, bewarben uns für eine Adoption aus Thailand und waren zusammen Feuer und Flamme für unser Vorhaben. Wir funktionierten als Familie wirklich gut, bis sich etwas rächte, mit dem ich nicht gerechnet hatte. Vor lauter Planen hatte ich mein Herz vergessen. Meine Gefühle meinem Mann gegenüber waren nach wenigen Jahren nur noch rein freundschaftlicher Natur und das sorgte für Spannungen, die unsere Beziehung implodieren ließen. Ein Gutes hatte der Showdown unserer Ehe jedoch. Er fand statt, bevor wir ein weiteres Kind bekamen, das eine Trennung miterleben musste.

Anja und ich spazieren durch die Gänge des Krankenhauses und wir sprechen über Vergangenes und Gegenwärtiges. Ich berichte bis ins kleinste Detail, wie es Esta und Akimo geht, und erzähle ihr von neuen Romanideen, die sie zum Lachen bringen. Als wir zurück auf die Station kommen, sitzt ihre Bettnachbarin einsam und allein auf einem Stuhl im Gang und knetet eine leere Plastiktüte in den Händen. Eine Krankenschwester spricht sie an, fragt, was sie denn hier mache, und sie antwortet, dass sie darauf warte, ihr Zimmer wiederzufinden. Das scheint mir sehr sinnbildlich, eine Suche ohne Fortbewegung – manchmal muss man wohl aber einfach lossprinten, um anzukommen. Doch wie kann man das, wenn man innerlich blockiert ist? Wenn einem die vielen Hürden zu hoch vorkommen und man weiß, das der Weg noch lange nicht zu Ende gegangen ist?

Ich schaue Anja an, ihr Blick ist nach innen gerichtet. Sie denkt an etwas, dass ihr Sorgen bereitet. Sie lächelt zögerlich, irgendwie ertappt, und ich hake mich bei ihr ein.

„Wie geht es Marie?", will ich wissen.

„Gut, wir haben gestern telefoniert. Sie geht gerade total in ihrer Ausbildung auf", berichtet sie knapp.

Ich nehme aus dem Augenwinkel wahr, dass die ältere Dame sich gegen den Griff der Schwester stemmt, die ihr aufhelfen will. Ganz schön widerspenstig, die Gute. „Ich kenne Sie doch gar nicht", sagt sie empört und weigert sich aufzustehen.

Apropos widerspenstig. „Du hast es ihr immer noch nicht gesagt, oder? Dass du aufgrund von Krebs hier bist?", versuche ich eines der heikleren Themen zwischen mir und meiner Freundin anzusprechen. Ich verstehe, dass Anja ihre Tochter seit Monaten schützen möchte. Doch würde sie die Wahrheit nicht vielleicht kennen wollen?

Die Oma auf dem Gang linst zu uns herüber und steht mühsam vom Stuhl auf, die Hände immer noch fest um das Plastik der Tüte geschlossen, und lässt die nette Krankenschwester einfach stehen.

„Ach, Sie beide hier?", fragt sie uns. „Sind Sie auch mit der Kutsche gekommen?" Sie winkt und lächelt, als hätte sie lange vermisste Freunde wiedergefunden. „Wir könnten die nächste zurück ins Dorf gemeinsam nehmen, wollen wir?" Ich schaue sie verdutzt an.

Anja hingegen steigt auf die Vorlage ein, dankbar, nicht weiter über Marie und ihr Unwissen reden zu müssen, und bietet der Frau ihren Arm an. „Oder wir gehen gemeinsam in unsere Teestube", schlägt sie liebevoll vor. Ob sie dieses Spiel schon öfter gespielt haben?

Die sichtlich überarbeitete Schwester überlässt es uns, die alte Dame mit Lockenkopf mitzunehmen, und eilt davon, zum nächsten Zimmer, in dem ein Patient auf die Klingel gedrückt hat.

„Ich muss gestehen, hier sieht alles gleich aus", nuschelt die alte Lady. Ich lausche ihrem ausschweifenden Monolog über Labyrinthe und andere Parkanlagen und versinke in meinen eigenen Gedanken.

Es ist seltsam, wie sehr man sich in seinem Leben verlaufen kann. Ich brauchte eine ganze Weile, um die „Adoptions-Fehlgeburt" zu verkraften, und verlor mich damals beinahe in einer Depression. Ich verstand die Welt nicht mehr – schließlich war ich gesund, verdammt noch mal! Ich hatte keinen Krebs mehr, nur unerfüllte Wünsche und eine gescheiterte Beziehung. Nichts Lebensbedrohliches also. Andere überlebten diese Krankheit nicht und ich, was tat ich? Ich versank in Traurigkeit? Und umso mehr ich mir sagte, ich hätte kein Recht auf diese Traurigkeit, desto größer wurde sie.

Ich bin müde, beobachte Anja und ihre Zimmernachbarin eine Weile dabei, wie sie diskutieren. Über Zahnbürsten und Haftcremes. Und darüber, dass man nie weiß, ob man Schoko- oder Wackelpudding zum Nachtisch bekommt. Man ist sich einig, dass es sich hier nicht um einen erholsamen Kurzurlaub handelt, und ich schlucke schwer.

Als ich mich verabschiede und gehe, klebe ich eine Blume von außen an die Zimmertür, damit Anjas Bettnachbarin das nächste Mal weiß, wo sie hinmuss. Sie erzählte, dass sie früher einmal Gärtnerin war und schon viermal dem Tod von der Schippe sprang. Zweimal kämpfte sie gegen Darmkrebs, überstand einen Schlaganfall und einen Treppensturz mit Gartenschere. Mir klingen ihre Worte im Ohr, während ich mich mit dem Zug auf den langen Weg nach Hause mache. Kurz nicke ich ein, dank des Antihistaminikums gegen die Hundeallergie, und verpasse fast meinen Zielbahnhof.

Ich freue mich auf mein eigenes Zuhause, auf meinen Mann, der mich beim Taxistand einsammeln wird, aber ich schaffe es noch nicht, meine schweren Gedanken wieder abzustreifen. Denn als wir uns damals kennenlernten und heftig ineinander verliebten, holte mich meine Unvollkommenheit ein weiteres Mal mit voller Härte ein. Wenn man schwer verliebt ist, wird der Wunsch nach einem gemeinsamen Baby urplötzlich wieder lauter. Auch, wenn man sich doch eigentlich mit dem Schicksal arrangiert hat. Ich habe mich oft gefragt, ob das biochemische Vorgänge sind, die die primäre Rolle bei diesen Fortpflanzungsgedanken spielen. Quasi ein Reflex der Natur, der bei starker Anziehungskraft zweier Menschen einfach ausgelöst wird.

Mit Beginn unserer Beziehung begannen die Träume, die mich nachts vollkommen aus dem Konzept brachten. Schon immer träumte ich sehr lebhaft, aber diese, in denen ich plötzlich schwanger war und ein Kind unter dem Herzen trug, waren so verdammt real. Ich spürte Kindsbewegungen in mir, ganz deutlich. Und ich hatte sogar Wehen, wenn ich es im Traum auf die Welt brachte.

Wenn ich dann erwachte, brach ich jedes Mal in Tränen aus, sobald mir klar wurde, dass es nur ein Traum war. Dass dieser Wunschtraum niemals real sein wird.

Ready for take-off?

Mina

Die Sonne verfängt sich in der imposanten Stechpalme im Wartezimmer der Frauenärztin, in dem ich mit meiner Tochter Lu sitze. Ich tippe noch schnell eine WhatsApp an Anja, während meine Tochter vor sich hin schmollt, weil ich ihr eine teure Belohnung fürs Impfen verweigere. Letztes Mal war es ein Spotify-Account, davor ein Eis. Heute steht die dritte Auffrischung gegen die Humanen Papillomenviren an, die damals bei mir den Gebärmutterhalskrebs verursachten, und meine Tochter hätte gerne ein iPhone. Ich verspreche ihr nur einen Besuch bei Immergrün, einer relativ gesunden Fast-Food-Kette, immerhin. Was tut man nicht alles, um seine Kinder bestmöglich zu schützen. Doch kann man das überhaupt? Ich vertippe mich, lösche einen Teil des Textes wieder und beginne neu.

„Kino zu Hause hört sich gut an", schreibe ich, versuche tapfer, die miese Stimmung zwischen Lu und mir zu ignorieren.

„Wir könnten *Nerve* schauen oder *Ein ganzes halbes Jahr*. Und dann feiern wir den Sieg über die Widrigkeiten des Lebens! ☺"
Ich muss zugeben, ich bin unfassbar stolz auf Anja, weil sie so tapfer mit ihrer Krankheit umgeht. Bald wird sie entlassen, dann werde ich sie zu Hause besuchen.

Lu seufzt laut, damit ich es auch ja mitbekomme.

„Musst du wieder weg?", wittert sie meine Reisepläne.

„Nur ganz kurz, versprochen."

Anjas Familie macht einen echt tollen Job. Sie hat Glück, alle eignen sich als Kriegerteam hervorragend. Es ist wirklich heftig, wie sich die Spreu vom Weizen trennt, wenn jemand krank wird. Auch bei Anja hat sich die ein oder andere Person in Luft aufgelöst, nachdem sie offen zugab, woran sie leidet. Nun, Reisende soll man ja nicht aufhalten.

Meine Finger verharren eine Weile über der Tastatur und ich denke an die Monate, die Anja hinter sich gebracht hat. Es tut mir beinahe körperlich weh, dass sie vermutlich erneut unters Messer muss, um zu überleben. Dass sich in so wenigen Monaten mehr als zwanzig weitere Polypen gebildet haben ...

Wenn man Krebs hat, denkt man gerne, keiner könne sich vorstellen, wie es ist, in der eigenen Haut zu stecken. Und jetzt, da ich den Hand haltenden Part übernehmen muss, wird mir immer klarer, wie schwer es auch auf der anderen Seite ist. Man kann sich vorher genauso wenig ausmalen, wie es sich anfühlt, für Rückenwind sorgen zu müssen. Und das nach Möglichkeit auf den Punkt genau, wenn der andere es braucht. Ich kann mich noch zu genau daran erinnern, wie meine Eltern ihr Leben quasi auf Eis legten, im Bemühen, meines zu retten und meine Heilung zu beschleunigen. Und ich bin unendlich dankbar dafür.

Was übrigens manchmal nicht so leicht für mich war, war das Trennen zwischen meinem und ihrem Schmerz. Denn auch die Menschen, die einen Kranken begleiten, haben Angst, spüren Hilflosigkeit und stellen sich diese berühmte Frage: „Warum ich? Warum trifft es meine Tochter, Mutter, Vater, Freundin?" Ich blinzle, blicke aus dem Fenster in den von Sonnenlicht gefluteten Garten. Damals erlag ich der Gefahr, mich zu sehr an meine Nahestehenden zu klammern, weil ich so sehr mit mir selbst beschäftigt war. Dabei kann man schnell übersehen, dass sie ebenfalls am Rande der Erschöpfung stehen. Und in der Hoffnung, ihnen etwas von ihrer geschenkten Kraft in anderer Form wieder zurückgeben zu können, schrieb ich lange Dankesbriefe, mit meinen Gedanken und auch Wünschen für sie.

Ich gucke auf mein Handy. Anja hat geschrieben. „Apropos Widrigkeiten. Wie sieht es aus an der Front?", spielt sie auf meinen und Lus Arzttermin an und ich komme nicht mehr dazu zu antworten, weil wir aufgerufen werden. Mein Handy verschwindet vorerst in der Tasche, Lu folgt mir mit vor der Brust verschränkten Armen und ich beschließe, unnachgiebig zu bleiben, was überteuerte Geschenke für Impfungen angeht.

„Guten Tag", begrüßt mich die winzige Frauenärztin mit der Hochsteckfrisur, bei der meine Tochter seit Kurzem Patientin ist. „Wir verabreichen heute die dritte Impfung, nicht wahr?" Sie schaut in ihre Unterlagen, schiebt sich die Brille höher auf die Nase und Lu seufzt noch eine Spur theatralischer als eben im Wartezimmer. Meine Güte.

„Ja, das ist mein Problem", gestehe ich also und fühle mich schlecht, weil ich mit dem Gedanken spiele, diesen wichtigen Impfprozess abzubrechen. Und das hat seinen Grund. „Wieso Problem?" Die Ärztin schaut mich verständnislos an, deutet auf die beiden Stühle vor dem Tisch und ich setze mich.

„Ich mach das nicht mehr mit", schaltet sich plötzlich Lu ein und blickt zu Boden, weil ihre Ärztin aussieht, als würde sie sich gleich aufregen. Zugeben, meine Tochter hasst Nadeln und hat sich zuletzt beim Anblick der Spritze nicht ganz altersgemäß aufgeführt. Und die Ausführung der Ärztin über den Luxus der medizinischen Versorgung in Europa hat ihr nicht wirklich weitergeholfen, als die Nadel immer näher kam und sich letztlich in ihre Haut bohrte.

„Das schaffst du schon, es ist ja nur zu deinem Besten", wiederholt die kleine Frau sanft und schließt die Karteikarte vor sich auf dem Tisch. Ich hole tief Luft, richte mich gerade auf und erinnere mich an mein Rückgrat und an die Tatsache, dass man Ärzte alles fragen sollte, was einem auf dem Herzen liegt. Und dass sie dazu verpflichtet sind, Rede und Antwort zu stehen.

„Ja, das ist eben die Frage", beginne ich also. „Lu hatte ziemlich drastische Nebenwirkungen das letzte Mal." Das Wort Impfschäden knallt mir ein weiteres Mal bis unter die Schädeldecke und verursacht mir Kopfschmerzen. Eine Stille entsteht, in der man eine Impfnadel hätte fallen hören können. Beinahe will ich weiter ausholen, da fragt sie endlich: „Was denn für Nebenwirkungen?" Sie legt den Kopf schief.

„Beim ersten Mal hatte Lu lediglich Schmerzen im Oberarm, was ja noch nicht ungewöhnlich ist", leite ich den

Vortrag zu meinen vielen Bedenken ein. „Aber nach der zweiten Impfung hatte sie Ausfallerscheinungen. Sie klagte über Missempfindungen bis ins Bein und Taubheitsgefühl. Das kann doch nicht normal sein." Lu nickt bekräftigend und freut sich, dass die Aussicht auf den nächsten Nadelstich schwindet.

„Nun ja, der Körper wird mit einem Virus konfrontiert, das kann schon mal etwas Kraft kosten. Sogar leichtes Fieber kann auftreten oder grippeähnliche Symptome, das ist Ihnen doch bekannt", erinnert mich die Ärztin an sämtliche Kinderimpfungen, die wir durchhaben, und winkt ab. Sie wirkt mit einem Mal viel größer als noch vor ein paar Minuten und ich frage mich, wie es sein kann, dass ich dabei bin zu schrumpfen?

„Ja, aber es gab allem Anschein nach gerade bei der HPV-Impfung Fälle von Impfschäden, bis hin zu Lähmungserscheinungen", haue ich mein gefährliches Halbwissen aus der Internetrecherche raus. „Und dann musste ich sogar erfahren, dass diese Impfung nur gegen wenige Virentypen schützt." Ich meine, das ist doch ein Witz? Da bekommt man schon die Idee, dass es nur um den Profit der Pharmaindustrie geht. Und rechtfertigt das dann eigentlich eine flächendeckende Impfung, wie es zurzeit in Europa geschieht? Ich atme tief ein, werde von der Frauenärztin freundlich unterbrochen.

„Es wird im Besonderen gegen die Virentypen 16 und 18 geimpft. Die wirken am energischsten zellverändernd, sind also am gefährlichsten. Es wurde lange geforscht und Statistiken zufolge wurden weltweit genau diese Virentypen bei Frauen mit Gebärmutterhalskrebs gefunden. Bereits 1995 hat die WHO diese beiden als krebserregend eingestuft, müssen Sie wissen“, erklärt die Ärztin.

Lu zwirbelt manisch eine Locke.

„Und Studien zeigen, dass sogar Kreuzprotektionen stattfinden und die Impfung somit vor mehr Virenstämmen schützt, als bisher angenommen“, fügt Frau Doktor an und will schon aufstehen und zur Tagesordnung übergehen. Sprich, die Nadeln wetzen.

„Das habe ich auch gelesen“, gebe ich nachdenklich zu und bleibe einfach sitzen. „Und trotzdem gibt es noch viele Gegner dieser Impfung.“ Ich verspanne mich. „Es wird scheinbar oft übersehen, dass zum Beispiel Frauen, die stark unter Stress stehen, häufiger eine Infektion mit diesen gefährlichen Virentypen bekommen als andere.“ Normalerweise bin ich keiner dieser Impfgegner, aber es muss doch auch Alternativen geben, wenn Probleme auftreten. Oder etwa nicht?

Ich habe über Frauenärzte gelesen, die sagen, man müsse ganz anders an die Sache herangehen. Man könne mit Patientinnen sogar eine immunologische Nahrungsumstellung versuchen, damit die Abwehr gestärkt wird. Wer Herpes kennt und die hübschen Lippenbläschen, der weiß, dass diese immer kommen, wenn das Immunsystem gerade down ist. 95 Prozent der Patientinnen leiden oft, ohne es konkret zu wissen, unter Unverträglichkeiten, die Allergien oder Infektionen begünstigen können.

Das ist bei mir nicht anders, ich habe tausend Allergien und bin oft krank, weil mein Darm seit meiner Kindheit Probleme macht. Heute weiß ich, dass ich Milcheiweiß und Sorbit nicht vertrage, aber der Weg zu der Erkenntnis war lang. Das Immunsystem muss also rund um die Uhr Energie bereitstellen, die an anderen Stellen fehlt. Kondylome, also diese miesen kleinen Feigwarzen, die durch HPV-Viren hervorgerufen werden, sind Stressmarker. Es heißt, dass sie bei manchen Menschen einfach wieder verschwinden, wenn der Stress wegfällt. Dann könnte man glauben, das Virus sei verschwunden. Doch der Schein trügt natürlich. Denn in der nächsten Stressphase können sie zurückkommen und für Ärger sorgen.

Jetzt gibt es Ärzte, die meinen, wenn man sich beispielsweise konsequent nach einem immunologischen Ernährungskonzept ernährt, bleiben die Kondylome in vielen Fällen aus und das Immunsystem wird gestärkt, was eine Impfung überflüssig macht. So die Theorie. Aber ist das eigentlich wirklich in unserer Welt umsetzbar? Gerade als Jugendliche?

„Liebe Frau Teichert", sagt die Ärztin gedehnt. „Ich verstehe Ihre Sorge, aber sind wir uns nicht einig, dass es ein Segen ist, die Möglichkeit einer Impfung zu haben?" Sie lächelt und Lu lehnt sich erneut seufzend zurück.

Ich muss an Masern denken, dass diese Krankheit einst beinahe ausgerottet war und aufgrund von Impfgegnern wieder zurückkommt und Todesopfer fordert, und ich fühle mich augenblicklich schuldig.

„Impfschäden sind ein seltenes Phänomen, und dieses Risiko ist wesentlich geringer, als an Masern oder Cholera zu sterben, wenn man es bekommt. Herdenschutz ist eine wichtige Sache und kann nur gewährleistet sein, wenn alle gemeinsam an einem Strang ziehen."

Jawoll. Doch mir geht dieser verdammte Artikel nicht mehr aus dem Kopf, in dem es um Tausende Kinder ging, die seit der HPV-Impfung unter chronischen Erkrankungen leiden sollen. Es begann bei einigen mit Schwindel, Übelkeit, Hautreaktionen oder Bauchweh. Sogar von Ohnmacht war die Rede. Im Grunde ist diese Impfung mit einer heißen Nadel gestrickt und noch recht neu. Was ist, wenn alles noch im Versuchsstadium ist und die Kinder Versuchskaninchen sind? Mist, ich brauch mal jemanden, der mich runterholt!

„Ja, das stimmt sicherlich", brumme ich.

„Es wurden bereits Millionen Jugendliche weltweit ohne Nebenwirkungen immunisiert", sagt die Ärztin.

Ich zucke die Achseln. Denn das tröstet das Mädchen aus England sicher nicht, das seit der dritten Spritze ein Pflegefall ist. Zudem werden sogar Todesfälle mit der Impfung in Zusammenhang gebracht. Ist Gott da am Steuer eingeschlafen oder was ist passiert?

Ich rutsche unruhig auf dem Stuhl herum, mir wird siedend heiß. Was soll ich nur tun? Den Impfprozess abschließen oder lieber nicht? Das Risiko einer Ansteckung mit HPV einfach eingehen?

Die Frage, wo genau man sich eigentlich infiziert, wird auch wieder laut in mir. Viele Impfgegner sind der Meinung, dass sich einige Mädchen bereits bei den Müttern infizieren. Oft findet die Ansteckung schon vor der Geburt statt, manchmal bei der Entbindung oder im normalen häuslichen Umfeld. Trägt meine Tochter den Virus vielleicht längst in sich?

Im Grunde wissen Experten nicht mal ganz genau, wie sich die Impfung verhält, wenn bereits eine Infektion vorliegt. „Machen Sie sich einfach nicht so viele Sorgen", rät mir die Ärztin einfühlsam.

„Und wenn wir nun nicht weiter impfen? Wenn meine Tochter später regelmäßig zu den Krebsvorsorge-Untersuchungen geht und somit verdächtige Veränderungen rechtzeitig entdeckt werden können, reicht das nicht als Schutz?", frage ich und kaue anschließend auf meiner Unterlippe. Ich denke daran, wie unterschiedlich schnell sich Gebärmutterhalskrebs entwickeln kann. Manchmal kommt es innerhalb von Wochen oder Tagen zu einem bedrohlichen Zellwachstum, je nach Abwehrkraft des Menschen.

„Die Untersuchung ist nur eine Chance auf Früherkennung. Die Vorsorge ist die Impfung", unterstreicht sie ihren Standpunkt und Lu beginnt, mit ihrem Handy zu spielen. Ich schätze, sie ahnt, dass das hier noch eine Weile dauert. „Wenn wir hier abbrechen, kann es sein, dass Ihre Tochter nicht ausreichend geschützt ist. Es braucht die vollständige Grundimmunisierung." Sie schaut mich intensiv an. „Ich halte den Impfstoff für sicher und ich impfe, weil ich den jungen Mädchen diesen Schutz nicht vorenthalten will." Eine kleine Pause entsteht. „Die Bedeutung der HPV-Impfung wurde gerade erst wieder bestätigt, durch eine Studie aus Schottland. Seit 2008 wurden Mädchen routinemäßig geimpft und später auf Erkrankungen der Gebärmutter oder des Muttermundes untersucht. Das Ergebnis der 130 000 Frauen, die an der Studie teilnahmen, war eindeutig. Das Risiko der im empfohlenen

Alter von zwölf bis siebzehn Jahren geimpften Frauen sank um 90 Prozent."

Ich schlucke. Was soll ich tun? Impfen und fertig? Hopp oder Top? Egal mit wie viel freundlichem Druck Lus Frauenärztin die Nadel für uns erheben will, ich fürchte mich. Letztendlich wagen wir es, ganz zu Lus Leidwesen, die Impfung zu vervollständigen. Es geht ihr die nächsten zwei Tage nicht sonderlich gut, was aber auch anderen Umständen geschuldet sein kann. Und heute, seit 2019, werden sogar Jungs schon gegen HPV geimpft.

Anja

Als mich meine Tochter an einem Freitagmorgen abholt, um mich nach über vier Wochen Krankenhaus nach Hause zu fahren, zerspringt mein Herz vor Glück. Es ist Mitte Oktober. Der Oberarzt kommt zu einem letzten Gespräch vorbei. „Frau Koeseling, überlegen Sie sich bitte, den kompletten Dickdarm rausnehmen zu lassen", redet er mir ins Gewissen. „Sie neigen zur Polypenbildung und nach der Entnahme der Karzinome ist die Gefahr zu groß, wieder an Krebs zu erkranken. Sie hatten Glück, dass wir die Tumore in einem so frühen Stadium gefunden haben und es noch keine Metastasen gab. Beim nächsten Mal sieht es vielleicht anders aus. Dann ist selbst eine Chemo, die Ihnen ja jetzt erspart bleibt, meist nicht mehr wirksam. Denken Sie bitte darüber nach." Maries aufgerissene blaue Augen füllen sich sofort mit Tränen. Scheiße!

Wenn du ein Kind hast, rechnest du damit, vor ihm zu sterben. Selbst, wenn du versuchst, nicht daran zu denken, hoffst du doch darauf, dass es so ist. Aber als Marie und ich schweigend zum Parkplatz gehen, ich ihre Verletzlichkeit spüre, die Tränen sehe, die aus ihren großen Augen laufen, in den dichten langen Wimpern kleben, wird mir klar, was es für sie bedeuten würde, und ich bereue es zutiefst, sie nicht früher eingeweiht zu haben. Ja, ich hatte nicht den Mut. Aber ich wollte mit meinem Krebs auch nicht in ihr Leben eingreifen. Sie ist gerade dabei, ihre Ausbildung zu machen. Ein neuer Anfang, der nicht überschattet sein sollte von diesem Ungetüm unserer Zeit, dass immer jüngere Menschen trifft. Eine amerikanische Studie besagt, dass mittlerweile zehn Prozent der unter 30-Jährigen an Darmkrebs erkranken. Das ist eine so enorme Zahl. Man schiebt es auf Bewegungsmangel – angeblich laufen Frauen am Tag nur vierhundert Schritte und Männer nur fünfhundert – und auf Fast Food. Ich habe mich immer bewegt. Als junge Mutter ohne Auto rannte ich morgens durch die Wohnung, schmierte Frühstücksbrote, weckte das Kind, rannte meistens kurz vor Schulbeginn mit Marie zur Schule, schnappte mir meinen Hund, um ihn glücklich zu machen. Ging ins Yogastudio, um bei 40 Grad zu schwitzen, organisierte unseren Alltag. Wie bitte sollen das nur vierhundert Schritte am Tag sein? Wir achten heutzutage mehr denn je auf unsere Ernährung. Die Wörter Chiasamen oder Gojibeeren waren vor zehn Jahren noch Fremdwörter, und niemand wäre jemals auf die Idee gekommen, Haferflockenbrei zum Frühstück zu essen.

Marie und ich stehen vor dem Auto und sie entzieht sich meiner Umarmung. Mir fehlen die Worte, mehrfach versuche ich, einen Satz zu beginnen. Aber wie verdammt noch mal erzähle ich meiner Tochter, dass ich sie über Monate belogen habe, ihr diesen schrecklichen Teil meines Lebens ersparen wollte, um sie zu schützen, um ihr keine Albträume zu bereiten, sie sanft zu wiegen in Geborgenheit?

Sie steigt ins Auto und sagt leise: „Du hättest es mir sagen müssen …"

Aus meinem Mund kommt nur: „Aber wie?"

Wir fahren den kurzen Weg zum roten Haus. Ich blicke aus dem Fenster. Es schnürt mir die Kehle zu, dass sie weint, und gleichzeitig fällt mir ein Stein vom Herzen, weil dieses Geheimnis nicht mehr zwischen uns steht.

Im Garten sind alle Apfelblüten verschwunden und schwer hängen Hunderte gelber Äpfel an den Ästen. Gut, denke ich. In den nächsten Wochen gibt es Apfelmus. Der Walnussbaum trägt Tausende Nüsse und das Wasser des Pools ist grün verfärbt. Mir wird klar, dass ich das Ende des Sommers verpasst habe.

Der Rasen riecht noch frisch gemäht, aber der Herbst hat die ersten Blätter schon vom Kirschbaum geweht. Langsam gehe ich barfuß über das Gras, die Hunde jaulen fröhlich auf, und ich bin froh, dass sie mich nach all der Zeit noch erkennen. Sie weichen mir keinen Zentimeter mehr von der Seite. Alles fühlt sich nun gut an.

Der Beutel meines Stomas ist zum Zerplatzen voll und ich bin erleichtert darüber, dass ich mich langsam an den Umgang mit ihm gewöhnt habe. Der Umfang des Mundes schrumpft fast täglich millimeterweise.

Mechanisch führe ich alle Schritte beim Wechseln aus. Am Anfang lege ich eine Kopie, in die schon ein Loch geschnitten ist, auf die neue Platte. Schneide mit der Schere einen identischen Kreis aus. Entferne durch ein Klicken den alten Beutel und stecke diesen in eine braune Plastiktüte. Sprühe das Pflasterspray auf die Befestigungsplatte, damit diese sich leichter entfernt. Reinige das Stoma mit einem Zellstoff. Bepudere den Rand, damit keine Entzündungen entstehen. Klebe die neue Platte gezielt und sicher auf und befestige mit einem Klicken den neuen Beutel.

Heute werde ich das erste Mal in frischer Bettwäsche versinken. Fast kann ich es kaum erwarten, allein zu sein. Das fällt mir leichter als je zuvor.

In den nächsten Wochen werde ich alles aufholen, was an Arbeit liegen geblieben ist, telefonieren, mein Büro vom Bett aus führen. Wie eine stolze Kaiserin. Ich freu mich auf jeden Morgen, der nicht mehr mit dem Aufreißen der Tür durch die Nachtschwester beginnt. Kein eiliges Waschen meines Körpers mehr, kein Versorgen von Wunden, Knallen der Tür. Kein Geruch nach Desinfektionsmittel, keine nassen Fußböden, vor denen ich mich seit dem Beginn meiner Krankenhauskarriere ekle. Dabei habe ich mich außer vor Spinnen eigentlich vor nix geekelt.

Mein Geruchssinn hat sich verändert – ich fühle mich wie ein Vampir, der jeden Schweißtropfen, jedes zarte Parfüm nicht mehr ertragen kann. Außerdem kann ich kein angebratenes Fleischstück und keinen Fisch mehr riechen, ohne dass ich mich augenblicklich übergeben muss. Meine Freundin Lucinde hat mir geraten, in jedem Zimmer eine kleine Schüssel mit Zitronenöl aufzustellen, daher duftet mein rotes Haus nach Italien. Nach Zitronenblüten im Frühjahr. Mein eigenes Parfüm, dass ich seit Jahren getragen habe, werde ich meiner Mutter schenken.

Marie und ich sitzen im Garten und reden über die letzten Wochen und Jahre. Ich erzähle ihr, wie glücklich ich über ihre Geburt war, dass ich nie ihren zarten Blick vergessen werde, als sie zum ersten Mal auf meiner Brust lag und mich durch unendlich lange dunkle Wimpern ansah. Draußen regnete es in

Strömen und ich wusste, dass die größte und stärkste aller Bindungen die zu diesem kleinen Wesen sein würde, das so lange Haare auf dem Kopf hatte. Meine Großmutter behauptete immer, sie wusste, dass Marie viele Haare haben würde, weil ich in den letzten Wochen so starkes Sodbrennen hatte. Maries Haut war unglaublich braun, weil ich ein Karottenjunkie gewesen war. Ich war süchtig nach Mohrrüben, grünen Äpfeln und Naturjoghurt. Ich muss schmunzeln, wenn ich an die paradiesischen Zustände der letzten Wochen meiner Schwangerschaft denke. Da es eine Risikoschwangerschaft war, durfte ich mich nicht viel bewegen. Ich erinnere mich, wie ich als Herrin der Fernbedienung auf dem Sofa meiner Eltern lag und nach Äpfeln und Karotten rief, die meine Bediensteten, in dem Fall meine Schwester, meine Mutter und mein Vater, mir wirklich schleunigst bringen mussten, damit ich nicht verhungerte.

Ich erzähle Marie, wie ich sie wie eine Henne behütete, ihr jede Schwere aus dem Herzen versuchte zu nehmen. Und deshalb konnte ich ihr nicht die Wahrheit erzählen. Vielleicht ist es ungerecht? Vielleicht hätte ich ihr zutrauen sollen, mit dieser Information umzugehen? Aber wer hätte ihr dabei geholfen? Wer wäre ihr Fels gewesen? Allein hätte sie diese Wahrheit nicht durchstehen können. Diese Wucht, diese zerstörende Kraft der fünf Buchstaben: KREBS, kann einen stürzen lassen und ich hätte sie nicht auffangen können, wie damals, als sie von der Schaukel fiel.

Marie schluchzt leise vor sich hin und ich bin in diesem Augenblick mehr als froh, dass sie mich langsam versteht und dass ich die Operation nun überstanden habe. Meine Tochter ist meine kleine Familie, meine Sippe, mein Augenlicht. Ich würde mich für sie anschießen lassen, durch das Meer schwimmen, ohne aufzugeben. Damals sagte mir die Krankenschwester, ich solle das Kind erst gar nicht daran gewöhnen, in meinem Bett zu schlafen, aber für mich war das Streicheln ihrer Stirn, während sie leise atmend neben mir lag, das höchste aller Glücksgefühle. Mehr brauchte ich jahrelang lang nicht, bis sie allein in ihrem Zimmer, in ihrem Bett sein wollte.

Später, als sich mein Kind mit leichtem Herz verabschiedet hat, setze ich mich mit meinem Handy in den Garten. Dutzende besorgter Nachrichten meiner Freunde ploppen auf.

Wie unglaublich ich den Alltag vermisst habe! Stundenlang sitze ich völlig nackt in der warmen Herbstsonne unter dem Walnussbaum. Dieser heilige Ort in meinem Garten ist völlig abgeschottet von der Welt, kein Nachbar kann in diese Ecke schauen. Ich wippe mit dem Oberkörper, breite meine Arme aus, als wäre ich ein nasser Vogel, der sein Gefieder trocknen lassen will, und genieße die Sonne. Stundenlang kann ich Vögeln beim Trocknen ihrer Federn zuschauen.

Ich beantworte alle Nachrichten. Fotografiere mich und sehe, dass ich unglaublich viel abgenommen habe. Mir gefällt, was ich sehe. Irgendwas Gutes muss sie ja gehabt haben, diese Krankheit.

Krebs ist aber kein Pass in ein besseres Leben. In unzähligen Berichten habe ich gelesen, dass tiefe Bewusstseinsveränderungen mit der Krankheit Hand in Hand gehen. Mir ist bis auf den intensiven Geruchssinn aber noch keine Änderung aufgefallen. Bilden sich diese ehemaligen Krebserkrankten alles nur ein? Ich wurde allein krank und in vielen Momenten fühlte ich mich dem Tod näher als dem Leben. Hätte ich eine Pistole im Nachtschrank gehabt, hätte ich sie mir in den Mund gesteckt und abgedrückt. Die Schmerzen waren so unerträglich, dass ich Meere geweint habe. Krebs ist zum Kotzen und kein Geschenk!

Im Krankenhaus habe ich den ganzen Tag vor mich hin gedämmert. Eine anhaltende Müdigkeit hatte sich in mir breit gemacht. Vom frühen Wecken der Krankenschwestern, dem nächtlichen Schnarchen meiner Zimmergenossinnen, einer weiteren Operation, weil sich in meinem Becken eine weitere Entzündung gebildet hatte, die mich vor Qual aufschreien ließ und mich erneut ans Bett band. Wäre die alte, verrückte Dame mit den wunden Beinen nicht gewesen, die wie eine Königin nach Kaffee und Wasser verlangte und mit einer Selbstverständlichkeit mich, die Jüngste aus dem Zimmer, stündlich in die Krankenhausküche schickte, wäre ich sicher nicht so schnell auf die Beine gekommen. Sie gab mir wieder Selbstvertrauen.

Ich erinnere mich daran, wie ich mich dann stark genug fühlte, ein paar Schritte allein im Park zu machen. Ich begann wieder E-Mails zu beantworten, organisierte mich vom Krankenhausbett.

Von nun an werde ich es allein schaffen müssen, obwohl ich definitiv jemanden bräuchte, der sich um mich, meinen Haushalt und meine Hunde kümmert. Hunde riechen Krebs, meine schauen mir schon beim kleinsten Nasehochziehen in die

Augen, um das Glitzern von Tränen auszuschließen. Ich kann mir nicht vorstellen, mir meine Thrombosespritzen selbst zu geben. Und jeden Dienstag und Freitag müsste mich jemand ins Krankenhaus fahren, damit dort der Endosponge unter Narkose gewechselt wird.

Ich nehme meinen Laptop zur Hand und googele mich durch unzählige Foren, um herauszufinden, welche Hilfe mir zusteht. Ich notierte mir, dass ich einen Behindertenausweis beantragen muss. Im Forum stand zwar, dass eine Sozialarbeiterin das im Krankenhaus mit mir zusammen hätte machen sollen, aber mir wurde dieser Dienst nicht zuteil. Außerdem hätte eine Ernährungsberaterin mit mir die Lebensmittel besprechen sollen, die ich nun nicht mehr so gut vertragen kann. Auch darum hatte sich irgendwie niemand gekümmert. Mir fehlt ja auch nur ein Stück des Dickdarms, da muss man sich nicht so anstellen. Ich nehme mir den Post-it-Stapel und notiere alle Dinge, die ich in den nächsten Tagen erledigen muss:

Behindertenausweis beantragen
Krankenkasse anrufen: Pflege beantragen für mich und das Haus
Vorübergehende Pflegestufe beantragen
Wer erledigt meine Einkäufe?

Meine Tochter schreibt mir, dass sie all die Lebensmittel besorgt hat, die ich benötige, bevor sie mich besuchen kommt. Ich öffne den Kühlschrank, der vor Bananen, Äpfeln, laktosefreier Milch und Joghurt überläuft. Auf dem Schrank liegen zehn Packungen mit Haferflocken.

Das ganze Haus glänzt, meine Mutter und meine Schwester haben jedes einzelne Zimmer geputzt und sogar umgestellt. Ich erkenne den Handstrich meiner Mama in jeder Dekoration und bin gerührt und dankbar.

Auf dem Sofa steht ein glitzerndes Paket. Mina hat ein Geschenk geschickt, in rosa Papier verpackt mit einer knallig pinken Schleife. Ich reiße es auf und halte ein Sitzgelkissen in den Händen. Tränen schießen mir in die Augen, als ich den Zettel lese, den sie liebevoll an den Bezug geklebt hat:

Für schöne Stunden am Rechner, das hält ewig ...
Deine Mina

Ich lege mich in das frisch bezogene Bett, auf den Nachttisch hat meine Mutter einen Strauß meiner Lieblingsblumen gestellt.

Dann wähle ich die Nummer der Krankenkasse und lasse mich mit der Beraterin verbinden, die für Fragen rund um die häusliche Pflege verantwortlich ist. Ich erkläre ihr meine Situation, erzähle ihr von meinem Zustand und dass ich dringend jemand bräuchte, der alle Dinge um das Haus erledigt. Sie antwortet mir, dass ich den Antrag vor der Operation hätte stellen müssen. Grundpflege und hauswirtschaftliche Versorgung würden mir erst bei einem Pflegegrad zustehen.

Ich lege fassungslos auf, mir fehlt noch immer die Kraft zum Kämpfen. Stattdessen suche ich mir einen Pflegedienst und hoffe, dass dieser so kurzfristig Kapazitäten hat. Die freundliche

Dame am Telefon teilt mir mit, dass die Thrombosespritzen überhaupt kein Problem sind, gleich morgen früh schickt sie eine Schwester, die mir nun täglich eine setzen wird. Ein kleiner Lichtblick.

Morgen kommt auch schon Mina und ich mache mir Notizen, was ich alles in den nächsten Wochen brauchen werde, damit sie es für mich einkaufen kann. Denn eins ist klar, mit 30 Zentimeter Plastiktüte am Bauch und einem Schlauch im Arsch werde ich das Haus ganz bestimmt nicht verlassen.

Mich erschreckt der Gedanke, meinen Stomabeutel spazieren zu führen. Das Gluckern ist unüberhörbar, und ich bin heilfroh, mein Schamgefühl noch nicht verloren zu haben.

Was mehr als zwei Kilo wiegt, darf ich so oder so nicht heben. Ich müsste also jedes eingekaufte Teil einzeln aus dem Kofferraum meines Autos tragen. Zum Glück kann ich alles, was ich zum Leben benötige, auch im Internet bestellen: Hundefutter, Lebensmittel, eine neue Strickjacke. Es wird direkt vor meiner Tür abgestellt.

Ich drucke mir den Antrag für den Behindertenausweis aus, kreuze alles an, was für mich infrage kommt, kopiere die letzten beiden Arztberichte und stecke diese in einen beschrifteten Briefumschlag.

Notiz an Mina: *Post in den Briefkasten stecken.*

Dann bin ich einfach nur müde, ich öffne noch einmal die Tür in den Garten, lasse die Hunde raus. Wie fröhlich sie um meine Beine herumschmusen, als wären sie Katzen.

Im Krankenhaus habe ich von einer italienischen Hündin gelesen, die seit dem Tod ihres Herrchens auf dem Friedhof lebt, auf dem er begraben worden ist. Sie liegt seit fast zehn Jahren auf seinem Grab. Die Bewohner des kleinen Örtchens versorgen sie mit Wasser und Nahrung. Mir wird sofort das Herz schwer, was wäre aus Esta und Akimo geworden, wenn ich die OP nicht überstanden hätte? Wären sie aus Trauer immer abgestumpfter, immer lebloser geworden, bis sie eines Tages einfach gestorben wären? Wie gern würde ich an ein Leben nach dem Tod glauben, daran, dass ich all meine Hunde dort wiedersehen würde. Wie gern!

Vorsichtig steige ich die Stufen zu meinem Schlafzimmer hoch, ich möchte einfach nur noch schlafen, die erste Nacht in meinem eigenen Bett. Der Schlauch, der in meinem Hintern steckt, führt in eine Plastikflasche, die ich in einen Stoffbeutel gesteckt habe. Die Henkel des Beutels benutze ich als Laschen für meine Arme, um das Ding als Rucksack zu tragen. Wie soll ich bloß drei Monate damit leben, ohne wenigstens einmal an einem Türgriff hängen zu bleiben? Und was passiert eigentlich, wenn sich einer der Hunde in dem Schlauch verheddert und mir den Schwamm rausreißt?

Nicht nachdenken. Kein Kopfkino. Vorsichtig stelle ich die Flasche neben meinem Bett ab und lege mich auf den Rücken. Wie gern würde ich mich auf die Seite drehen, doch das wird erst in Monaten wieder möglich sein.

Am nächsten Morgen klingelt mich der Pflegedienst aus dem Bett, nur mühsam kann ich die Augen öffnen. Mir ist auch nicht sofort klar, dass ich Zu Hause bin. Zu hastig steige ich die Treppen runter und öffne die Tür. Ich spüre einen dumpfen

Schmerz auf der rechten Seite. Die polnische Pflegekraft ist sehr warmherzig und freundlich und wir reden kurz. Sie gibt mir eine Spritze in den Oberschenkel und schaut auf die Uhr, schon muss sie zum nächsten Bedürftigen.

Ich drücke den Knopf meiner Kaffeemaschine und freue mich auf meine erste Tasse Kaffee seit Wochen, den Geschmack hatte ich so vermisst. Als ich den ersten bitteren Schluck nehme, fällt mir nicht mehr ein, warum. Dann steht endlich ein Taxi vor der Tür und Mina steigt aus. Ein Wochenende voller Mädchenkram steht an. Endlich Ablenkung. Wir werden uns die Fußnägel lackieren, Filme anschauen und einfach chillen.

Am Montag nach einem trotz Übelkeit sehr amüsanten Wochenende kommt die Stomaschwester, eine herzliche blonde Frau, die sich die Zeit nimmt, mir zuzuhören. Sie schüttelt nur mit dem Kopf, als ich ihr meine Erlebnisse der letzten Wochen berichte. Sie lässt mich wie eine Reiterin auf der Toilette sitzen und sagt, dass dies die beste Position zum Ausstreichen der Stomatüte wäre. Und siehe da, es passieren keine Unfälle, die gleich eine Großreinigung mit sich ziehen.

Das Stoma, mein Adolf, wie ich es nenne, ist gut durchblutet, wie mir die Schwester erklärt. „Mich erinnert es an so eine Fantasyserie", erwidere ich. „Da hatte eine Hexe eine riesige Brustwarze am Unterschenkel, aus der sie ihre Kröte trinken ließ." Irritiert schaut mich die gute Frau an. Ich muss so herzlich lachen, dass Adolf sofort zu spucken anfängt. Zum Glück sitze ich noch als Toilettenreiterin auf dem

Klo. Dann füllen die Stomaschwester und ich gemeinsam einen Fragebogen aus und sie erklärt, dass mir jeden Monat nur dreißig Stomatüten zur Verfügung stehen. Ich erkläre ihr mit gedämpfter Stimme, dass es Tage gibt, an denen der Inhalt der Tüte so fest ist, dass ich diesen nicht am Ende der Öffnung ausstreichen kann. Ich benötige also mehr Tüten, mehr von den Basisplatten, unter denen sich eigentlich täglich Kot befindet, sodass ich sie manchmal mehrfach am Tag wechseln muss, da sich sonst die Haut entzündet.

Auch dafür hat die Stomaschwester eine Lösung: Ich könnte meinen Arzt bitten, einen Mehrbedarf an Material bei der Krankenkasse zu beantragen. Automatisch werde ich dann einmal im Monat ein riesiges Paket mit Stomamaterialien bekommen. Hach, ich hätte ja lieber die Glossy Box ...

Jeden Dienstag- und Freitagmorgen fahre ich selbst mit dem Auto ins Krankenhaus, hole mir meine Dosis Propofol und bekomme den Schwamm gewechselt. Mittags bin ich wieder Zu Hause.

Nach langen zwölf Wochen ist der große Tag endlich da: Ich erwache im Aufwachraum und spüre, dass der Schlauch weg ist. Die freundliche Schwester, die mir immer eine warme Decke bereitgelegt hat, kommt in meine Kabine und bestätigt mir meine leise Vorahnung. Eine weitere Schlacht ist gewonnen. Viel zu schnell überrumple ich sie mit einer langen Umarmung. Sie lächelt mich an, und das erste Mal habe ich das Gefühl, dass sich wirklich jemand für mich freut.

Ich arbeite jeden Tag bis zu zehn Stunden, der Alltag schleicht sich so heimlich wieder ein, dass ich erst Mitte

Dezember bemerke, dass bald Weihnachten ist. Ich kann die Kerzen im Esszimmer meiner Eltern leuchten sehen, rieche den selbst gemachten Rotkohl meiner Mutter und mir wird so warm ums Herz, dass ich anfangen könnte zu weinen.

Was für eine Heulsuse ich doch geworden bin!

Fröhliche Weihnachten!

Im neuen Jahr folgt prompt der Tiefschlag. Während einer Untersuchung werden erneut Polypen gefunden. Die Ergebnisse der anschließenden Darmspiegelung sind ernüchternd. Mein ganzer Dickdarm ist voll davon. Der Arzt meint, die einzig sichere Methode, krebsfrei zu bleiben, sei nun, den Dickdarm komplett zu entfernen. Sechs Stunden Operation. Und vor allem: kein Dickdarm mehr. *Nein.* Das ist für mich nicht denkbar. Verflucht.

Ich bin deprimiert und entscheide mich, einen Spezialisten zu suchen – einen Arzt, der diese Operation schon hundertmal gemacht hat. Stundenlang klicke ich mich durch das Internet, lese alles über die Folgen und Abläufe einer so riesigen OP. Google das Wort FAP.

Tümmle mich in Foren, in denen Betroffene ihre Erfahrungen teilen. Schließlich entdecke ich genau in so einem Forum den Namen eines Proktologen, der am Rande von Berlin arbeitet.

Das Krankenhaus hat sehr gute Rezensionen. Ich finde Danksagungen an die Schwestern und an den Arzt, dessen Existenz mir gerade wie ein Hoffnungsschimmer, ein warmes Licht in einer dunklen blauen Nacht vorkommt.

Sofort vereinbare ich einen Termin für das erste Gespräch. Es soll im Januar stattfinden. Und wieder ein Häkchen auf meiner langen Liste von Dingen, die ich zu erledigen habe.

Schlimmer geht's immer

JANUAR BIS JULI 2016

Anja

Januar. Ich sitze im Warteraum der Proktologie des Krankenhauses und warte auf den Termin bei meinem Hoffnungs-Arzt.

Im Flur schauen Menschen unterschiedlichen Alters betrübt an die Decke. Mein geschulter Blick erkennt mittlerweile sofort, wenn jemand eine Stomatüte trägt. Und hier sitzen viele Stomaträger.

Ich rutsche unruhig auf dem Stuhl hin und her. Gegenüber vom Wartebereich beginnt die proktologische Station. Im Minutentakt öffnet sich die automatische Tür, eilig werden Betten rausgeschoben, Patienten in Rollstühlen zum Fahrstuhl gekarrt, fröhliche Schwestern lachen miteinander. Als mein Name aufgerufen wird, bin ich plötzlich so aufgeregt, dass ich mich bemüht witzig gebe. Ich flirte, um Unheil von mir abzuhalten.

Das ist so eine Eigenart von mir.

Der Arzt liest sich durch meinen Stapel an Krankenhausberichten und aus seinem Mund kommt ein gelegentliches „Aha". Ich werde unsicher, als seine Brille auf dem Nasenrücken herunterrutscht und er mich über den Brillenrand ernsthaft ansieht. An den Wänden hängen afrikanische Bilder und ich starre auf ein Zebra, weil ich spüre, was er mir gleich sagen wird. „Sie sind sehr jung für Krebs und FAP", sagt er sehr leise. „Auf den letzten Bildern ist der Dickdarm noch voller Polypen." Ich antworte ihm mit einem gedehnten „Mmmh" und „Ahja". Auch er redet mir ins Gewissen: „Ohne Komplettentfernung des Dickdarms beträgt Ihre Überlebenschance nur zehn Prozent. Die Wahrscheinlichkeit, dass Sie dann noch einmal an Krebs erkranken, mit einer sehr viel schlechteren Prognose, liegt bei neunzig Prozent." Mir schießen sofort die Tränen in die Augen, dort bleiben sie am unteren Rand meiner Wimpern kleben. Wie ein Staudamm bewahrt mich der Wimpernkranz davor, die Haltung zu verlieren. Ich hätte so gerne etwas anderes von ihm gehört. Mein Blick folgt den Bewegungen seines Mundes, ich bin wie eingefroren und nur noch in der Lage die Worte von seinen Lippen abzulesen.

Wir verabreden einen Termin für Mai 2016, wo er sich durch eine erneute Darmspiegelung ein Bild von meinem Inneren machen möchte. Bis dahin soll erst einmal die Naht heilen und sich alles beruhigen.

Auf dem Rückweg über die Autobahn fließt die Landschaft an mir vorbei und ich muss an die Bilder von Salvador Dalí denken, die seine Sehnsucht nach Verständnis und einer anderen Weltanschauung spiegeln. Raus aus dem erstickenden Muff des Alltags, der Drang nach Akzeptanz, so wie man eben ist. Und ich verstehe ganz plötzlich, dass es diese Anerkennung niemals geben wird.

Ich habe so große Angst, den kompletten Dickdarm zu verlieren. Kann ich ohne ihn überhaupt einen normalen Alltag haben oder liege ich bis zum Ende meines Lebens im Bett, gerade einmal fähig, ein Glas Wasser an meine Lippen zu führen?

Mein neuer Arzt hat mich eindeutig vor die Entscheidung gestellt: leben ohne Dickdarm oder mit ihm in kürzester Zeit sterben. Seine Fragen wiederholt mein Gehirn in Dauerschleife: Was wollen Sie machen? Mit diesem Darm haben Sie immer Ärger? Brauchen Sie ihn? Wollen Sie sterben?

Ich rase auf der Überholspur, weil ich nur ein Ziel habe: mein nach Pinien riechendes Seelenhaus, das, wenn ich es abgeschlossen habe, nur mir gehört und das mich in seinem Inneren vor der Außenwelt beschützt.

Ein Haus voller Gegenstände, voller Erinnerungen, weil ich wirklich alles, was mir je etwas bedeutete, aufhebe. Ich sehe eine getrocknete Blume und erinnere mich sofort an den Moment, als ich sie pflückte. Eine Zeitreisende in meinem eigenen Leben.

In den nächsten Monaten lebe ich mit dem Stoma, mit mir, ich habe mich an die neue Routine gewöhnt. Meine Zeit ist ausgerichtet auf den Termin im Mai. Ich möchte positive Nachrichten, ein Alles-ist-gut. Doch die erneute Darmspiegelung zeigt: Mein Dickdarm ist voller neuer Polypen – eine Pilzwiese, der niemand mehr Herr werden kann. Und mein Entschluss steht

ANJA

fest: Im Juli 2016 werde ich mir den Dickdarm entfernen lassen. Zuvor möchte ich noch den 80. Geburtstag meiner Großmutter mit ihr feiern. Wer weiß schon, was danach mit mir passieren wird.

Dann kommt der Montag Ende Juli. Der Sommer lässt Berlin müde atmen. Das Pflaster der Straße dampft, als ich mit dem Auto den Weg nach Zellendorf fahre. Dann schiebe ich erneut meinen Koffer die Einfahrt eines Krankenhauses hoch.

Vor der Abfahrt habe ich noch mit Mina telefoniert, die mir Mut gemacht hat mit ihrer ruhigen Art zu sagen, dass alles gut werden wird.

In der Aufnahme wird mir Blut abgenommen und ein Abstrich aus dem Mund, der die Ärzte umgehend über einen möglichen Krankenhauskeim informiert.

Als ich die Station betrete, sehe ich einen dunkelgrauen Teppich, der den gesamten Flur bedeckt.

Die Wände sind cremefarben gestrichen. Hier riecht es nicht einmal nach Krankenhaus. Eine freundliche Schwester begrüßt mich, führt mich in mein Zimmer, dass die Fenster zum Park hat. Die Sonne scheint unaufhörlich durch die Scheiben und sie lässt die Jalousie herunter, die das Zimmer augenblicklich in eine surreale Welt taucht. Schatten tanzen mit den Sonnenstrahlen und erfüllen den Raum mit einer guten Atmosphäre. Das Bett ist modern und lässt sich auf Knopfdruck in alle möglichen Positionen verschieben, demonstriert mir die Krankenschwester. Ein großer Fernseher hängt an der Wand und ein riesiges Schwarz-Weiß-Bild mit Steinen am Meer. Diesmal habe ich mich für die Luxusstation entschieden, für die eine normale Krankenkasse natürlich nicht aufkommt. Für die Zuzahlung von 150 Euro würde man auch schon ein luxuriöses Hotelzimmer bekommen – ich verbringe quasi meinen Jahresurlaub hier in diesem Krankenhaus.

Die Schwester lächelt freundlich und gibt mir noch ein wenig Zeit zum Ankommen, bevor der Anästhesist zu mir ins Zimmer tritt. Besonders ausschlaggebend für die Entscheidung, nicht auf die normale Station zu gehen, war, dass hier alle Gespräche rund um die Operation im Zimmer stattfinden. Das ist keine Bequemlichkeit, es ist die Entscheidung für die sanfte Vorbereitung ohne jeglichen Stress vor so einem großen Eingriff. Wieder einmal wird mein Bauch von der Mitte der Brüste bis zum Ansatz des Venushügels aufgeschnitten werden. Wieder einmal werde ich mit geöffneter Bauchdecke mindestens sechs Stunden auf dem OP-Tisch liegen.

Aber tatsächlich habe ich dieses Mal keine große Angst, ich fühle mich gut aufgehoben. Der Anästhesist klopft an meine Tür und erklärt mir ganz behutsam, was mich erwarten wird. Schon seine Stimme wirkt auf mich fast hypnotisierend. Der Mann hat seinen Beruf offensichtlich nicht verfehlt.

Ich liege im Bett mit hochgefahrenem Kopfende und unterschreibe den Aufklärungsbogen. Dann kommt eine Pflegerin, die mir dabei hilft, die Thrombosestrümpfe anzuziehen. Dieses Mal sind es nur Kniestrümpfe. Sie überreicht mir mein Hemdchen, meine blaue OP-Haube und ein Höschen, damit ich mich auf dem Weg in den OP nicht so nackig fühle. Dann stellt sie mir ein flüssiges Mittelchen hin, das mir die innerliche Unruhe nehmen soll. Und ich kann nur lächeln, denn wie Perlen an einer Kette reiht sich jede Handbewegung, jeder Ablauf, jedes Gespräch in diesem Krankenhaus aneinander. Das gesamte Team ist aufeinander abgestimmt.

Dennoch werde ich wieder ein Stoma bekommen. Ein neues, da das alte nur für den Dickdarm bestimmt war. Der Arzt verspricht mir, dass ich es nach vier Monaten nicht mehr brauchen werde und dass er dieselbe Stelle benutzen wird, an der das alte befestigt war. Kein neuer Schnitt ist notwendig.

Kann ich wirklich ohne Dickdarm leben? Immer wieder schwimmt diese Frage in mein Bewusstsein. Aber der Ausblick auf ein stomafreies Leben winkt.

Anschließend kommt ein Pfleger in mein Zimmer und sagt mir, dass es jetzt gleich losgehen wird und dass ich unbedingt noch einmal auf die Toilette gehen sollte. Nur für das kleine Geschäft natürlich.

Ich werde durch einen gläsernen Flur geschoben, die Wärme der Sonne legt sich auf die Haut meines Gesichtes.

Der Fahrstuhl fährt uns in den Vorraum der OP-Säle und ich soll mich auf eine andere Liege legen. Es ist die gleiche harte, die ich bereits kenne. Dann kommt der Anästhesist, legt mir einen Zugang und meine Nase fängt augenblicklich zu kribbeln an. Das Propofol schießt durch meine Venen, ich bitte den Arzt noch, mir unbedingt den Mund zu schließen, falls er aufklappen sollte, und dann erfüllt mich nur noch Glückseligkeit. Das erste Mal in meiner Krankheitsgeschichte habe ich das Gefühl, in guten Händen zu sein. Und schon bin ich weg.

Als ich auf der Intensivstation aufwache, ist mein Mund wahnsinnig trocken. Ich liege allein in einem abgedunkelten Raum und meine Augen gewöhnen sich langsam daran, offen zu bleiben. An meinem Hals spüre ich einen Zugang, der mich intravenös mit Medikamenten und Infusionen versorgt. Er brennt und sticht vor sich hin.

Für den Moment spüre ich keine OP-Schmerzen, mir ist nur so unglaublich heiß. Ich versuche, die Decke beiseitezuschieben. In den Thrombosestrümpfen steht wahrscheinlich schon das Wasser. Mein ganzer Körper ist schweißgebadet.

Eine Schwester befeuchtet meine Lippen und bietet mir an, meinen Rücken und meine Beine mit einem Lappen zu waschen.

Ich darf erst in ein paar Stunden ein Schluck trinken, erklärt sie mir. Aber daran ist vor lauter Erbrechen und Übelkeit sowieso nicht zu denken.

Dann kommt mein Arzt und erklärt mir, dass bei der Operation alles gut gegangen ist. Mein neues Stoma arbeitet bereits. Die Haut darum brennt jedoch wie Feuer.

Als die Stomaschwester kommt, um das erste Mal die Platte zu wechseln, sehe ich, dass der Mund extrem flach ist, er schmiegt sich an meine Bauchdecke und spuckt ausschließlich dünne Flüssigkeit.

Selbst die Schwester hat große Mühe, die Wunde zu reinigen, das Stoma in den Griff zu bekommen, weil es unaufhörlich fördert. Ein Haufen Mullbinden, die sie auf das Stoma gelegt hat, ist binnen Sekunden vollgesaugt.

Sie pudert und versucht, die Wunde mit einem Schutzspray zu schützen, jedoch ohne Erfolg. Mir fällt sofort auf, dass die Haut sich rot färbt und fürchterlich schmerzt. Der Stuhl frisst sich wie Salzsäure durch meine Haut. Teilweise sehe ich rohes Fleisch, das so brennt, wenn der Mund sich erneut entleert, dass ich es kaum noch aushalten kann. Ich bitte die Stomaschwester um Hautschutzringe, die mir ein wenig Erleichterung bringen könnten, wenn die Flüssigkeit nicht darunterläuft.

Ich habe das Gefühl, dass die Stomaversorgung nicht gut sitzt, das Stoma ist konvex und ragt kaum über die Platte heraus. Es besteht keine Chance, dass der Stuhl nicht darunterläuft.

Ich bin so voller Schmerzmittel und so erschöpft, dass ich immer wieder einschlafe. Wenn ich aufwache, habe ich das Gefühl, stundenlang geschlafen zu haben, der Blick auf die Uhr gegenüber von meinem Bett verrät jedoch, dass nie mehr als dreißig Minuten vergangen sind. Ich bin dankbar für die Schmerzmittel, die mir nach Wunsch durch einen zentralen Katheter gespritzt werden und augenblicklich wirken. Wenn ich mich übergeben muss, bekomme ich sofort eine Infusion, die mich mit Wasser versorgt. Mit dem Surren der Maschine, die meine Vitalfunktionen überprüft, schlafe ich wieder ein, diesmal richtig.

Am frühen Vormittag kommt der gut gelaunte Pfleger und schiebt mich auf mein Zimmer und ich bin erneut froh, dass ich mir die Luxusstation leisten kann.

Das Personal ist unglaublich aufmerksam, von der Reinigungskraft, die mir verspricht, mir mein türkisches Lieblingsgericht zu kochen, wenn ich wieder essen kann, bis hin zu den Pflegern, Schwestern und Ärzten, die mich liebevoll umsorgen.

Die Drainagen schmerzen bis tief in die Rippen und ich kann nicht richtig atmen. Das Kopfende habe ich bis zum Anschlag hochgestellt, damit die Narbe nicht auch noch zu pochen anfängt. Wenn ich mich nicht übergebe, schlafe ich beim Fernsehen ein. Der ZDF-Infokanal läuft in Dauerschleife.

Ich werde gewaschen, mit Eukalyptus eingeschmiert, nicke wieder weg. Fieber wird gemessen, das immer noch alarmierend hoch ist.

Am nächsten Tag kommt mich meine Tochter besuchen, ich gehe das erste Mal ein paar Schritte im Zimmer und fühle mich trotz aller Anstrengungen gut. Mein Geruchssinn ist noch überdimensionaler geschärft als vorher. Der Geruch nach angebratenem Fleisch aus der Küche lässt mich ständig würgen.

Marie hat mir Zitronenöl mitgebracht, dass sich langsam durch die Luft frisst. Es ist der einzige Geruch, den ich ertragen kann.

Da ich mich seit Tagen übergeben muss, messen die Schwestern mittlerweile jeden Milliliter, den ich in eine Plastiktüte spucke. Mein Arzt rät mir zu einer Magensonde. Die Vorstellung, dass er mir den Schlauch bei vollem Bewusstsein durch die Nase sticht, hält mich noch zwei Tage davon ab, diese Prozedur über mich ergehen zu lassen.

Doch dann gebe ich nach. Ich soll tief einatmen und die Augen schließen, und siehe da, binnen ein paar Sekunden ist der Schlauch in meiner Nase und die Übelkeit wie weggeblasen. Jetzt läuft die Flüssigkeit automatisch aus meinem

ANJA

Magen durch den dünnen Plastikschlauch in eine Tüte, die links neben meinem Bett hängt.

Am Abend werden die Drainagen und der Katheter gezogen, und ich bin dadurch fast schmerzfrei. Nur das Stoma spielt verrückt und die Haut ist nach wie vor entzündet.

Ich schaue der Schwester zu, wie sie verzweifelt versucht, die Flüssigkeit daran zu hindern, sich auf meiner Haut zu verteilen, während sie die Versorgungsmaterialien austauscht. Das kann zu Hause ja heiter werden.

Mittlerweile gehe ich schon allein auf die Toilette und langsam den Flur rauf und runter, der seitlich eine Art Ballettstange zum Festhalten hat.

In ein paar Tagen kann ich das Krankenhaus verlassen und habe deshalb einen Termin mit der Ernährungsberaterin gemacht. Die Zeiten, in denen ich alles essen konnte, wonach mir war, sind vorbei.

Ich muss nun unbedingt Lebensmittel zu mir nehmen, die den Stuhl eindicken. Also Bananen, Kartoffeln, Nudeln, Käse, Haferflocken und Weißbrot. Kleine Mahlzeiten, dafür aber über den Tag verteilt mindestens fünf.

Sie gibt mir noch einen dicken Stapel Lesematerial für zu Hause.

Am Donnerstag holt mich meine Tochter aus dem Krankenhaus ab, sie hat sich in den letzten Tagen abwechselnd mit Mina um die Hunde gekümmert.

In der ersten Nacht im eigenen Bett verliere ich das Stoma, weil es wieder unterlaufen ist, und wache in einem von Stuhl durchtränkten Laken auf. Panisch rufe ich nach Marie, die im Gästezimmer schläft.

Ich schäme mich fürchterlich und presse ein Handtuch auf das Stoma, während mein Kind das Bett neu bezieht und mir gut zuredet, dass das alles halb so schlimm ist.

Mir laufen die Tränen über das Gesicht, so schrecklich leid tut mir meine Tochter. Sie sollte sich noch nicht um ihre Mutter kümmern müssen, ich bin erst vierzig, keine achtzig.

Ich wechsle die Platten, befestige die neue Auffangtüte und schlafe ein.

Am nächsten Tag kommt der Pflegedienst, der von der Krankenkasse genau dreißig Minuten Zeit für mich genehmigt bekommen hat. Dreißig Minuten – entweder, um mir beim Duschen behilflich zu sein oder Lebensmittel einkaufen zu fahren oder sich um den Haushalt zu kümmern. Dreißig Minuten dreimal die Woche genehmigt für die nächsten zehn Tage. Aber ich habe es zuvor ja auch schon alleine geschafft, es wird wieder gehen.

Mir ist immer noch so übel, dass selbst ein Stück Banane in meinem Mund so zäh wird, dass ich es nicht hinunterschlucken kann.

Das Mittel, das ich dagegen nehmen kann, macht leider sehr schläfrig. Ich habe also die Wahl zwischen Schlafen und Übergeben.

Später verbringe ich ein paar Minuten im Garten und schaue den Blättern beim Tanzen im Wind zu.

Die Tage fliegen dahin. Das Stoma wechsle ich nur dann, wenn ich seit Stunden nichts gegessen oder getrunken habe.

ANJA

Anders würde ich eine halbe Stunde damit verbringen, Dutzende Mulltücher darauf zu legen, bis es sich beruhigt hat. Ich pudere, forme die Hautschutzplatten wie Knete rund um den Mund, selten passiert mir noch ein Missgeschick. Mit jedem Tag kehrt die Kraft ein wenig zurück.

An einem sonnigen Tag etwa eine Woche nach der Operation fangen plötzlich die Hunde an zu bellen und wie Gummibälle an der Tür hochzuhüpfen. Durch das Fenster sehe ich, wie Maries schwarzes Auto in der Einfahrt parkt. Und ich falle aus allen Wolken, als Mina plötzlich aussteigt. Ich greife noch schnell nach meiner Strickjacke und eile hinaus.

„Überraschung", jubelt Mina, die sofort merkt, dass ich zwar gerührt, aber verunsichert bin, und mir schwant, es wird ein Abenteuer.

Mina

Es ist eine dieser Nächte, in denen ich zu viele Dinge in meinem Kopf habe und sie nicht hinausbekomme, egal wie viele Schafe ich zähle und sattle. Es ist Sommer 2016 und noch immer befinden wir uns in einem Krieg. In dem Kampf gegen die Krankheit und dessen Begleiter.

Natürlich haben es einem einige Ärzte und Schwestern prophezeit, dass es ein Auf und Ab geben kann. Dass man sich mies fühlen kann, obwohl man schon so viele Etappen geschafft hat. Dass man am Rande seiner Kraft immer noch versucht, den Kummer wegzulächeln, und seinem Umfeld nicht zeigen will, wie sehr man am Ende ist. Keiner weiß, was in einem Menschen wirklich vorgeht, der Krebs hat.

Ich werfe mich auf der Matratze umher, fühle in meinem Herzen, wie es Anja zurzeit gehen muss. Sie duckt sich immer noch vor Kugelhagel und Kanonengeschossen auf dem Schlachtfeld. Wie kann ich nur helfen? Die ständige Übelkeit durch das Dünndarmstoma bringt sie schier zur Verzweiflung, saugt ihr die Lebenskraft aus und erstickt jegliche Leichtigkeit, die sie nötig hat, um zu gesunden.

Ich seufze, schaue auf die Uhr, deren Sekundenzeiger zäh voran tickt. Nur zu gut kann ich mich an den Zustand erinnern, als ich solche Schmerzen hatte und so müde war, dass ich einen Sport daraus machte, mich zu bemitleiden. Zum Glück schaffte ich es, diese Phasen auf höchstens zwei Tage zu begrenzen, aber mein Weg war wohl auch nicht der schwerste, den ein Krebspatient gehen muss. Trotzdem war es kein Spaziergang und

ich sauste dann und wann talwärts, und das in einem Affen-
zahn. Ich hatte einmal gelesen, dass Patienten einer tödlichen
Krankheit an der gleichen posttraumatischen Belastungs-
störung leiden wie Opfer von Gewalt oder einem schweren
Unfall. Irgendwie verständlich. Denn man steht allein durch
die Diagnose unter Schock und es wird so einiges mit dem
eigenen Körper veranstaltet, was sich der eigenen Kontrolle
entzieht und auch, wenn es dem Heilungsprozess dient, nicht
ohne ist.

Also: Wie findet man Stabilität und Zuversicht in diesem
Chaos? Wo sind die Botschaften aus dem Bauch heraus, die
man jetzt nötig hätte?

Ich knipse das Licht an und beginne eine Liste vorzubereiten, die uns helfen soll. Eine Liste mit schönen Gedanken,
Zielen und ganz viel Liebe. Und ich bestelle Anjas Lieblings-
buch *Jenseits von Afrika* im Internet.

Denn ich bin wild entschlossen, mich so lange in Optimismus zu wickeln, bis er uns beiden perfekt passt. Wie ein
lange erträumtes Ballkleid für den Schulabschluss, das einer
Krönung würdig ist.

Einige Tage später habe ich auf der Fahrt zu Anja nicht nur
einen Plan im Gepäck, sondern auch eine megacoole Überraschung. Anjas quirlige Tochter Marie hat mir geholfen, sie zu
verwirklichen, und transportiert nicht nur mich, sondern auch
das schrägste Lastenfahrrad der Welt auf einem Anhänger zu
Anjas Haus. Es ist pink, hat vorne zwei kleinere Räder und dazwischen eine Art Bank, auf der ich Anja umherkutschieren

kann. Und das alles Dank gekonnter Schweißtechnik eines Experten aus der Familie und viel Kreativität.

„Super, Anja wird ausflippen", quietsche ich begeistert, als wir rückwärts auf dem Hof einparken.

„Frische Luft ist das Beste, was ihr jetzt passieren kann", stimmt Marie mir zu und stellt grinsend den Motor ab.

Ich kann die beiden Hunde schon bellen hören, als ich aussteige und zur Tür des kleinen roten Hauses eile. Anja soll unbedingt die Augen verbunden bekommen, bevor ihr der Blick auf die rosa Klapperkiste gewährt wird.

„Hallihallo!" Die Tür öffnet sich viel zu schnell, als hätte sie schon auf uns gewartet. Dabei hatte ich mich doch gar nicht angekündigt. „Überraschung!", rufe ich, stolpere über Hundehintern, die um mich herumwackeln, und drücke meine Freundin einmal sacht an mich. Vage nehme ich den Stomabeutel unter ihrem T-Shirt wahr.

„Hey, super siehst du aus", meint sie, als ich etwas Abstand nehme. „Du hast ja total abgenommen." Ich hebe die Augenbrauen und frage mich, ob sie selbst schon mal in den Spiegel geguckt hat.

„Du bist viel dünner als ich." Meine Fingerspitzen tanzen über ihren Beckenknochen, der über dem Bund ihrer Jogginghose hervorguckt. Nur ein bisschen, aber es reicht, um meinen Magen vor Beunruhigung summen zu lassen.

Ich dränge das Gefühl zurück, wedle mit einem dunkelblauen Seidentuch, das ich aus meiner Jeanstasche zaubere. „Du musst jetzt ganz tapfer sein", sage ich ernst und fixiere sie mit einem Blick, der keine Widerrede zulässt. „Ich werde dir die Augen verbinden und dich um die Ecke bringen."

Ihre Hand fliegt einmal kurz an ihre Lippen und sie wird blass. „Ähm, ich meine im Sinne von ‚manövrieren'. Nur dort rüber zum Parkplatz, du weißt schon", beeile ich mich, das Bild geradezurücken. Anja sagt nichts und ich frage mich, ob ich Marie zu Hilfe holen sollte, die sich beim Auto versteckt.

„Alles okay?" Ich lasse das Tuch wieder sinken. Vielleicht sollten wir die Überraschung lieber verschieben? Überraschungen sind ja bekanntlich nicht jedermanns Sache.

„Nur die Übelkeit, geht schon wieder", meint sie dann tapfer und lässt sich von mir die Sicht nehmen.

Ich grinse wie bescheuert, während ich sie zum Anhänger führe, und kann meine Euphorie kaum zügeln. Marie hat das Fahrrad-Ungetüm mit bunten Ballons geschmückt und hält Seifenblasen bereit. Sie sieht genauso gespannt aus, wie ich mich fühle, und fährt sich immer wieder nervös durch ihr vom Wind gezaustes rotes Haar.

„Also, bei drei nehme ich die Binde ab", verkünde ich und positioniere Anja direkt vor dem Anhänger. „Eins, zwei … Tadah!" Das Tuch segelt zu Boden, Anjas Augen weiten sich und ich halte die Luft an. Komm schon! Bitte sei begeistert …

Sie braucht einen Moment, um zu erkennen, wofür unser exklusives Fahrrad eigentlich gut ist. Ihre Miene hellt sich Stück um Stück auf wie die Sonne, die in diesem Moment durch die Wolken bricht und unsere Nacken wärmt.

„Geil." Seifenblasen schweben umher, machen den Moment zu etwas Zauberhaftem und Unvergesslichem. „Ihr seid ja verrückt."

„Ein bisschen", antwortet Marie und zeigt eine Maßeinheit, die gar nicht so klein aussieht.

„Na, da bin ich ja mal gespannt, wie lange ihr es durchhalten werdet, mich durch die Gegend zu kutschieren", haucht Anja fröhlich.

Ich lächle, sie hat wirklich keine Ahnung, was für ein Fliegengewicht sie zurzeit ist. Das müsste ein Kinderspiel werden.

„Mach dir mal keine Sorgen, das schaffe ich stundenlang und sogar bergauf", behaupte ich also und lache dennoch etwas unsicher, da ich die unsportlichste Person unter der Sonne bin. Bei Marie sieht das vielleicht ganz anders aus. Wir drei nehmen uns in den Arm. Für einen Moment ist die Welt in Ordnung und ich freue mich auf den Nachmittag zu zweit mit Picknick und Hundespielen am See. Marie hat noch andere Pläne, die keinen Aufschub dulden.

Ich muss zugeben, was das Fahrradfahren angeht, da bin ich tatsächlich aus der Übung. Zum einen hapert es etwas an der Koordination und meine Oberschenkel brennen bereits nach kurzer Zeit von der ungewohnten Belastung.

„Hach, ist das schön heute. Das könnte ich den ganzen Tag machen", zwitschert Anja und linst unter ihrem Sonnenhut zu mir nach hinten. Ich lächle honigsüß, bemüht um einen nicht zu angestrengten Gesichtsausdruck, und lenke in den Feldweg zum Wald hinein.

„Ja, das ist der perfekte Tag." Wären nur die ganzen Pollen nicht in der Luft. Hatschi. Esta und Kimo laufen an der Leine neben dem Rad her. Das Ganze haben die beiden Terrier unglaublich schnell kapiert und halten genügend Abstand zu den Rädern. Zumindest seitdem sie Bekanntschaft mit ihnen gemacht haben, als ich kurz nicht aufgepasst habe.

„Hast du schon Hunger?", frage ich und weiche einem Schlagloch aus.

„Hunger? Was ist das?", stellt sie mir die Gegenfrage. „Ich fürchte, dieses Gefühl wurde mir zusammen mit dem Dickdarm herausoperiert. Appetit übrigens auch."

„Och, ist das jetzt positiv oder negativ?", frage ich eher mich selbst. Ich meine, so eine Topmodelfigur wie Anja sie zurzeit hat, kommt nicht von allein. Aber keinen Bock mehr auf Pizza zu haben, stelle ich mir tragisch vor. Ich habe durchaus bemerkt, dass Anja auf Gerüche sehr sensibel reagiert. Besonders wenn es um Fleisch geht, was die Hundefütterung zu einer Mammutaufgabe werden lässt, wenn man jedes Mal neben den Napf kotzen könnte.

„Aber wenn du eine Pause brauchst, wir können auch im Wald picknicken", schlägt sie vor.

„Quatsch. Ich und Pause." Ich lache und huste.

„Wir warten mit dem Picknick, bis wir beim See sind." Vielleicht kommt der Appetit ja beim Essen? Die Menüauswahl habe ich sehr gut überlegt zusammengestellt.

Grundsätzlich muss man bei einem fehlenden Dickdarm darauf achten, dass eine leichte Kost verzehrt wird. Die Verdauung von Pflanzen und schwer spaltbarer Stärke ist nun sehr erschwert, was vor allem rohes Gemüse, Körner und Samen zum No-Go macht.

„Na gut, wie du willst. Ich glaube die Hunde wären auch sehr traurig, wenn sie jetzt schon anhalten müssten."

Anja hält die Hände in den Wind, ich frage mich derweil, ob man Terrier wie Huskys vors Rad spannen könnte.

„Ich habe superschöne Bananenbowls gemacht", japse ich und donnere etwas zu schnell um die nächste Kurve. Anja quietscht und lacht. Ein wundervolles Geräusch.

„Das hört sich gut an. Bananen sind eines der wenigen Dinge, die ich bei mir behalte."

Ein Hoch auf diese Frucht! Neben gekochten Kartoffeln, Reis, Haferflocken und geriebenem Apfel ist es unser rettendes Superfood. Auch super sind quellende Lebensmittel wie Flohsamen, Weizenkleie, Haferkleie und Pektine.

„Und ich habe Granatapfeltee." So was von selbst gemacht aus getrockneten Früchten. Denn leider sind viele frische Obstsorten tückisch und müssen zurzeit gemieden werden. Genau wie alle Lebensmittel, die Blähungen verursachen. Dazu gehören Kohlsorten, Hülsenfrüchte, Pilze, Salat, Rohkosterbsen, Bohnen, Paprika, Bohnen, Gurken, säurehaltige Dinge und kohlensäurehaltige Getränke.

„Na, da bin ich mal gespannt." Anja dreht sich wieder zu mir um, zwinkert und erinnert mich an die Unberechenbarkeit ihres Bauches.

„Wird schon alles gut gehen." Es ist wirklich verzwickt. Ob gesund oder nicht, die Ernährung ist immer ein wichtiges Thema. Und unser Körper immer noch ein verflixtes Mysterium, zu dem jeder Ratgeber eine andere Meinung hat.

Während ich so in die Pedale trete, denke ich über Nahrung nach. Und ich meine Nahrung im Sinne von Leib und Seele nähren. Denn oft sind wir alle viel zu sorglos, was wir in uns hineinschaufeln. Als ich auf dem Weg der Besserung war, beschäftigte ich mich viel mit basischer Ernährung. Und ehrlich, lange fühlte ich mich nicht mehr so sehr in den Naturkundeunterricht in der Schule zurückversetzt. Essen und Biochemie sind eine Wissenschaft für sich.

Hier die Kurzform: Der Körper möchte einen neutralen pH-Wert haben, der bei ungefähr 7 liegt. Daran arbeitet er die ganze Zeit und wir sollten ihm dabei helfen. Denn für unsere Gesundheit sollte unser Körper leicht alkalisch sein und das unterstützen wir mit basischer Ernährung, bestehend aus allem, was Anja zurzeit nicht darf. Grünes Blattgemüse, Sprossen, Weizengras, Brokkoli und so weiter. Toll sind zum Beispiel auch grüne Smoothies mit Spinat und Gurken.

Umso mehr tierische Produkte, Zucker, verarbeitete Speisen und Stärke wir uns einverleiben, desto saurer wird unser Milieu. Und das im doppelten Sinne, da wir damit unseren Organismus ganz schön ärgern können.

„Ich kann es kaum erwarten, bis ich dich mal mit meinen Vitaminbomben füttern darf", überlege ich. Wann wird das sein? Nach ein paar Monaten, wenn sich der Verdauungstrakt auf die neue Situation eingestellt hat? Oder nach Jahren?

„Du meinst deinen flüssigen Sonnenschein, von dem du gesprochen hast? Genannt Smoothies?"

„Wie hübsch sich das anhört."

Basische Lebensmittel versorgen die Zellen mit Sauerstoff, Enzymen, Mineralien Chlorophyll, ein blutbildender Farbstoff, der die Durchblutung verbessert und Entzündungen lindert. Kurzum, er wirkt den freien Radikalen entgegen, die schädlich für uns sein sollen.

„Ja, aber Snickers hört sich auch toll an. Zumindest früher einmal", erinnert sich Anja.

Was sich jetzt nicht so gut anhört, ist das Kläffen der Hunde, als uns jemand auf dem sich windenden Waldweg entgegenkommt. „Scheiße", hauche ich, als ich erkenne, was die beiden so aufregt. Ein Jogger mit einem Setter hält auf uns zu. Und der Hund ist nicht angeleint und so leichtsinnig, sich unseren Tieren vollkommen distanzlos zu präsentieren.

Ich trete in die Bremse und freue mich kurz darüber, dass wir drei Räder haben und nicht so leicht umfallen können. Bis zu dem Moment, als der fremde Köter auf Esta zuspringt. Ich schnappe nach Luft, komme ungelenk zum Stehen. Anja stößt einen erstickten Schrei aus und versucht, ihre Hunde zu bändigen. Apropos freie Radikale, für einen Moment bete ich, wir erleben hier nicht gleich eine Raubtierfütterung der besonderen Art.

„Der will nur spielen!", ruft der hagere Jogger und ich denke: Ja, du mich auch.

„Holen Sie ihn zurück!", antwortet Anja gereizt. Der rote Setter entgeht knapp dem Kiefer von Kimo, der sich ganz eindeutig in die Enge gedrängt fühlt und sich zu meinem Bedauern auch noch in der Leine verheddert.

„Comanche! Bei Fuß." Nun gerät der Jogger auch ein wenig in Panik, weil sein Hund nicht reagiert und sein Nackenfell bedenklich sträubt. Dabei verliert er einen ungesunden Energieriegel mit künstlichen Süßstoffen.

Das fehlt jetzt noch, dass wir Zeuge eines Massakers werden. Denn Esta und Kimo sind zu zweit, Mutter und Sohn, Herz und Seele, die sich zu Recht in der Falle fühlen, als das freche Setterchen sie jetzt laut ankläfft.

Ich hechte todesmutig dazwischen, Anja hat Kimo auf den Arm genommen und ich mache mir Sorgen um das Stoma. „Wenn Ihr Hund nicht auf Sie hört, sollten sie ihn nicht frei laufen lassen", motze ich etwas zu scharf.

„Wenn Ihre Hunde nicht sozialisiert sind, sollten Sie die nicht mit rausnehmen", entgegnet der.

Wie meinen? Ich verschlucke mich an meiner eigenen Spucke und Anja wird zum Rammbock.

„Na, Sie sind ja wohl die Impertinenz in Person. Bewegen Sie sich immer auf so dünnem Eis? Eine Anzeige wegen Verstoß gegen den Leinenzwang in Wäldern ist Ihnen sicher. Sie sind entweder nicht informiert oder dreist. Schade, dass man Frechheit und Dummheit nicht auch unter Strafe stellen kann." Der Duft ihres Zitronenöls, das sie gegen ihre Übelkeit auf ihre Haut geschmiert hat, weht mir entgegen und ich unterstreiche ihre Aussage mit einem herzhaften „Genau!".

Endlich hat der Mann seinen Hund zu fassen bekommen und zieht sich vor sich hin murmelnd zurück. Ich stehe etwas unsicher neben unserem pinken Gefährt und denke über Begegnungen der dritten Art nach. Esta und Kimo beruhigen sich wieder, konzentrieren sich darauf, ihr Frauchen, das jetzt sichtlich erschöpft auf dem Sitz zurückfällt, zu schützen und dem aufdringlichen Setter samt Anhang nachzugucken.

Ob sich unsere Zellen ähnlich angegriffen fühlen, wenn sie mit Junkfood konfrontiert werden? Und ob wir quasi selbst zu Müll werden, wenn wir nur Müll essen?

„Gut, dann geht es mal weiter", murmle ich und stoße mir das Knie empfindlich an der Fahrradstange. Autsch.

Wir fahren eine Weile wortlos durch den schönen Wald und ich fülle meine Lungen tief mit frischer Luft.

„Du bist, was du isst", sinniert Anja nach einer Weile. „Was genau bin ich dann eigentlich? So als Ballaststoffvertilger?"

„Gute Frage. Eine solide Persönlichkeit?"

„Und was bist du?"

„Die Inkonsequenz in Person." Ich schaffe es einfach immer noch nicht, die schädlichen Dinge wie Kaffee und Zucker aus dem Hals zu lassen. Ich bin süchtig nach Koffein und Schokolade und mein innerer Schweinehund ist ein Riesengetier in Maßanzug und Ringelsocken.

Ich weiß genau, dass ich besser grünen Tee als Koffeinquelle nutzen sollte, aber der schmeckt mir einfach nicht. Wobei alles eine Gewöhnungssache ist und ich früher auch Kaffee nicht mochte. Immerhin habe ich mich von Energydrinks entwöhnt, das ist ja auch schon mal was.

Und ich esse nichts mehr, was schon von der Industrie fertiggestellt wurde und nur noch in die Mikrowelle muss. Ich meide raffinierte und konservierte Lebensmittel und auch Tiefkühlkost habe ich zu einem großen Teil Lebewohl gesagt. Was auch sehr ungesund ist, sind die ganzen Light-Produkte, aber das ist ja kein Geheimnis.

Es gibt Leute, die diese Stoffe mit Nervengiften vergleichen, krass, oder?

Wir erreichen den See und ich kann es kaum erwarten, meine Füße ins kühle Nass zu stecken. Der Ritt war doch anstrengender als gedacht. Wir hören leise Musik aus unserer Kriegerplaylist, aber nur die sanften und ruhigen Songs, und legen uns auf die Patchworkdecke von Anjas Oma. Im Hintergrund singen die Vögel und die Hunde holen unermüdlich Stöckchen und ihre Gummibälle.

„Hach, irgendwie ist es doch gerade herrlich, oder?", frage ich nach einer Weile und blinzle zu Anja hinüber.

„Ja, ein bisschen schon." Sie schaut aufs Wasser hinaus. Eine Entenfamilie schwimmt unweit der Seerosen, wir sind beinahe allein hier in der Natur.

„Ein bisschen? Ich finde, viel besser geht es gar nicht."

„Doch, ein größerer See, ich mit Surfbrett unter dem Arm und Energie im Körper wie mit dreizehn."

„Mh." Das bringt mich auf mein Vorhaben und ich krame meinen Block samt Stift aus der Tasche.

„Wir machen jetzt eine Wunschliste", kündige ich an und schreibe den ersten für Anja auf. Reise nach Afrika mit einer Person ihrer Wahl, was nicht zwangsläufig ich sein muss, denn ich reise gar nicht so gerne. Und ich habe ziemlich viel Angst vor Löwen.

„Und ab hier wird strikt auf diese Ziele hingearbeitet", bestimme ich einfach. Anja hebt ihre Augenbrauen. „Ich bin schon froh, wenn ich mich mal nicht übergeben muss."

Ich fühle mich etwas ausgebremst und zaubere mein nächstes klitzekleines Geschenk hervor.

„Pack aus", fordere ich sie auf und sie schmunzelt über das Weihnachtspapier, in dem es verpackt ist.

„Du sollst mir nichts schenken, das weißt du."

Ihr Mund verzieht sich für einen winzigen Moment zu einem Schmollen. „Wie soll ich das denn jemals wiedergutmachen, wenn du ständig so lieb bist."

Ich zucke die Achseln. „Ich kann dich ja demnächst mal mit irgendwas ärgern, wenn dir das lieber ist." Die Sonne verfängt sich in ihrem dunklen Haar, lässt kleinste Lichtblitze über ihr Gesicht tanzen und ich lehne mich entspannt auf der Decke zurück, während sie das Papier aufreißt.

„Ein Afrika-Reiseführer", haucht sie überrascht und ich deute auf meine krakelige Schrift zu Punkt 1 auf der Liste.

„Das wirst du bald machen. Nach Afrika auf Safari fahren."

„Hoffentlich."

„Ganz sicher. Und ich werde einen Ausritt am Strand von Amrum machen, wie ich es schon seit Jahren vorhabe."

Das wäre Punkt zwei.

„Ich werde Herzen in den Sandstrand von Swakopmund malen", ergänzt Anja.

„Wo ist das denn?", wundere ich mich.

„Na in Namibia", lacht Anja.

„Ich werde in einer Igelauffangstation in die Lehre gehen und Igelkinder mit der Flasche aufziehen", führe ich fort.

„Ich werde Kitesurfen und Pinguine beobachten."

„Ich werde jedem erzählen, ich hätte Philosophie studiert, auch wenn es eine Lüge ist."

Anja kichert. „Du bist verrückt."

„Besser verrückt als verstellt."

Unsere Liste wächst und liest sich nach einer halben Stunde wirklich wunderbar.

Einen Bestseller schreiben
Katzen und Hunde aus dem Tierheim adoptieren
Eine ordentliche Party mit allen Kollegen feiern und
jedem erzählen, man hätte ein Jahr auf der ISS zu Recherche-
zwecken verbracht
Einen Schmetterlingsbaum pflanzen
Einen Song schreiben, zumindest den Text
Zusammen mit unseren Vätern Whisky trinken
Mit den Töchtern um die Häuser ziehen und nostalgisch
werden.
Arielle die Meerjungfrau gucken, aber nur die Disney-Version
Eine eigene Schmuckkollektion erstellen
Ein Insektenhotel bauen
Mit Mama auf die Buchmesse gehen

Als wir von unserem sportlichen Ausflug zurück sind, ich total verschwitzt, Anja total müde, muss Anja leider noch eine andere To-do-Liste abarbeiten, denn egal, wie kacke man sich oft fühlt während des Heilungsprozesses, die Arbeit wartet nicht und Jobs müssen erledigt werden. Und gerade als Literaturagentin muss alles auf den Punkt genau fertiggestellt werden.

„Ach, Mina. Ich hab gar keine Kraft, vielleicht sollte ich einfach alles hinschmeißen", fragt sich Anja.

Die Leichtigkeit von eben ist dahin.

„Das würdest du bereuen", antworte ich. Schließlich weiß ich aus Erzählungen, wie schwer es war, sich gegen die Konkurrenz durchzusetzen, sich bei Verlagen zu etablieren und gute Pferde in seinen Stall zu bekommen.

„Ich weiß", sagt Anja leise und schlendert in ihr Büro. Tapfer folge ich ihr, weiß ich doch, worum es heute geht, und stelle ihr eine Karaffe mit frischem Wasser hin. Die Buchhaltung muss gemacht werden. Abrechnungen müssen sortiert, Quittungen gestapelt und neue Rechnungen gestellt werden. Alles Dinge, die mir mal so gar nicht liegen, deshalb bin ich auch raus und werde mich um andere Dinge kümmern. Zum Beispiel darum, die Küche aufzuräumen und ein paar aufmunternde Kalendersprüche zum Besten zu geben, damit Anja nicht den Mut verliert beim Papierestapeln.

„Ich hab dir das Wasser für die Badewanne angestellt, Herzchen", lässt sie mich wissen, als sie nach einer kleinen Pause aus dem Bad von oben kommt. Sie zwinkert, ich schnuppere an mir. Esta niest, als wolle sie mir zustimmen, dass ich rieche wie ein Iltis.

Im nächsten Moment klingelt das Agenturtelefon und Anja hechtet zurück ins Büro. Ich lausche, fröhliches Geplänkel wird zu einem ernsten Ton und ich frage mich, wer das sein mag?

Wenig später legt sie auf, telefoniert erneut, legt wieder auf, wählt eine neue Nummer. Hektik bricht aus.

„Ist was passiert?", will ich wissen, während ich vorsichtig meinen Kopf in die heiligen Hallen stecke. Mann, ist das hier ordentlich trotz Buchhaltungschaos, einmal mehr bin ich neidisch auf ihre Fähigkeit zu strukturieren. Und überhaupt, so sorgsam und effizient zu arbeiten, trotz der schlimmen Krankheit.

Sie war sogar auf der letzten Buchmesse in Leipzig und eilte mit Stoma am Bauch von Termin zu Termin. Und ganz ehrlich, das ist eine Höchstleistung, denn wer diese Messen kennt, der weiß, wie es dort aussieht. Für mich und meine Reizfilterschwäche ist es eine echte Herausforderung und fast jeder, der den Marathon aus Spaß, Erlebnis und beruflichen Verhandlungen und Vorstellungsrunden überstanden hat, ist zumindest danach schnupfenkrank. Viele bekommen sogar Grippeinfekte, weil es einfach anstrengend ist und so viele Leute auf so engem Raum zusammenkommen und Viren ungehindert weitervererben können.

„Das kann man wohl sagen", antwortet Anja, während sie sich auf den Schreibtischstuhl niederlässt. Okay, denke ich mir, ihr Grinsen passt auf jeden Fall nicht zu einer Vollkatastrophe.

„Verrätst du mir auch, was?", hake ich nach und lehne mich in den Türrahmen. Sie grinst noch etwas breiter, ihre Wangen bekommen so richtig Farbe.

„Ich liebe meinen Job!", singt sie und klatscht in die Hände. „Das Projekt, von dem ich dir erzählt habe, es ist soeben in eine Auktion gegangen." Ich überlege kurz, wie immer bekam ich nur vage Informationen zu einem vielversprechenden Skript und eine kryptische Andeutung zur Thematik, also hatte ich eigentlich keinen blassen Schimmer.

„Geil." Das bedeutet sicher einen super Vorschuss für den glücklichen Autor des Werkes. Warum ist mir das eigentlich noch nie passiert? Wie ungerecht.

„Und ob, dieses Thema traf einfach so ins Schwarze und den momentanen Zeitgeist", freut sich Anja und ihre Freude steckt mich an. Das Telefon klingelt erneut, Anjas Hand schwebt über dem Hörer. „Jetzt muss alles gut durchdacht werden. Und das schnell, such mir mal bitte den Ordner M–N aus dem Schrank", dirigiert sie mich kurzerhand hinein. Er ist zuerst nicht auffindbar und ich brauch eine Weile, während Anja Details checkt und mich dann wieder vor die Tür setzt, um die glückliche Autorin zu beraten.

Wenig später sind die Weichen für einen super Abschluss gestellt, wir sind mittlerweile in der Küche gelandet, reden uns die Köpfe heiß und sind stolz auf unsere Freundin und Autorin. Und während ich müffelnd auf dem Stuhl sitze und wir mit einem Wässerchen symbolisch anstoßen, beginnt es mitten in der Küche zu regnen.

„Was ist das?", fragt Anja irritiert und legt den Kopf in den Nacken. Ich folge ihrem Blick und mein Herz setzt einen Schlag aus, als ich den dunklen, riesigen nassen Fleck an der Zimmerdecke sehe. Es tropft immer stärker, Wasser rinnt an den Wänden über der Küchenzeile hinunter.

„Oh, nein, Mina!", stößt Anja aus. „Ich dachte, du stellst es aus."

„Immer der, der es anstellt", keuche ich und bin schneller als sie die Treppe hinauf in Richtung Badezimmer. Das Wasser schwappt durch den Türschlitz, eine Welle schafft es in den Flur, als ich die Tür öffne. Es steht mir bis zu den Knöcheln, als ich zur Wanne wate und den Hahn zudrehe.

„Wer zum Teufel baut denn eine Badewanne ohne Überlaufventil?", kreische ich vollkommen außer mir. Anja befindet sich noch in einem Wechselbad der Gefühle und überlegt, ob sie einem Nervenzusammenbruch erliegen möchte.

„Ist so was überhaupt erlaubt?" Ganz ehrlich, so was macht man doch nicht? Jeder Idiot kann mal vergessen, das Wasser abzudrehen, allen voran ich! Und Anja.

„Es tut mir so leid", krähe ich und raufe mir die dunkelblonden Haare. Ich könnte ausflippen, meine Gedanken kreisen um Versicherungen, Handwerkerkosten und Baustellen. Das ganze Scheißlaminat würde hochkommen, Schimmel kann sich bilden. „Ah!" Ich reiße ein Handtuch von der Heizung, falle auf die Knie. Anja steht mit nassen Socken vor mir, ich kann sehen, wie ihre Hosenbeine sich mit Wasser vollsaugen, wie das Nass immer höher kriecht.

„Und ich dachte schon, ich könnte gleich in den Feierabend gehen", sagt sie und ich mache mir ernsthaft Sorgen. Ob sie unter Schock steht? Wahnwitzigerweise hallt mir ihr Tadel, dass ich nicht immer etwas schenken soll und viel zu gut zu ihr bin, durch den Kopf. Nun ja, das nennt man wohl universellen Ausgleich. In diesem glorreichen Moment habe ich mal ordentlich für Ärger gesorgt.

Vom Schwingenausbreiten und Davonfliegen

NOVEMBER BIS DEZEMBER 2016

Anja

Am 21. November 2016, dem Geburtstag meiner Schwester, vier Monate nach Minas und meinem Ausflug mit dem Lastenfahrrad, ist es so weit. Ich fahre mit dem Auto über die Autobahn ins Krankenhaus. Meine Tasche ist nur mit ein paar Sachen gefüllt. Der Ausblick auf fünf Tage auf der Luxusstation – der Station 7 – lässt mich unglaublich froh werden. Dann wird es weg sein, das Stoma, und ich werde ohne die Tüte leben, die so oft mein großer Hilfsanker war.

Das Leben mit dem Dünndarmstoma war schwieriger als das mit seinem Vorgänger. Ein ständiger Vulkan, den ich oft nicht in den Griff bekommen habe. Viele Handgriffe waren nötig, um seine Ausbrüche einigermaßen zu regeln. Aber nun fahre ich wie ein Cowboy in weiter Prärie dem Sonnenaufgang entgegen und habe plötzlich ein ungutes Gefühl. Ein Gedanke beschleicht mich: Liegt die wirklich schwierige Aufgabe noch vor mir? Ich habe schließlich seit über einem Jahr keine Toilette mehr benutzt.

Als ich die Station betrete, fällt mir als Erstes auf, dass der Flur mit einem grauen Teppich ausgelegt ist. Mein Zimmer ist groß und geräumig. Das Fenster zum Park wird abgedunkelt durch eine Außenjalousie. Ein kleiner Schreibtisch mit einem roten Ledersessel lädt zum Verweilen ein. Das Bad ist mit einem Dusch-WC ausgestattet. Luxus. Nichts an diesem Zimmer erinnert an ein Krankenhaus.

Trotzdem bin ich total aufgeregt. „Die Operation wird höchstens dreißig Minuten dauern", beruhigt mich eine der Schwestern und übergibt mir eine OP-Haube und ein Hemdchen. Ich hole noch einmal tief Luft, bevor mich ein gut gelaunter Pfleger aus dem Zimmer schiebt. Vielleicht, ja, vielleicht nehme ich ein letztes Mal den Geruch von Desinfektionsmittel wahr. Das wäre zu schön.

Dann geht alles furchtbar schnell. Die Narkose wird eingeleitet, ich sehe die ruhigen Augen des Anästhesisten, die mir Mut zusprechen, und höre noch, wie er mir ganz ruhig den Standardsatz aller Narkoseärzte zuraunt: „Denken Sie an etwas Schönes!" Ich lächle. Beinahe bin ich routiniert im Vorstellen von schönen Dingen. Ich sehe Wolken und einen alten Freund, der bereits auf mich wartet. Ace, mein lieber verstorbener Hund. Ich fühle mich so frei wie schon lange nicht mehr, blende die Geräusche und das geschäftige Treiben im OP-Saal aus. Ich laufe durch ein Feld von Kamillen- und Mohnblüten. Neben mir sitzt mein Ace, blickt beschützend zu mir auf und ich zähle bis drei.

Als ich irgendwann wieder erwache, liege ich auf der Intensivstation und eine nette Schwester mit wippenden Erdbeerohrringen streichelt mir über die Stirn, spritzt mir ein Schmerzmittel, das mich glückselig einschlummern lässt.

„Habe ich es endlich geschafft?", ist mein letzter Gedanke, und kurz noch streichle ich meine rechte Flanke, spüre, dass an der Stelle, an der über so viele Monate das Stoma war, nur noch ein weißes Pflaster ist.

Als ich wieder aufwache, schlägt mein Herz rasend schnell von innen gegen meinen Brustkorb und ich muss lachen und weinen zugleich. Im Leben träumte ich mich selten an weiße Strände oder an die Seite eines Hollywoodschauspielers, ich wollte keine berühmte Sängerin werden, sodass ich auf der großen Wünsch-dir-was-Liste noch Plätze frei hatte. Ist nun also mein bisher allergrößter Wunsch tatsächlich in Erfüllung gegangen? Ich kann es gar nicht glauben.

Mir fällt augenblicklich ein, dass der Geburtstagsgruß der älteren Menschen immer lautet: Ich wünsche dir Gesundheit. Und ja, ohne die ist das Leben nur ein Dahinsiechen. Ich habe nun Narben am gesamten Bauch, die mich immer wieder an das letzte Jahr erinnern werden, daran, dass es wichtig ist, an sich zu glauben, für sich zu kämpfen und an sich zu denken.

Neben mir atmet eine Frau sehr stark. Ihr Röcheln hält mich wach. Später erfahre ich, dass ihre Lunge komplett von Metastasen befallen ist und sie seit Jahren beatmet werden muss. Sie

sagt immer wieder den gleichen Satz: „Ich möchte nicht mehr!"
Ihre Stimme klingt sehr leise. Die Ärzte werden noch am selben
Tag das Beatmungsgerät abschalten. Ich bin schockiert, aufge-
wühlt, traurig und nachdenklich zugleich. Dennoch weiß ich,
dass ich dieses Zimmer lebend verlassen werde.

Es ist schon komisch. In der Mitte des eigenen Daseins an
Krebs zu erkranken, ihn zu überstehen, kann doch auch etwas
Gutes hervorbringen, jetzt verstehe ich es: zukünftig genau hin-
zuschauen, wie es weitergehen kann. Mit weniger Arbeit zum
Beispiel. Sich weniger zu einer Marionette machen zu lassen,
die an Drahtseilen festgehalten wird und die jemand anderes
tanzen lässt.

Früher arbeitete ich Listen ab, täglich von früh am Morgen
bis spät in die Nacht. Kein Wochenende hatte ich für mich.
Selten schlief ich bis nach 6 Uhr, um jedem gerecht zu werden.
Wie ein Hamster in seinem Rad strampelte ich mich ab.

Irgendwann kommen die Geschwister der Frau und stehen
um ihr Bett herum, um sich zu verabschieden. Die Stimmung
ist schwer, alles wird so leise. Es ist eine Stille, die trotzdem
dröhnt.

Als ich endlich auf die Station geschoben werde, fühle ich mich
plötzlich sehr geerdet. Gleichzeitig bin ich nervös. Wenn die
normale Ausscheidung nicht innerhalb der nächsten Tage ein-
setzt, bekomme ich ein neues Stoma. Und dann würde ich es
für immer behalten. Nach einem kleinen Anflug von Panik beschließe ich, meinen ganzen Optimismus zu sammeln. Denn
unter Stress kann niemand gut aufs Klo. Ich schaffe es aus dem

Bett, laufe selbstständig zum Speisebüffet, um mir einen Kaffee zu holen. Kaffee treibt, wenn das nicht hilft, was dann? Es bleibt weiter spannend. Der Stuhlgang lässt auf sich warten. Durch das Abführmittel ist mir so unglaublich schlecht, dass ich mich einmal mehr erbrechen muss. Der Chefarzt rät mir eindringlich zu einer Magensonde, damit mein Magen sich beruhigen kann – ich jedoch kann mich mit dem Gedanken, dass wieder ein Schlauch durch meine Nasenöffnung und den Rachen geschoben wird, nicht abfinden.

Am nächsten Tagen habe ich immer noch keinen Stuhlgang. Ich schaue meinen Armen und Beinen beim Aufquellen zu. Der Arzt kommt mehrfach in mein Zimmer und fragt: „Und, waren Sie schon auf der Toilette? Kam schon ein bisschen, wenigstens ein kleines bisschen raus?"

Ich bekomme ein Mittel zur Unterstützung der Darmaktivität gespritzt. Aber nix passiert. Vier Tage lang. Wer hätte gedacht, dass etwas so Profanes so schwer sein kann? Der besorgte Blick meines Arztes verrät mir, dass er nicht mehr lange warten kann, und meine Hoffnung auf ein normales Leben schwindet. So kurz vor dem Ziel soll ich also scheitern? Ich sehe mittlerweile aus wie ein aufgequollener toter Frosch und habe wahnsinnig starke Rückenschmerzen. Wieder muss ich ins MRT. Der Arzt steht mit der sinnbildlichen roten Karte vor mir. „Wenn Sie nicht innerhalb von 24 Stunden auf die Toilette können", sagt er, „bleibt uns nichts anderes übrig, als Ihnen ein dauerhaftes Stoma anzulegen." Ich habe wohl außerdem eine Eiteransammlung im Steißbereich, die für die Schmerzen in meinem Rücken verantwortlich ist. Für den Nachmittag ordnet er daher eine erneute Operation an, bei der mein Darm und dieser Bereich des Steißbeins durchgespült werden sollen.

Mit einem Mal packt mich so ein seltsames Gefühl. Die Idee, dass ich diese winzige Operation nicht schaffen werde. Keine Ahnung, warum. Es nagt an mir, saugt mich aus. Diese irrationale Empfindung versetzt mich dermaßen in Alarmbereitschaft, dass ich meine Familie und Mina anrufe. Meine Schwester bucht eilig einen Flug von Frankfurt nach Berlin. Meine Mutter holt sie direkt vom Flughafen ab und ich bete, dass ich sie noch einmal vor dem Eingriff sehen kann. Was ist bloß los mit mir?

Doch dann kommt der freundlichste Pfleger der Welt in mein Zimmer und verwickelt mich in eine politische Diskussion. Schon denke ich nicht mehr an das, was mir bevorsteht. Was ein Mensch voll positiver Energie bewirken kann, ist unglaublich. Seine Fröhlichkeit lässt mich vergessen, dass ich gleich das zwanzigste Mal Propofol bekommen und breitbeinig vor einer Truppe von Ärzten liegen werde, die mich von innen begutachten. Ich weiß, dass ich in guten Händen bin. Ich weiß, dass meine Familie und meine Freunde auf mich warten werden, wenn ich erwache.

Aber tief in mir fühle ich, dass ich keine Kraft mehr habe, innerlich so geschwächt bin, dass ich alles in Kauf nehme, was kommen wird. Ich frage mich, was ich hinterlassen würde, wenn ich jetzt ginge. Ich fühle keine Reue. Mir wird bewusst, dass ich alles erlebt habe, was ich erleben wollte. Ich habe aus vollem Herzen geliebt, so sehr, dass diese Liebe viele Jahre in all meinen Zellen wohnte und es schwer war, sie abzustreifen. Umso mehr, da seine Stimme aus allen Radios dieser Welt klang. Immer noch klingt. Jahrelang zerschnitt sie mich wie ein Blatt Papier, sobald sie aus dem Lautsprecher tönte. Blickte ich meine Tochter an, erkannte ich sein Gesicht, seine Züge, seine Wimpern, den Scheitel seines Haares und den Zug seiner Lippen, sein Kinn in ihrem. Das ist das, was bleibt. Ein Leben lang schauen wir in die Gesichter unserer Partner durch das schlafende Antlitz unserer Kinder. Und erkennen, dass es eine Liebe gibt, die nie vergeht. Die wir in uns tragen und für die wir ein Leben lang kämpfen. Die Liebe zu unseren Kindern.

Auch das durfte ich erleben: das berauschende Glück des Mutterseins.

Und ich habe wahre Loyalität erfahren, diese wichtigste Eigenschaft von Freundschaften, ein Immer-füreinander-da-Sein, wenn es drauf ankommt, ein Immer-anrufen-Können, ein Du-kannst-alles-Sagen, ein Ich-kann-*ich*-Sein. Besonders bei Mina.

Ich habe eine Mutter und einen Vater, die mich lieben, die es nur schwer ertragen werden, wenn ihre erste Tochter verstummt, unsichtbar wird, sich auflöst in kleinste Teile und ein Stück vom Universum wird. Aber der Kreis des Lebens schließt sich immer. Am Ende siehst du deine Hände alt werden, dein Körper wird kleiner, deine Haare fallen aus.

In den letzten Wochen hatte ich oft plötzlich dicke Strähnen in der Bürste. Mina behauptete, das sei völlig normal, nahm heimlich meine dunklen Haare aus den Borsten, drapierte sie an ihrer eigenen Bürste und präsentierte mir diese als Beweis. Aber ich wusste, dass sie lügt. Ihre Haare sind dunkelblond.

Der Anästhesist streicht mir über den Arm, erzählt mir von seinen Katzen und sagt seinen Satz: „Denken Sie an etwas Schönes!"

Ab hier ist alles verschwommen. Ich blicke in die Augen meines verstorbenen Großvaters, der in seinen Händen ein Stück Speck hält, von dem er eine Scheibe abschneidet. Er reicht es mir zusammen mit einem Stück Brot. Ich rieche das Essen und seine Haut, spüre die Berührung seiner Finger auf meinen Händen. Er lächelt und hat einen schelmischen Blick, mit dem er auch meine Großmutter immer angesehen hat, mit so viel Liebe. Ich habe seinen Verlust nur schwer verwunden. An dem Tag, an dem er starb, konnte ich ihn noch einmal sehen, in der Klinik in Schwerin. Ich bekam keine Luft, stand vor dem Eingang der Intensivstation und weinte, sodassman mich zu ihm ließ. Ich hatte jede Ferien bei meinen Großeltern verbracht, selbst mit dreizehn Jahren noch zwischen ihnen geschlafen. Nun lag mein Großvater vor mir, auf einer Liege, bedeckt mit einem dünnen Laken. Ich wollte ihm noch so vieles sagen. Und plötzlich schlug die Maschine, an die er angeschlossen war, Alarm, sein Herz schien zu rasen, seine Lider zuckten. Die Schwestern kamen und sagten, ich müsse gehen. Und ich ging, und sah ihn nie wieder.

Vielleicht möchte ich auch deswegen in diesem Moment bei ihm bleiben, in dieser Zwischenstufe, in der ich ihm so nah bin. Und dann erblicke ich meinen ersten Hund, Ace, den ich einschläfern musste und den ich schmerzlich vermisse. Er sieht mich an, ich rieche sein Fell, greife nach seinem Köpfchen, küsse es. Er legt sich zu mir, wie er es immer getan hat, an meinen Bauch, und ich will einfach nicht mehr aufwachen. Möchte diesen Augenblick tiefster Nähe nicht verstreichen lassen.

Ich bin den Verstorbenen näher als den Lebenden. Ich schwebe in vollkommener Leichtigkeit, kann alles loslassen, den Schmerz, das Dahinsiechen. Kein Tunnel und kein Ende mit Licht erfüllt, sondern nur dieses wohlige Umschmelzen meines Körpers. Bilder, die wie bunte Bruchsteine eines Kaleidoskops kurz aufflackern, und dann höre ich meine Schwester schreien.

Ich wache auf mit all diesen Bildern im Kopf und höre meinen Arzt sagen, dass er sich wirklich Sorgen um mich gemacht hat. Ich denke: Wo ist meine Schwester? Ich will meine Schwester sehen. Ist sie da?

Und dann schlafe ich wieder ein, mit der Hand des Anästhesisten auf dem Arm, weil ich so unglaublich müde bin, so müde ...

Als ich wieder aufwache, gibt mir die unglaublich großartige Schwester mit den Erdbeerohrringen eine dieser tollen Schmerzspritzen direkt in den Zugang, die man nur hier auf der Intensivstation bekommt. „Sie müssen keine Schmerzen haben", sagt sie liebevoll. Ich bin sofort entspannt, schwebe und fühle mich leicht.

Mein Arzt kommt vorbei und ich strahle ihn an. „Wir haben uns große Sorgen um Sie gemacht", wiederholt er. „Ihre Lunge war kollabiert, Ihr Herz setzte mehrere Minuten aus. Wir dachten, wir verlieren Sie."

„Glauben Sie wirklich, ich würde jetzt den Abgang machen? Ich will Sie doch heiraten!", platzt es aus mir heraus. Er lächelt verlegen und ich glaube, er ist ziemlich erleichtert, dass ich auf seinem OP-Tisch nicht gestorben bin. Unmittelbar frage ich mich, wie viele Patienten ihm unter dem Messer wohl schon weggestorben sind. Kennt er all ihre Namen, verfolgen die sterbenden Gesichter ihn in seinen Träumen? Wie sieht ein sterbendes Gesicht aus? Ich glaube, ich hätte gelächelt, weil ich so glücklich war, in dieser Zwischenwelt.

Lange Zeit habe ich es vermieden, ans Sterben zu denken. Mein Gehirn tauchte alle Erinnerungen daran in einen schlafenden Zustand. Sie schlummerten zugeschüttet, lauerten. Jetzt durften sie wieder auftauchen und verschlingen mich komplett. Als ich drei Jahre alt war, starb meine Urgroßmutter. Kurz zuvor stand ich mit einer Bratwurst vor ihrem Bett und sagte: „Iss doch die Wurst, dann wirst du bestimmt wieder gesund."

Irgendwann nicke ich endlich ein und finde in einen traumlosen Schlaf. Wenn auch nur kurz.

Noch am selben Tag geschieht das Wunder und ich kann mich das erste Mal entleeren. Ich habe mich noch nie so sehr über mein großes Geschäft gefreut! Lange sitze ich auf der Toilette, bespüle meinen Hintern mit Wasser, reibe mich dann wund mit Papier.

Ich fotografiere meinen Hintern und sehe, dass er so rot leuchtet wie ein Pavianarsch. Mein Beckenboden gehorcht mir nicht mehr, ein zwei Euro großes Stück könnte ich ohne Mühe in mich hineinstecken. So sehr ich mich auch anstrenge, ich kann meinen Anus nicht zusammenkneifen. Er ist wie stillgelegt, über ein Jahr habe ich ihn nicht mehr benutzt.

Am nächsten Morgen kommen Marie, meine Schwester und meine Mutter und erzählen mir davon, wie sie während der gestrigen Operation in der Stationscafeteria saßen und warteten. Und dass der Pastor plötzlich zu ihnen kam und sie fragte, ob er ihnen beistehen könne. „Wir dachten, du wärst tot", sagt meine Mutter kreidebleich. „Ich habe nur noch geschrien", ergänzt meine Schwester. Mir wird bewusst, dass ich sie gehört habe und sie mich zurück ins Leben katapultiert hat. Wie schlimm muss es für meine Familie gewesen sein, auf mein Aufwachen nach der OP zu warten.

Gestern war also mein zweiter Geburtstag, und auch wenn mein Hintern brennt, als hätte man ihn mit kochendem Wasser begossen, weiß ich, wie viel Glück ich hatte.

Meine Familie erzählt mir von meinen beiden Hunden, von meinem Haus, von ihrem Leben. Und ich höre ihnen zu, lausche ihren Stimmen und werde sehnsüchtig. Glück ist auch immer ein wenig Unglück.

Am Nikolaustag zünde ich die rosa Kerze an, die meine Mutter mir mit einem kleinen Engel auf den Nachttisch gestellt hat. Draußen auf der Station singen Kinder Weihnachtslieder und bringen jedem Kranken ein selbst gemaltes Bild.

Aus den geplanten fünf Tagen, die ich im Krankenhaus verbringen sollte, sind mittlerweile 16 geworden. Aber immerhin, ich bin noch da!

Am Nachmittag kommt eine wunderschöne russische Schwester und möchte, dass ich mich auf einen Rollstuhl mit integrierter Waage setze. „So schlank wie Sie wäre ich gerne", scherze ich. Sie schaut mich verblüfft an: „Ich wiege 71 Kilogramm", meint sie streng. „Viel mehr als Sie."

ANJA

Ich habe lange nicht mehr in einen Spiegel geschaut, mich lange nicht mehr gepflegt, und als sie dann laut mein Gewicht verkündet, kann ich es kaum glauben: 61 Kilogramm. 35 weniger als vor der Diagnose.

Meine Entzündungswerte sind noch grenzwertig. Mein Eisenwert liegt bei katastrophalen 5,4, ich habe viel Blut verloren, und ich muss ein Eisenmittel trinken, das ich nicht riechen kann. Überhaupt ist mein Geruchssinn noch geschärfter, als er eh schon war. Ich kann sogar wahrnehmen, wenn eine der Krankenschwestern ihre Regel hat, rieche, was mein Besuch zum Abendessen gekocht hat und den Rauch der Zigarette, die jemand kurz vorher geraucht hat.

Eine perfekte Kandidatin für *Wetten dass?!* wäre ich, kann mit geschlossenen Augen nun fast alles erriechen und beim Namen nennen. Beinahe höre ich die Eröffnungsmelodie und den Applaus.

In diesem Krankenhaus kann ich auch endlich mit einer Ernährungsberaterin sprechen. Sie gibt mir für die nächsten Monate einen Stufenplan. Ich kann mich gar nicht mehr daran erinnern, wann ich das letzte Mal etwas gekaut habe. Ernährt werde ich immer noch über einen Katheter an meinem Hals.

Der erste Biss in eine Banane ist ein Albtraum. Die zähe, weiche Masse wird immer mehr in meinem Mund und ich vermag es nicht, sie herunterzuschlucken. Allein der Gedanke an Essen lässt mich immer noch würgen.

Das Krankenhaus verlasse ich am 14.12. Mina und meine Familie haben das ganze Haus geputzt und wir feiern. Mir ist nicht so sehr danach zumute. Ich fühle mich alt und unansehnlich. „Du bist die schönste Mama der Welt", sagt Marie und bringt meine Welt doch noch zum Leuchten.

Dann kommt Weihnachten. Für mich irgendwie verbunden mit Karpfensuppe mit viel Sahne. Jetzt aber gehöre ich zu den Laktoseintoleranten. Mina hat mir deswegen eine App auf dem Handy installiert, die alle Bestandteile von Nahrungsmitteln auflistet. Ich klicke mich durch die bunte Welt des Essbaren. Irgendwie enthält alles Laktose. Sogar Mortadella. Auch alles, was verarbeitet wurde.

Mein Dünndarm kann sich nicht mehr als zwei Zentimeter weiten, ein Dickdarm schafft das Dreifache und ist ausgebreitet so groß wie ein Fußballfeld. Ich kann also nur noch sehr wenig zu mir nehmen. Aber das soll sich bald ändern, der Dünndarm passt sich an, heißt es.

Mein Hauptnahrungsmittel ist nun geriebener Apfel, von einem halben bin ich so satt, als hätte ich einen Teller Nudeln mit Soße gegessen. Und die meiste Zeit sitze ich auf der Toilette. Bis zu fünfzig Mal am Tag. Ich trage Windeln, mit Klettverschluss, die ich stündlich wechseln muss, da ich nicht spüre, wie sich mein Darm entleert. Ich spüre nur das Brennen der Magensäure, die unverdaut aus mir rausläuft.

Das kann nicht der Zustand für den Rest meines Lebens sein. Windeln, Schmerzen, Zinksalbe, der Geruch von Kot, der dauerhaft in meiner Nase hängt. Das kann es nicht sein.

Silvester sitze ich im Rollstuhl allein am Fenster meines Bades. Die beiden Fernseher überschallen das Geballere der Raketen über dem Himmel von Berlin, damit sich meine Hunde nicht ängstigen. Dieser Tag wird für immer eine

Bedeutung für mich haben. Er beendet ein Jahr, in dem ich um mein Leben gekämpft habe. In dem ich Schritt für Schritt in Richtung Normalität gehe.

Der Rollstuhl knarrt, als ich mein Gewicht verlagere, und ich schlucke schwer. Mühsam setze ich mich auf die Toilette. Mein Darm rumort.

Um Mitternacht feiert sich die Welt, während ich mir die Seele aus dem Leib kacke, zweifele, ob das, was ich gerade als Leben bezeichne, tatsächlich lebenswert für mich ist.

Die Minuten werden zu Stunden. Die Lichter vor dem Fenster verglühen. Ich schwanke zwischen ich-schaffe-es-nicht und ich-schaffe-es-doch und bin im Ungleichgewicht mit mir selbst. Dabei hatte ich mir doch geschworen zu kämpfen, zu leben, mich zu lieben und mich daran ewig zu erinnern, wie schlecht es mir ging, und nun wünsche ich mir nichts sehnlicher, als mein Scheißstoma wiederzuhaben.

Mina

Manchmal, wenn man denkt: Was soll jetzt noch schiefgehen, lacht das Universum und reicht einem die Antwort.

Es ist November 2016, ich komme gerade von einem superschönen Treffen mit meinem Verlag, bei dem auch dank Anja eine meiner Geschichten erscheinen wird.

Davon beschwingt finde ich mich also im Krankenhaus ein, um Anja einen Überraschungsbesuch abzustatten. Vor ein paar Tagen war die Stomarücklegung und in wenigen Tagen wird sie endlich alles überstanden haben. Yay! Ich bin eigentlich erst morgen eingeplant, um die Hunde zu sitten. Noch kümmert sich Marie ganz rührselig und managt alles famos.

Ich halte einem Ehepaar die Fahrstuhltür auf und lasse sie zusteigen. Die beiden sehen besorgt aus, ich muss mich zusammenreißen, um nicht zu viel zu lächeln. Denn ich fühle mich wie eine Kriegerin, die den Sieg schon davongetragen hat, und der Blumenstrauß in meiner Hand ist meine Trophäe.

Ich laufe durch die große Schwingtür zur Station, zunächst in die falsche Richtung, aber das macht nichts. Dann finde ich das Zimmer, in dem Anja liegt. Oder besser, liegen sollte. Denn sie ist nicht da.

Na sowas, ist sie etwa schon spazieren? Sie muss es ja nicht gleich übertreiben, geht es mir durch den Kopf, als ich mich auf die Suche nach einer Schwester mache.

„Hallo, können Sie mir verraten, wo Frau Koeseling ist?" Ich lächle, aber die rosafarbenen Wildrosen werden plötzlich schwer in meiner Hand.

„Sind Sie eine Verwandte?", fragt die Frau mit Kurzhaarschnitt und ihre Miene verrät, dass sie etwas weiß, das ich gar nicht hören will.

„Zählt Seelenverwandtschaft?", höre ich mich antworten.

Sie geht an mir vorbei, zeigt um die Ecke zu einem gläsernen Wartebereich. „Dort ist die Familie von Frau Koeseling, bitte wenden Sie sich an sie."

Die Krankenschwester lässt mich stehen, ich spüre meine Beine kaum, als ich zum Wartebereich gehe, der mit seinem Wasserbehälter und den hübsch geschmückten Tischen, vor denen jeweils drei Stühle stehen, eher an ein kleines Bistro erinnert als an ein Krankenhaus. Eine teure Kaffeemaschine blinkt vor sich hin und schreit nach Wasser. Auf dem Büffet steht liebevoll dekoriert noch das Frühstück.

Als Maries Blick mich trifft, kann ich nicht mehr sprechen. Sie ist blass und ihre großen Augen verweint. Anjas Mutter und ihre Schwester sind auch da, ich stehe unschlüssig zwischen Tür und Zimmer, vage kaum zu atmen.

Ehrlich gesagt kann ich mich nicht mehr genau an die Worte erinnern, mit denen man mir erzählte, dass Anja eine weitere Operation brauchte, bei der es Komplikationen gab. Dass Anjas Atmung aussetzte, ihr Herz für 5 Minuten stehen blieb und es sehr ernst wurde. Todernst. Und dass sie nun auf der Intensivstation liegt und nicht aufwacht.

Ich drücke Marie und zause kurz ihr Haar. Dann lasse ich die Familie allein und bitte sie, mich anzurufen, wenn es Neuigkeiten gibt. Mit jedem weiteren Schritt zu den Fahrstühlen werde ich wütender.

Wütend auf Krebs, wütend auf das Universum und wütend auf Anja.

Wie kann sie es wagen einfach die Luft anzuhalten? Nicht mehr zu atmen, jetzt, wo wir es fast geschafft haben? Jetzt, wo alles gut werden soll?

Die Tür des Fahrstuhls öffnet sich, eine Frau mit Halskrause und blauen Augen liegt in einem Bett. Der Pfleger starrt mich an und ich steige nicht hinzu. Die Tür schließt sich wieder, ich tigere eine Weile vor den Aufzügen auf und ab.

Wie konnte das passieren? Wer ist für diese ganze Scheiße verantwortlich und was zum Teufel haben wir denn verbrochen, um so etwas zu verdienen?

Für Millisekunden sehe ich mich selbst auf dem OP-Tisch liegen, durch die Blutgerinnungsprobleme am Rande des Todes. Ich stelle mir vor, wie Panik unter den Ärzten ausbricht, wie nach Bluttransfusionen gebrüllt wird, wie das lebensnotwendige Rot sich überall verteilt und mit ihm mein Leben entweicht. Und wie meine Familie informiert wird, dass ich möglicherweise nicht mehr aufwachen werde.

Ich finde das Treppenhaus und renne die Stufen hinab, den Blumenstrauß immer noch fest in der Hand. Als ich durch die Tür stürme, muss ich mich erst mal orientieren. Links von mir liegt der Empfang und ich ramme beinahe einen Arzt. Diesmal lächle ich nicht entschuldigend wie sonst, wenn mir so etwas passiert. Und ich desinfiziere mir auch nicht wie sonst die Hände beim Verlassen des Gebäudes.

Es beginnt zu regnen, erst ganz sanft, dann stärker. Der Taxistand kommt in Sichtweite, ich schlage einen anderen

Weg ein. Weit entfernt höre ich eine Straßenbahn. Ich hasse Straßenbahnen und Züge, ich steige viel zu oft in die falschen ein und lande an anderen Zielorten.

Ich hasse Regen und Krankheiten. Ich schluchze trocken und werde schneller. Der Blumenstrauß hängt an meiner Seite, schlägt mir gegen mein Bein.

Ich denke an die Freundin, die mich im Stich ließ, als ich Krebs bekam. So ein kluges Mädchen. Und ich? Ich wählte diesen Weg als Freiwillige? Drängte mich quasi auf, obwohl ich wusste, was es bedeutet? Bin ich eigentlich verrückt?

Nein, ein Arsch bin ich, weil ich so etwas denke! Oder etwa nicht?

In den letzten 500 Tagen seit der Diagnose war ich so oft in Berlin als moralische Unterstützung. Und wir telefonierten so oft es ging. Das ist nicht zu viel, das sollte selbstverständlich sein. Also warum fühle ich mich jetzt so betrogen?

Ich komme an eine Tankstelle und habe Lust auf eine Zigarette. Am liebsten neben der Zapfsäule, um ein Feuerwerk zu entfachen zu Ehren des Schicksals, das im Begriff ist, mich und Anja zu verarschen.

Mit etwas viel Schwung knalle ich meinen Blumenstrauß auf die Ladenzeile der Tankstelle und starre auf die *Marlboro Light*, die ich als junge Frau manchmal geraucht habe. Ein blonder Mann mit Zahnspange – warum trägt der eine Zahnspange mit Mitte dreißig? – taucht in mein Sichtfeld.

„Was kann ich für dich tun?", fragt er gedehnt.

„Ich bin mir nicht sicher", gestehe ich. „Vielleicht die Welt anhalten, ich würde gerne aussteigen."

Er zuckt die Achseln, fegt Blütenstaub mit der Handfläche vom Tresen. „Diese Dienstleistung führen wir nicht."

„Macht nichts, dann nehme ich vier Feiglinge", bestelle ich die hübschen kleinen Likörflaschen, die immer so erschrocken gucken.

Bin ich ein Feigling? Hätte ich im Krankenhaus bleiben müssen? Ich schlucke, schlucke und schlucke gegen Tränen, schiebe dem Zahnspangenmann mein Geld entgegen und wirble im nächsten Moment herum, als mich sacht eine Hand an der Schulter berührt. Ein Kerl mit einem blauen Cap steht hinter mir, unweit eines kleinen Tisches mit zwei Barhockern neben den Zeitschriften.

„Mädchen, geht es dir nicht gut?", fragt er vorsichtig. Auf seinem Cap steht in gelber Schrift Manni und ich wanke etwas, bis er mir sacht unter den Arm greift. Ich setze mich.

„Alles okay?", fragt er noch mal nach und ich fühle, wie ich mit dem Kopf schüttle. Ich muss unter Schock stehen, das muss es sein. Deshalb auch die Wortfindungsprobleme, denn ich kann kein einziges erfassen und formulieren. Meine Finger öffnen den ersten Feigling und ich trinke ihn auf Ex. Dann den nächsten und Manni, der einen Schnurrbart aus den Siebzigern hat, guckt mir dabei zu. Er ist der Typ Brummifahrer, die ich mir einst geschworen hatte zu meiden, nach einer mehr als unangenehmen Begegnung mit so einem Mann. Ich hadere mit mir, denke an einen meiner Krankenhausaufenthalte, bei dem ich mir das Zimmer mit einem jungen Mädchen teilte, deren Freund einen Siebentonner beruflich durch die Lande fuhr.

Das wasserstoffblonde Mädchen hatte eine Zyste am Eierstock, die ihr entfernt werden sollte, und sie stellte sich mega an, während ich mit einem ausgeräumten Unterleib auf die Entwarnung wartete, dass die entnommenen Lymphknoten doch bitte frei vom Krebs seien. Alles andere wäre nämlich ziemlich doof gewesen. Einige Tage zuvor wurde meine alte Zimmernachbarin zum Sterben in ein Hospiz entlassen und ich war sehr nahe am Wasser gebaut. Ich hatte Angst, denn bei ihr hatte der Krebs zuerst nur die Lymphe befallen. Dann war er plötzlich überall. So kann es nämlich auch gehen.

Und dieses Mädel raubte mir mit ihrer Hysterie wegen einer dämlichen Zyste den letzten Nerv. Moment, das stimmt nicht ganz. Es war vor allem ihr Freund, den ich beinahe jedes Mal, wenn ich zum Klo wandern musste, dabei erwischte, wie er mir auf den Arsch glotzte. Das war so widerlich. Wenn ich nicht so schwach gewesen wäre, hätte ich ihm mit dem Scheißtropfständer eine übergezogen.

„Meine Freundin wäre heute fast gestorben", presse ich nach einigen stillen Minuten hervor, in denen ich der Wärme des Likörs nachspüre und darüber sinniere, dass man nicht alle Brummifahrer in einen Topf schmeißen kann.

„Das tut mir sehr leid", antwortet er betroffen. „Hatte sie einen Unfall?" Manni runzelt die Stirn und tätschelt ganz flüchtig meine Hand, die neben dem ramponierten Blumenstrauß liegt. Eine eher großväterliche Geste und überhaupt nicht unpassend.

„Krebs."

„Verdammt", brummt Manni. „Olsche, rück mal noch ein paar Feiglinge raus." Wenig später steht ein kleiner Karton mit

Feigenlikör auf dem runden Tisch und die beiden Männer stoßen mit mir an. Und ich beginne zu erzählen und zu heulen. Rotz und Wasser, um genau zu sein. Ich hatte ja keine Ahnung, dass ich noch so schluchzen kann wie eine Dreijährige. „Das wird schon wieder", versuchen die beiden Männer mich zu trösten und reichen mir Taschentücher.

„Und wenn nicht?" Ja, was dann? Ich will nach Hause. Zu meiner Tochter und meinem Mann. Zu meinen Katzen, den Ponys und sogar zu den dreihundertschlagmichtot Kühen. Zu meiner Waschmaschine samt Hausarbeiten aller Art.

„Was für einen Krebs hat sie denn?", fragt Manni vorsichtig.

„Darmkrebs." Die beiden tauschen einen langen Blick.

„Oh, der ist gefährlich", meint Olsche, der laut Namensschild eigentlich H. Olschewsky heißt.

„Ist deine Freundin etwa noch so jung wie du?", will Manni wissen und verrät mir, dass sein Vater erst kürzlich an Darmkrebs gestorben ist. Und er flucht darüber, dass sein alter Herr nie zur Vorsorge gegangen ist, weil er keinen Doktor an seine Rosette lassen wollte. Das Thema ist gerade für Männer so schambehaftet und unangenehm, dass sie es tatsächlich in Kauf nehmen, krank zu werden.

„Ich meine, das ist mir doch egal, ob mir jemand dort hinschaut, wo die Sonne nicht scheint, wenn ich dadurch leben kann", meint Manni mutig und eröffnet die nächste Runde Feiglinge. „Ich selbst war schon viermal zur Darmspiegelung, wegen der familiären Vorbelastung", gesteht er ganz offen und Olsche kratzt sich verlegen am Hinterkopf. „Aber du bist doch noch gar nicht so alt? Zur Vorsorge muss man doch erst kurz vor Rente, oder so?", fragt er so hoffnungsvoll, als rechne er sich aus, wann er mal hinmüsste.

„Eben nicht, ab 35 Jahren sollte jeder sich untersuchen lassen. Sonst spart sich möglicherweise die Rentenkasse deine Altersversorgung. Bei mir wurden schon dutzende Polypen im Darm gefunden und entfernt." Manni sieht aus, als erzähle er von einem Irakeinsatz, und ganz ehrlich, ich kann es nachvollziehen und bin fast ein bisschen stolz auf ihn.

Olsche staunt nicht schlecht, ich nicke bekräftigend und kämpfe gleichzeitig gegen einen Schluckauf an.

Bei mir selbst wurde im Zuge einer Darmspiegelung ein Adenom, ein Polyp, der meist entartet und zu Krebs wird, gefunden und rausgenommen. Meine Familie ist genauso vorbelastet. Opa hatte Darmkrebs, Papa diese fiesen Polypen und ich nun auch. Das ist wie ein Rubbellos mit einer erhöhten Gewinnchance, denke ich, während ich zur Lottoannahme der Tankstelle hinüberlinse.

Dank meiner Gebärmutterentfernung muss ich aber eh öfter mal zu einem Proktologen, weil mein Darm sich verlängert hat und durch Vernarbungen der vielen Operationen beeinträchtigt ist. Deshalb habe ich bereits mit Anfang dreißig die erste Darmspiegelung machen lassen und bin fast so gut in Übung wie Anja. Na ja, das stimmt nicht, aber ich war für mein Alter eben schon oft da.

Nach dem zehnten Feigling beruhige ich mich langsam wieder und fasse tatsächlich den ein oder anderen klaren Gedanken. Noch heute bin ich den beiden Männern von der Tankstelle wirklich dankbar, dass sie so feinfühlig mit mir umgingen. Sie waren in diesen Minuten, viel länger dauerte das Ganze nämlich gar nicht, wahre Freunde.

Tage später, Anja ist wieder aufgewacht, ihr Glück, sonst hätte sie was erleben können, befinde ich mich in einer ganz anderen Art Chaos. Marie, ihre Oma, also Anjas Mama Christel, und ich machen mal wieder Hausputz bei Anja. Es soll alles perfekt sein, wenn sie endlich zurückkommt.

Marie und ich sortieren gerade den Inhalt eines Kleiderschranks, der kürzlich abgebaut werden musste, da wegen des Wasserschadens neuer Boden im Schlafzimmer und Flur verlegt wurde.

„Hey, was haltet ihr davon, wenn wir aus den alten Stomatüten eine Girlande basteln?" Ich stelle es mir bildlich vor, wie sie im Wohnzimmer baumeln, mit Kerzen im Inneren, man könnte sie noch bunt bemalen.

Marie guckt mich komisch an, den Blick kenne ich von meiner Teenagertochter, wenn ich etwas ganz Uncooles gesagt habe.

„Bist du sicher? Wollen wir das nicht lieber alles vergessen?", fragt Marie und bindet ihre feuerroten Haare zu einem lockeren Dutt, damit sie ihr nicht ständig ins Gesicht fallen, wenn sie sich bückt.

„Aber man muss doch auch irgendwie abschließen?", überlege ich. Zeremonien sind schließlich das halbe Leben. Früher hat man Feuer angezündet, um den harten Winter zu vertreiben. Überhaupt hat Verbrennen eine lange Tradition, es wurden Hexen verbrannt ... O.k., schlechtes Beispiel.

„Wir könnten auch ein Feuer machen und verbrennen das ganze Zeug symbolisch?", sage ich trotzdem. Aber was ist, wenn etwas schiefgeht? Wie weit ist die Feuerwehr weg? Nicht, dass ich neben dem Wasserschaden noch an der Komplettzerstörung von Anjas Zuhause schuld bin. In Gedanken höre ich die ganzen Trockner laufen, die tagelang die Wände bepusteten, damit sich kein Schimmel bildete.

Marie stopft alte Jogginghosen in den „Kann-weg-Beutel".

„Nö, dann lieber die Girlanden. Das halte ich für sicherer", spielt sie auf unseren Hang zu Unglücksfällen an und ich grinse schief. Was für ein kluges Wesen sie doch ist.

Wir sollten das Schicksal nicht weiter herausfordern. Der Gedanke ist nicht mal zu Ende gedacht, da reißt mir die blöde Tüte, als ich sie hochstemme, und alle Klamotten ergießen sich über den Boden. Mist.

Die Hunde beobachten argwöhnisch jeden unserer Schritte in ihrem und Anjas Territorium. Anjas Mama, die fleißige Biene, hat bereits die ganze Küche auf Hochglanz poliert und ich zupfe gerade das frische Bettlaken zurecht, als ein weiteres Unglück sich anbahnt.

„Nein", hauche ich entsetzt, als ich Esta, die kleine Hündin, im Türrahmen stehen sehe. Der ehemals weiße Hund ist voller Erde und hat etwas in seinem Maul, das wirklich eklig aussieht. Und tot.

„Komm zu mir, süße, kleine Esta", bettle ich und bewege mich langsam auf sie zu. Ich weiß genau, was sie vorhat. Sie liebt das Bett. Am liebsten würde sie den ganzen Tag in diesem Bett liegen und kuscheln.

„Esta bei Fuß", versuche ich es strenger und breite die Arme aus. Die Hündin, nicht ganz doof, schießt zwischen meinen Beinen durch und ich bekomme einen mittelschweren Panikanfall. Okay, ich gebe zu, meine Nerven sind so dünn wie Zahnseide. Und während ich zusehe, wie sie den gammeligen Knochen auf das blütenweiße Kopfkissen legt und ihren schmutzigen Hintern dazu, könnte ich heulen.

Am Abend ist endlich alles, wie es sein soll. In ein paar Tagen ist Anja wieder zurück und wir werden allesamt gemütlich auf dem Sofa sitzen. Anja in der Mitte, beladen mit zwei superglücklichen Hunden. Der Schein von dreißig Teelichtern in bunt bemalten Stomatüten wird unsere Gesichter und unser Gemüt erhellen.

Dann am 14.12. ist es so weit. Christel nippt an einem Sektkelch und lässt den Blick über ihre sehr magere Tochter tanzen. „Du muss unbedingt zunehmen, am besten, du kommst eine Weile mit zu uns, dann päppeln wir dich ordentlich auf." Der Schatten, der über Anjas Gesicht huscht, spricht von Selbstzweifeln. Wie sehe ich denn aus? Unmöglich? Hager? Alt?

Marie lehnt sich zu ihrer Mutter hinüber und küsst sie auf die Wange. „Egal, ob pummelig oder dünn, du bist die schönste Mutter, die ich je gesehen habe. Dein Herz ist ein Leuchtfeuer und ich liebe dich über alles."

Ich schlucke, wie wäre es, wenn wir alle ein bisschen so eloquent und treffsicher mit unseren Worten wären? So heilsam wie dieser kleine Moment sind wenige.

Wir schwatzen und planen. Wir haben Ziele und große Wünsche an den Weihnachtsmann, der bald kommen soll.

In Gedanken zähle ich all die Wunder auf, die mir begegnet sind.

Meine kleine Tochter, die als Sternengucker geboren wurde.

Mein Ehemann, der einen ähnlichen Knall hat wie ich.

Meine Fähigkeit, Geschichten zu Papier zu bringen.

Meine halb blinde Miezekatze, die zielsicher jedem Auto entgeht. Schmetterlinge, die auf meiner Fensterbank landen.

Blitze, die nur das leerstehende Nebengebäude treffen und das viel höhere Dach unseres Hauses verschonen. What the fuck!

Regenbögen, ein wahres Wunderwerk. Alles ist bunt, in diesem Augenblick. Wir sind voller Farben und ich genieße den Moment einfach, schwerelos zu sein und zu leben.

Scherben spiegeln Licht

JANUAR BIS JULI 2017

Anja

Das neue Jahr beginnt so schrecklich, wie das alte aufgehört hat. Viele Wochen ist es mir unmöglich, auch nur im Entferntesten an ein wirklich normales Leben zu glauben. Der Geruch meines eigenen Kots, der in der Luft förmlich steht, hat sich in meiner Nase festgesetzt und lässt mich ständig würgen. Ich habe einen leichten Waschzwang entwickelt. Oft weiß ich nicht, wie ich sitzen, liegen oder gar einschlafen soll. Ich lese mich nächtelang durch das Internet, versuche jeden noch so verrückten Tipp, um meinen Anus wieder unter Kontrolle zu bringen.

Creme mich mit Kokosöl ein, um die Haut zu schützen, was nur zur Folge hat, dass der Kot mir die Beine runterläuft.

Ich packe Quark mit Honig auf die Haut, damit die Hitze und die Entzündungen nachlassen. Ich bin gezwungen,

Windeln zu tragen, fülle Hunderte blaue Säcke mit Hygiene-mitteln. Ständig vergewissere ich mich, dass eine Toilette in der Nähe ist, die ich sofort benutzen kann. Mir fehlt wochen-lang der Mut, das Haus ohne Windeln zu verlassen. Die Win-deln, die die Krankenkasse bezahlt, sind noch dazu unhandlich, passen selten und halten nicht dicht. Der Zellstoff macht mich so wund, dass ich kaum, dass ich mich gewickelt habe, schon wieder eine neue Windel brauche. Am Tage brauche ich min-destens zehn, da selbst der kleinste Stuhlgang so aggressiv ist, dass er binnen von Sekunden meine Haut wegätzt. Wirklich unter der Hose verstecken kann ich sie auch nicht, sie sind ein-fach zu unförmig.

Hätte mir irgendeiner der vielen Ärzte, die Stomaschwester oder das medizinische Personal gesagt, dass ich den Beckenbo-den dringend trainieren muss, damit er seine Stärke nicht verliert, wäre mir das ganze Dilemma erspart geblieben. Ich selbst wäre nie auf die Idee gekommen, dass er einfach schlaff werden könn-te, wenn er nicht benutzt wird. Ich bin also ziemlich geladen.

Aber ich weiß: Es muss etwas geschehen. Diese Stuhlinkon-tinenz muss bezwungen werden. Und meine bisherige Methode, mir einen Spiegel vor den Anus zu halten und mit aller Willens-kraft zu versuchen, ihn zur Bewegung zu zwingen, bringt nichts. Ich muss also trainieren und der erste Schritt ist Beckenboden-training. Panisch rufe ich meinen Hausarzt an, der mir lächer-liche sechsmal Training verschreibt. Immerhin.

Meine Physiotherapeutin Jutta sehe ich ab da zweimal die Woche. Sie ist eine strenge, aber wirklich ausgezeichnete Therapeutin, die mir bei jeder Sitzung fünf Hausaufgaben mitgibt. So übe ich täglich bis zu dreimal und bemerke bald Besserungen.

Außerdem habe ich mich bei ihrem Kurs für die Stärkung des Rückens angemeldet und trainiere jeden Dienstag mit sehr fitten alten Damen, die viel kräftiger sind als ich und mich zum Lachen bringen.

Ich bin so süchtig nach Sport, dass ich bald schon zusätzlich zweimal die Woche zum Yoga und zum Reiten gehe.

Acht Wochen nach der OP lasse ich nachts das erste Mal die Windeln weg und versuche, mit den Hunden eine Runde spazieren zu gehen. Schnell muss ich umdrehen, da jede unkontrollierte Bewegung dazu führt, dass ich den Schließmuskel eben nicht mehr kontrollieren kann.

Er braucht noch Zeit. Erst als ich im Februar mit dem EMS-Training beginne, dass durch kleine Stromfrequenzen die kleinsten Muskeln stimuliert, spüre ich eine eindeutige Besserung. Mein Schließmuskel beginnt, mir wieder zu gehorchen.

Ich lasse mir eine Duschtoilette einbauen, die ich nach jedem Stuhlgang benutze. Immerhin nur noch zwanzig Mal am Tag.

Weil mir der gesamte Dickdarm fehlt, habe ich zwischen Dünndarm und Anus einen sogenannten J-Pouch, eine Art Reservoir, in dem der flüssige Darminhalt des Dünndarms gesammelt wird und durch das die Entleerung des Darms hinausgezögert wird.

Das Problem an dem Ding sind lediglich die Geräusche, die es beim Entleeren macht. Es klingt, als wenn man eine Flasche mit Wasser ausdrückt.

Mit jedem Tag wird es nun ein wenig besser.

Ich fühle mich wieder fraulich, beginne mich zu pflegen, damit die hängende Haut bald prall aussieht. Alles, was der Markt gegen Falten hergibt, steht nun in meinem Bad, das mit einer Fülle an Pflegeprodukten aufwartet, die selbst eine Douglasfiliale blass aussehen lässt.

Und dann passiert das Unglaubliche: Ich lerne jemanden kennen. Ganz sicher werde ich diesen Moment nie vergessen. Es ist April und ich bin auf einem Konzert, einer der ersten Abende, an denen ich mich wieder hinaustraue. Natürlich mit Toilette in der Nähe. Der Mann meiner Träume steht auf einer Erhöhung, um die Band besser sehen zu können. Sein dunkles Haar ist zum Zopf gebunden, ich liebe Männer mit etwas längeren Haaren. Ich bemerke erst gar nicht, dass ich ihn anstarre. Und nur langsam wird mir bewusst, dass ich seinen sinnlichen Mund so gerne küssen will. Die Musik spielt wilder, die Menschen um uns herum beben und dann sieht er mich plötzlich an und greift ganz selbstverständlich meine Hand, umfasst meine Hüfte und wiegt mich im Rhythmus der Musik, die mir die Scheu nimmt. Dieser magische Augenblick, als die Haut meiner Wange seine berührt, als die zarten Härchen in meinem Gesicht zu kribbeln anfangen und sich seiner Haut entgegenstrecken und als sein Mund meinen berührt ... Vergessen sind die letzten Monate, der Darm, der Schmerz. Er erfüllt von der ersten Sekunde mein Herz und ich hoffe mit all meinen Zellen, dass er eine Weile bei mir bleibt, mich ein Stück meines Lebens begleitet. Erst als ich wieder alleine bin, kommen auch die Sorgen zurück.

Meine Analfalten killen mich noch immer. Sie sind offen und bluten. Ich bin verzweifelt, probiere alles aus, was ich gegen die offenen Risse und den unerträglichen Juckreiz machen kann. Ich dusche die Stellen mehrfach täglich ab, lege Kompressen zwischen die Pobacken und auf den Schließmuskel. Ich koche mir einen Liter Schwarztee, den ich nach dem Abkühlen immer wieder auf die Haut tupfe.

Ich schmiere mich mit Johanniskrautöl ein. Friere Dutzende mit Johanniskrautöl durchweichte Binden im Gefrierschrank ein und kühle mit ihnen die empfindlichen Stellen. Dieser Trick brachte mir schon nach der Geburt meiner Tochter Erleichterung. Da der Frauenarzt mir einen Dammschnitt verpasst hatte, suppte auch damals die Naht vor sich hin.

Nach jeder Dusche föhne ich die Stellen trocken, damit sich die Haut nicht neu entzünden kann. Für die Reinigung zwischendurch benutze ich einen Reinigungsschaum. Niemals, nein, niemals benutze ich Toilettenpapier, auch kein feuchtes, denn der Zellstoff reibt die Wunden immer wieder auf. Ich erinnere mich an die Nacht im Krankenhaus, als ich versuchte, den ersten Stuhlgang unter Kontrolle zu bekommen. Meterweise Klopapier benutzte, ohne zu ahnen, dass ich damit die Haut nur noch mehr reizte.

Jetzt nehme ich Baumwollstreifen zum Trocken. Mina hat mir ein altes Baumwolllaken in viele kleine Stücke geschnitten. Die kann man in einem Topf abkochen und wieder benutzen. Es gibt wirklich viele kleine Tricks, die einem das Leben erleichtern.

Ich nehme Gallensäurebinder, zweimal am Tag Loperamid, damit mein Stuhl etwas fester wird.

Nachts muss ich bald schon nur noch einmal auf die Toilette, manchmal schlafe ich sogar schon durch. Und auch an meine Schonkost habe ich mich mittlerweile gewöhnt.

Als ich nach dem Krankenhaus wieder feste Nahrung zu mir nehmen konnte, durfte ich am Tag nur eine Scheibe altes Weißbrot, eine kleine Kartoffel, ebenfalls vom Vortag, und ein paar gekochte Karotten essen. Mehr nicht. Und ich trank dazu natürlich ausschließlich stilles Wasser. Keinen Tee, denn der schränkt wohl die Wirkung der Medikamente ein. Auch Zu Hause durfte ich die ersten vier bis fünf Wochen nichts anderes zu mir nehmen.

Sechs Wochen nach der OP begann Phase zwei. Seitdem darf ich ein wenig laktosefreien Hüttenkäse und Käse essen. Außerdem erlaubt sind Kartoffeln, Möhren, Reis, Nudeln, Weißbrot und Gemüsesorten wie Kohlrabi, Blumenkohl und Rosenkohl, wenn ich das erste ungesalzene Kochwasser nach fünf Minuten abgieße, das Essen mit neuem Wasser erneut aufkoche und zu Ende garen lasse. Durch diesen Vorgang werden Gärstoffe entzogen, wodurch die Nahrung bekömmlicher wird.

Reiswaffeln, Salzstangen und dunkle Schokolade sind auch erlaubt, sie dicken den Darminhalt ebenfalls ein. Für Fernsehfutter ist also gesorgt.

Nach einer Weile werde ich etwas übermütig. Alles klappt so gut, dass ich mich an Rühreier wage. Ein großer Fehler. Im Zehn-Minuten-Takt renne ich auf die Toilette, insgesamt um die 40 Mal. Nicht schön. Natürlich blutet meine Haut und ist erneut total entzündet. Schöne Scheiße.

Ich lege einen Fastentag ein und trinke ausschließlich Wasser. In einem Glas löse ich ein Päckchen Gallensäurebinder auf. Auch Flohsamenschalen helfen gegen den dünnen Stuhlgang. Zusätzlich gönne ich meinem Darm eine Probiotikum-Kur, die die Darmwand aufbauen soll. Zur Belohnung muss ich am nächsten Tag nur zweimal aufs Klo und die Entzündung kann sich beruhigen. Fast wie vor der Diagnose. Ich bin sehnsüchtig und überlege kurz, einfach für immer nichts mehr zu essen, um nicht mehr aufs stille Örtchen zu müssen. Fehlanzeige! Der Darm arbeitet trotzdem. Ich wiege nun 63 Kilogramm.

Langsam spielt sich eine Routine ein: Um 17 Uhr esse ich das letzte Mal etwas, trinke eine Stunde zuvor ein Glas Wasser mit Flohsamenschalen und verzichte dann mindestens dreißig Minuten auf weitere Getränke, damit die Flohsamen den dünnen Kot andicken können und ich keinen Durchfall kriege. Gegen den werde ich jetzt leider ein Leben lang ankämpfen müssen. Ich versuche also krampfhaft, alles, was ich im Mund habe, mindestens dreißig Mal zu kauen. Ich komm mir vor wie ein Schaf, nur mit weniger Locken.

Mittlerweile kann ich schon zwei Stunden in Ruhe lesen, ohne auf die Toilette zu müssen. Für eine Entleerung brauche ich dann aber mindestens zehn Minuten. Bisschen wund bin ich immer noch, aber ich bin gnädiger mit meinem Körper. 15 Monate lang musste er schließlich nichts mehr ausscheiden. Die Haut und die Muskulatur sind es einfach nicht mehr gewöhnt. Wenn die winzigen offenen Stellen nicht wären, würde es mir nun ganz wunderbar gehen.

An manchen Tagen bin ich mir dennoch nicht sicher, ob ich und der Pouch für immer zusammenbleiben. Ständig muss ich in Klonähe bleiben. Ich bin jung und will reisen und leben, nach Afrika. In der Savanne gibt es, so weit ich weiß, nicht so viele Toiletten. Und so schön die Begegnung auf dem Konzert war, ich frage mich, ob ich einen Mann in meine Nähe lassen kann. Aber ich will auch nicht vereinsamen, verdammt!

Ich gebe mir zwei Jahre, in denen dieser blöde Pouch sich beweisen muss, mehr nicht. Wenn sich mein Dünndarm bis dahin nicht beruhigt hat, lasse ich mir wieder ein Stoma anlegen. Und treffe mich vielleicht erst recht nie wieder mit einem Mann. Auch nicht, wenn er so verständnisvoll wirkt wie der, für den mein Herz beginnt zu schlagen. Obwohl wir bis jetzt nur diesen magischen Moment vor der Bühne hatten. Und viele vertraute Telefonate, die mich tief berührten. Immer mal wieder steht die Frage im Raum, wann wir uns wiedersehen. Zum Glück ist er noch eine ganze Weile im Ausland und solange heißt es Rücken straffen, Pomuskeln fest zusammenkneifen und sich gut zureden, dass es vorwärtsgeht. Auch, wenn es nur kleine Schritte sind.

Und ehrlich? Es schaut so aus, als wäre das nicht einmal gelogen.

Im Juli haben sich die Stuhlgänge auf zehnmal eingependelt. Es gelingt mir, den Pouch zu kontrollieren, ihn also komplett zu entleeren. Ab 17 Uhr muss ich neuerdings mehrfach auf die Toilette. Dann das letzte Mal gegen Mitternacht. Ich schlafe jetzt also tatsächlich durch! Schlaf ist ja so wichtig.

Acht Monate nach der OP finde ich es langsam schön, ohne Stoma zu leben.

Ich habe das Hundekörbchen ins Bad geschoben, denn dort verbringe ich die meiste Zeit des Tages. Und wo ich hingehe, folgen mir fast automatisch meine Hunde.

Es ist nicht immer einfach, aber nah an der Normalität.

ANJA

Mina

Das Leben ist wie immer voller Überraschungen und trotz vieler Hürden einfach wunderbar. Anjas letzte OP ist acht Monate her. Der Sommer ist in vollem Gange, die Blumen blühen, ein paar Pollen fliegen noch und ein azurblauer Himmel spannt sich über uns.

Das Schönste auf der Welt ist der Sonnenschein nach einem langen Regen. So ähnlich fühlt es sich an, Anja dabei zu beobachten, wie sie zurück ins Leben findet.

Wir lassen gerade Wasser in ihren kleinen Pool und freuen uns wie Bolle, einen gechillten Mädelsnachmittag zu erleben. Und wir haben etwas zu feiern. Ich habe tatsächlich einen Punkt auf meiner Wunschliste erreicht und bin mit meinem Buch in die Spiegel-Bestsellerliste gerutscht. Yay! Fast ist es, als wäre das Krebsgewitter gar nicht gewesen. Anja geht es so langsam richtig gut und sie ist fast genauso energiegeladen wie vor dem Mist. Nach all der Zeit, dem letzten Winter, der sie noch mal so viel an Kraft gekostet hat, tut es so gut, sie so zu sehen. Sie spritzt Wasser zu den Terriern, die nach dem Strahl schnappen, und lacht sich scheckig. Sie tanzt über die Terrakottafliesen und sieht dabei so unglaublich gut aus, dass mich der Neid packt. Ich niese herzhaft, Anja auch, denn sie hat seit Neuestem auch eine Pollenallergie. Tja, das Immunsystem sitzt im Darm, sagt man ja so schön.

„Sag mal, Schneewittchen, wie kann das eigentlich sein, dass du so einen straffen Po hast?", würde mich interessieren.

Meiner hat so viele Grübchen, dass ich sie nicht mal zählen kann, und ich bin fast drei Jahre jünger als sie.

„Bauch, Beine Po, ganz viel trinken und EMS-Training, meine Liebe." Sie zwinkert, lässt das Wasser wieder ins Becken laufen.

„Was soll denn das sein?" Ich bin mir nicht sicher, ob ich das wirklich wissen will.

„Das wäre bestimmt auch was für dich. Durch Reizstrom werden Muskelfasern aktiviert, die durch normalen Sport oder durch das Stemmen von Gewichten nicht erreicht werden, hoch-effektiv, sage ich dir."

Ich hebe müde eine Augenbraue und setze mich auf die Sonnenliege.

„Strom, das hört sich nach Foltermethode an." Wer macht denn so was freiwillig? Anja grinst.

„Gerade für Faule ist das doch toll. Die Muskeln werden elektrisch angeregt, klingt das nicht super?"

„Jahaha", lache ich unsicher.

Und ergänze: „Man muss ja nicht gleich jeden neuen Trend ausprobieren."

„Also, das gibt es schon lange. Vor allem nach Operationen kommt gerne Strom zum Einsatz, um die geschwächte Muskulatur zu stärken."

Mir dämmert, dass es mir unter Umständen auch gutgetan hätte, nachdem mein Unterleib so malträtiert wurde. Aber mir hat das damals keiner nahegelegt.

„Oh, und Beckenbodengymnastik ist ganz wichtig", erinnert sie mich an ihr tägliches Work-out. Ich hatte nach der Gebärmutterentfernung eine leichte Blasensenkung. Der

Beckenboden ist nämlich eine Schwachstelle in der menschlichen Anatomie, denn durch den aufrechten Gang drückt in der Regel alles, was sich so im Bauch befindet, nach unten. Wenn etwas Großes entnommen wird, ordnet sich alles ein bisschen neu. Neben der Blase können sich also auch andere Unterleibsorgane senken, der Darm, sogar die Scheide. Ich verziehe das Gesicht bei der Erinnerung an die Harninkontinenz. Wenn ich lachen oder husten musste, konnte ich gar nicht schnell genug zur Toilette rennen und fragte mich regelmäßig, wie weit ich noch von der Windel entfernt wäre. Zum Glück hat es sich wieder gebessert. „Hab ich auch gemacht, das ganze Beckenbodentraining", gebe ich zu. „Und Schwimmen hat auch geholfen." Ich halte den großen Zeh ins Wasser, es ist eiskalt.

Und ich meide weiterhin, so weit es geht, schweres Tragen, langes Stehen und Heben, was praktisch ist, wenn es um die Besorgung von Getränkekisten geht. Hihi.

„Hach, was wir alles für unsere Gesundheit tun", meint Anja und deutet auf ihren winzigen Pool.

„Ich werde gleich mindestens einhundert Bahnen schwimmen, das ist mein Rekord", scherze ich und wippe mit den Zehen.

Anja erstarrt in ihrer Bewegung und besieht skeptisch eine winzige Verletzung an ihrem makellosen Bein.

„Scheiße, warum heilt das nicht?", fragt sie eher sich selbst. Ich runzle die Stirn und mir wird klar, dass meine Einschätzung zu Anjas Gemütszustand nicht vollkommen stimmt. Sie ist nicht so ganz wieder die Alte. Das wird sie vermutlich nie wieder sein. Die Sorge, die sich in ihrem Gesicht spiegelt, ist meine eigene.

„Ist doch komisch, meine Wundheilung war schon mal besser. Oder kann das Hautkrebs sein? Guck mal, sieht doch aus
wie ein entzündetes Muttermal, oder?"

Ich stehe auf, gehe in die Hocke. „Du hast dich rasiert, das
ist dabei passiert", erkenne ich sofort und nehme ihr leises Auf-
atmen wahr.

„Meinst du?"

„Ja, sicher." Ich geb ihr einen Klaps auf den Hintern und
Kimo bellt mich daraufhin vorwurfsvoll an. So ein Wachhund.

Wie nach jeder Verletzung tragen wir Narben. Ich meine nicht
die offensichtlichen, sondern die auf der Seele. Oft ertappe
ich Anja dabei, dass sie vieles hinterfragt, sich selbst kritisch
beäugt und in eine Habachtstellung verfällt. Wie ich damals.
Es wird sicher noch ein wenig dauern, bis ihre Leichtigkeit
in allem vollkommen zurück ist. Uns ist aber auch zu bewusst,
wie viel Glück wir hatten, denn von diesem Thema sensibili-
siert, haben wir durchaus wahrgenommen, wie viele Menschen
es nicht schaffen. Junge Frauen, Kinder und Familienväter, die
plötzlich nicht mehr hier sind. Erst kürzlich ist die Mutter einer Freundin meiner Tochter an Krebs gestorben. Es ging so
rasend schnell, dass ich es gar nicht glauben konnte, und wie
geht man mit einem so jungen Menschen um, der so einen Verlust erlebt hat?

Ich setze mich wieder auf die Liege, die Sonne scheint
mir auf den Bauch und ich denke zurück an die Zeit, als
ich das Schicksal anflehte, mich nicht sterben zu lassen. Mir
noch genügend Zeit zu geben, um mein Kind großzuziehen.

Zumindest bis sie achtzehn ist. Ich schlucke. Ob ich einen Deal abgeschlossen habe, ohne es wirklich zu wissen? Würde das Schicksal an dem achtzehnten Geburtstag meiner Tochter wieder vor der Tür stehen und mir die abgelaufene Sanduhr überreichen? Mir mitteilen, dass ich lediglich einen großzügigen Aufschub gewährt bekommen habe?

Ich schüttle mich, blicke über mir in die Sonne und bin einen Moment blind von dem gleißenden Licht. Das Leben ist zu schön und prinzipiell zu kurz, solange man kein Vampir ist, um in schlechten Gedanken zu verharren.

Es ist so wichtig, im Hier und Jetzt zu sein. Und auf sich aufzupassen und Vorsorgetermine unbedingt wahrzunehmen, nicht mehr nur gegen die Uhr zu arbeiten, sich aufzureiben und zu hetzen. Denn Zeit ist wertvoll und das Einzige, was zählt.

„Ich war übrigens zum Waxing", erzählt mir Anja. „Ratzeblitzeblank, sag ich nur."

Autsch. Seit Kurzem ist Anja verliebt und gibt sich einer extrem ausführlichen Körper- und Schönheitspflege hin, die mir nicht im Traum einfallen würden. Mineralmasken, Kosmetiktermine, Maniküre. Hallo? Waxing? In der Bikinizone? Ich für meinen Teil hab in meinem Leben genug gelitten, das lass ich mal lieber aus. Vielleicht zeigt sich hier auch unser unterschiedlicher Charakter? Sie ist eben eine wahre Kriegerin.

„Sehr nice, ich gehe da lieber mit der Heckenschere ran", scherze ich und denke gar nicht daran, mich da total nackig zu machen.

„Nächste Woche ist es übrigens so weit, ich sehe ihn wieder", gesteht sie mir und ich habe den Impuls, sie beschützen zu wollen, sind doch gerade große Gefühle aufreibend und irgendwie gefährlich. Nach meinem Krebs war es zum Beispiel genau umgekehrt. Ich hatte mich eine Weile ganz bewusst vor der „Liebe" geschützt, weil ich fürchtete, in eine weitere unglückliche Beziehung zu stolpern, die mich einmal mehr zu viel Kraft kosten könnte. Und das kann man in der Gesundungsphase wirklich nicht gebrauchen.

Ganz im Gegenteil, man braucht alles, was das Selbstbewusstsein aufpolstert.

Und man muss sich selbst unbedingt schöne Dinge sagen.

Dass man trotz der Narben großartig ist.

Dass man schön, hochintelligent, witzig, wertvoll, stark und wahrhaftig ist.

Und all so was kann eine unglückliche Liebe ganz leicht vernichten. Liebe ist ein Risiko, oder wer sieht das anders?

Und doch kann sie der ersehnte Regen in der Wüste sein. Und die Antwort auf so viele Fragen. Mpf.

Ich stehe auf, wackle hinein ins Haus und komme mit einer Flasche Wein zurück. Anja darf noch nicht, aber ich. Und bevor ich an ihrer statt in Panik verfalle, trinke ich lieber einen Schluck.

„Ich bin so aufgeregt, das kannst du mir glauben. Ich habe jedes Mal Schmetterlinge im Bauch, wenn ich ihn spreche", verrät sie mir und denkt an Facetime und nächtliche Telefonate mit ihrem Schwarm.

„Ich hätte da noch Insektenvernichtungsmittel im Schuppen gesehen", höre ich mich sagen und sie guckt mich komisch an.

„Spinnst du, ich habe mich lang nicht mehr so beflügelt gefühlt." Ich verkneife mir den Kommentar, dass Schmetterlinge im Bauch die gefährlichste Spezies im Tierreich sind.

„Das ist doch schön", sage ich stattdessen sanft und nippe am Glas. Vielleicht ist dieser besagte Mann ja die eine große Liebe, wer weiß das schon?

Die Zeit vergeht wie im Flug. Bald schon wird es kühler und die Sonne ist im Begriff unterzugehen. Anja zündet ein Feuer an und ich denke über Flammen nach.

Mich jedenfalls versetzte die Sache mit der Liebe in Panik, als ich das Gröbste überstanden hatte. Und die Frage der Sexualität erst, es war ja schließlich einiges anders als zuvor. Natürlich hatte ich viel darüber gelesen, dass das sexuelle Erleben sich verändern kann nach so einer umfangreichen Operation. Bei wenigen verbessert sich der Sex, bei den meisten gibt es kaum einen Unterschied, aber bei etwa zwanzig Prozent kann es zu Einschränkungen beim Erleben, der Erregung oder dem Orgasmus kommen. Bei Letzterem hatte ich schon immer meine liebe Not, weil ich mich nicht gut fallen lassen kann, was unter anderem mit meinem ADS zusammenhängt. Ja, auch im Bett hat man Konzentrationsschwierigkeiten, denn wenn man, während es heiß hergeht, an vergessene Wäsche im Trockner denkt, ist das nicht gerade sexy.

„Mina, was mach ich nur, wenn wir uns wiedersehen und es zur Sache geht?", spricht Anja einen Gedanken aus, als es bereits zu dämmern beginnt und das Licht der Feuerschale uns umschmeichelt.

„Du genießt es und hörst auf zu denken", klugscheißere ich.

Ich muss zugeben, zunächst war es für mich, als gäbe ich mit der Krebsdiagnose meine Sexualität ab, wie ein zu großes Kleidungsstück, in das man nie wieder reinpassen will. Meine

Libido befand sich quasi im Eisfach, ganz hinten neben dem Spinat und den Fischstäbchen.

„Was ist, wenn er meine Narben eklig findet?", bekommt sie es mit der Angst zu tun. „Ganz zu schweigen von meinem unzuverlässigen Verdauungsorgan. Ich mach mir jetzt schon in die Hose, wenn ich nur daran denke, dass ich etwas nicht kontrollieren kann."

„Geh es einfach langsam an, lern den Mann in Ruhe kennen. Wenn er es wert ist, wird er damit klarkommen."

Ach, wie herrlich ich mit Floskeln werfen kann, wenn es drauf ankommt. Wie einen hübsch bemalten Bumerang, der einen später den Kopf kostet, wenn er zurückkommt. Anja schaut mich skeptisch an.

„Okay, okay, ich weiß", gebe ich zu. „Jemanden zu treffen und zu knutschen ist eine ganz andere Sache, als sich auszuziehen, da machen wir uns mal nichts vor".

„Du sagst es."

„Aber du wirst es spüren, wenn es einen Schritt weitergehen kann." Ich grüble, überlege, ob ich überhaupt klare Gedanken hatte, als es bei mir das erste Mal zur Sache ging.

Anja seufzt langgezogen. „Ich kann keinen Sex haben, das geht einfach nicht." Sie wird blass im Schein der untergehenden Sonne und ich lege ein Holzscheit in die Feuerschale, das umgehend von den Flammen gefressen wird. Tja, an der Liebe kann man sich verbrennen, das ist ja nun bekannt.

„Natürlich kannst du das. Am besten, du lernst dich erst mal selbst neu kennen?", schlage ich vor und denke an einen mehr als kuriosen Besuch in einem Sexshop mit meiner Tante Andrea.

Damals gab es noch kein Amorelie oder die Dildofee, die Spielzeuge und Hilfsmittel aller Art frauenfreundlich vertreiben, quasi per Lieferservice. Und ich wollte meine Funktionen und meinen Körper ganz in Ruhe erst mal testen, bevor ich jemand anderen daran herumspielen ließ. Und ich wollte keine Bananen oder anderes Gemüse missbrauchen. Ganz ehrlich, ich habe ein gestörtes Verhältnis zum Gebrauch von Nahrungsmitteln im Bett. Ich esse auch keine Eiscreme von der Haut anderer, da wird mir schlecht.

„Na, dann schlag mal was vor", fordert Anja mich heraus und schaut mich abwartend an. Augenblicklich beginne ich zu schwitzen.

„Keine Ahnung, guck dir *Shades of Grey* an und mach es dir gemütlich?" Ich grinse verlegen und denke an die peinlichen Momente mit meiner Tante, als wir in diesem Sexshop herumgeisterten und nach Gleitcremes schauten. Ich kann euch sagen, es ist etwas verstörend, wenn die eigene Tante plötzlich einen riesigen Pimmel in der Hand hält und sagt: „Ach, guck. Die haben sogar Übergrößen. Sehr interessant, findest du nicht auch?"

Bah!

„Sag mal, denkst du, ich sollte meinen Schatz mal mit so was überraschen?"

Bah!

Ehe ich verstand, dass sie nicht den Gummipenis meinte, vergingen tragische dreißig Sekunden, in denen ich um ein Loch im Boden betete. Beim nächsten Wimpernschlag zeigte sie mir Nippelklemmen und eine Gerte, die ich aus dem Reitsport kannte. Das war nicht besser. Ich bin einfach verklemmt.

Meine Ohren glühten, als ich in dem Sexshop schließlich einen niedlichen blauen Delfin-Dildo und Erdbeergleitgel kaufte.

Ich musste noch einige Zeit Witze auf meine Kosten am Mittagstisch ertragen, wenn ich meine Tochter von Oma und Großtante abholte. Und das eigentlich Komischste an der Sache war, der ganze Scheiß lag dann in der Nachttischschublade und erblickte nie wieder das Tageslicht, da bei mir die gewünschte Stimmung nicht aufkam, um es auszuprobieren. Der Alltag als Alleinerziehende, die ich zu der Zeit nun mal war, und die Nachwirkungen der Operation waren einfach zu anstrengend und ich war ständig müde.

Monate später beschloss ich eines Nachts ganz spontan, ein Übungsobjekt aus Fleisch und Blut mit nach Hause zu nehmen. Ich war mit zwei Freundinnen, die wie ich kinderfrei feierten, auf einer Party, als ein vollkommen besoffener Typ mich auf der Tanzfläche umkegelte. Nein, den nahm ich natürlich nicht mit zu mir, sondern den Mann, der mir aufhalf und mich auf eine Cola einlud, nach diesem üblen Sturz.

Es war von Anfang an klar, dass es sich bei unserem Tête à Tête um einen One-Night-Stand handelte und wir uns ganz sicher niemals wiedersehen würden. Als wir begannen, wild zu knutschen, hämmerte mein Herz und ich erinnere mich daran, dass ich mich fragte, ob ich mich wirklich schon genügend von dem Schock der Erkrankung erholt hatte. Ob dies hier vielleicht eine totale Kurzschlussreaktion und einfach falsch war? Zweifel wurden laut, ob ich es nicht lieber mit einem Mann probieren sollte, in den ich auch verliebt war? Was mich zu der Frage führt, wann ist jemand es wert, die Wahrheit über einen zu erfahren.

Mein Liebesmotor geriet empfindlich ins Stocken, als er mir das Kleid auszog. „Was ist los?", fragte er sanft, nahm mich in den Arm und küsste im Halbdunkel meinen Haaransatz. „Wir müssen nicht, wenn du nicht willst? Es ist okay, wenn du es dir anders überlegt hast."

„Ich hatte Krebs", kam es mir einfach so über die Lippen. Da war es raus. Ich spürte, wie der junge Mann die Luft anhielt, und ich überspielte die Situation mit einem tapferen Lächeln. „Ich bin wieder gesund, alles super", fügte ich eilig an. „Alles hübsch."

Zumindest bis er die hässliche Narbe sieht, polterte es in mein Hirn und ich kaute unsicher auf meiner Unterlippe.

„Das tut mir leid, dass du krank warst", sagte er nach unendlich langen Sekunden und ich trat einen Schritt zurück, ließ Raum für meine Kriegsverletzungen, die sich quer über den gesamten Unterleib zogen. Die Narbe war schief und wulstig, außerdem war sie taub und die Haut im ganzen Umkreis auch. Ich wünschte manchmal, dass meine empfindliche Seele genauso taub wäre.

Glücklicherweise schreckte mein Makel den heißen Typen nicht ab und er zeigte sich wirklich so nett und liebevoll, wie der erste Eindruck von ihm war. Ich weiß aber auch nicht, was ich mit ihm gemacht hätte, wenn er fies geworden wäre. Es soll ja Spezies auf der Welt geben, die ihre Männchen je nach Bedarf vor oder nach dem Sex fressen.

Der Akt verlief vollkommen normal, bis auf die Tatsache, dass ich deutlich spüren konnte, dass meine Vagina etwas verkürzt ist. Es zwickte, wenn er zu tief vordrang und ich entzog mich dann einfach etwas. Die Durchblutung schien normal zu sein, hormonell hatte ich eh keine großen Probleme zu erwarten, da beide Eierstöcke ja voll intakt waren, und ich brauchte auf jeden Fall kein Gleitgel. Puh, zweiter Glücksfaktor dieses Abends, denn mein Partner war auf Erdbeeren allergisch, wie wir zuvor an der Bar erörtert hatten. Und meine superduper Creme war ja mit Erdbeergeschmack, wenngleich wahrscheinlich auf chemischer Basis.

Wir taten es die ganze Nacht. Und mir war eigentlich keine Stellung unangenehm oder verursachte Schmerzen, ganz im Gegenteil. Jetzt war da nur noch die Frage nach dem Orgasmus, auf den eine Hysterektomie Auswirkungen haben konnte. Vor allem die Frauen, die zu einem internalen Höhepunkt fähig sind, der durch die Stimulierung der Vorderwand der Vagina, des G-Punkts und Zervix eingeleitet wird, können Einschränkungen erfahren, da das Zusammenziehen der Gebärmutter ein tragendes Gefühl dieses Orgasmus ist. Ich hatte in meiner sexuellen Karriere zumeist externale Orgasmen, die durch Reize der Klitoris entstehen, oder Mischorgasmen. Und jetzt beschäftigte mich die Frage, ob ich vielleicht nie wieder dasselbe Gefühl erleben würde wie vor dem ganzen Schlamassel. Anderseits, was war schon ein Höhepunkt gegen das Leben an sich?

Ich kam nicht in dieser Nacht. Dennoch habe ich diese Chance genutzt und meinen neuen Körper ausprobiert und erforscht. Und ich habe durchaus über Frauen gelesen, die nach so einer Erkrankung eine sexuelle Revolution erlebten und ganz neue Seiten an sich entdeckten. Das Wichtigste ist, sich selbst anzunehmen, wie man ist. Und das gilt für jeden Menschen, ob gesund, krank, gezeichnet, alt oder jung. Denn nur so können wir wirklich zulassen, dass uns jemand anderes sieht, berührt und liebt.

„Wie genau findet man seine innere Sexgöttin eigentlich wieder?“, holt Anja mich aus meinen Gedanken.

„Indem du ihr 'ne Postkarte schreibst und sie einlädst?“, vermute ich und kratze mich nachdenklich am Kopf.

„Du bist blöd, ich meine das ernst“, rügt sie mich und ein Schatten huscht über ihr Schneewittchengesicht.

„Ich auch“, verteidige ich mich. „Ich denke, man muss sie sich zurückwünschen.“ Man muss bereit sein für Intimität und ich war es eine ganze Weile nicht.

„Jetzt komm mir nicht mit 'ner Fee und drei Wünschen.“ Sie lacht, ein herrliches Geräusch, das über ihre Sorgen hinwegtäuscht.

„Nein, ich meine so etwas wie ‚free your mind‘. Man muss sich von seinen Ängsten und schlechten Gedanken befreien und den Geist für Neues öffnen.“

„Das hört sich jetzt aber esoterisch an. Soll ich die Räucherstäbchen holen?“, scherzt sie und wickelt sich in eine Wolldecke. So langsam wird es kühl hier draußen und ich beobachte kleinste Funken, die von einer Böe wie Glühwürmchen davongetragen werden.

„Vielleicht sollten wir als Erstes unsere BHs verbrennen und ums Feuer tanzen?“ Das habe ich mal in einem Film gesehen, in dem es um die sexuelle Revolution in den 60ern ging.

Anja hebt ihre Augenbrauen. „Du immer mit deinem Verbrennen, an dir ist echt 'ne Pyromanin verloren gegangen.“

Ich grinse sie breit an und bewerfe sie mit Estas und Kimos Gummibällen.

„Wir haben einen Krieg gewonnen, wir sind eine Naturgewalt. Warum sollten wir uns jetzt fertigmachen, weil jemand Berührungsängste haben könnte", überlege ich. „Das ist doch verrückt."

„Wenn das mal so einfach wäre." Ihr Blick geht in die Ferne, verweilt am Horizont, an dem die Sonne bereits untergegangen ist.

„Ist es", behaupte ich. „Man muss sich nur dafür entscheiden." Und es stimmt irgendwie. Alles beginnt in unserem Kopf. Und manchmal wünsche ich mir, jemand hätte es mir gesagt. Dass wir einfach entscheiden müssen, dass wir gut so sind, wie wir sind.

Anja und ich surfen die halbe Nacht im Internet und befassen uns mit allerlei Sextoys und Praktiken, die manche Leute so probieren. Es ist saulustig und spannend und da Lachen die beste Medizin ist, bin ich mir sicher, dass wir den Spaß wiederholen werden.

Wir feiern unsere Weiblichkeit, denn sie ist ein wichtiger Teil von uns. Und wir erkennen, dass der Krebs uns auch einiges gegeben hat. Wir gehen in allem in die Tiefe, schätzen zwischenmenschliche Beziehungen mehr als zuvor und sind eine vorbildhaftere Version unserer selbst. Und wir sind bereit, uns für die Möglichkeiten des Lebens neu zu öffnen.

Epilog
Anja

Heute haben wir das Jahr 2019. Der Mann, den ich von Herzen liebe, liegt neben mir im Bett und ich habe eine Familie, die in Notzeiten an meiner Seite steht. Nach fast zwei Jahren ist das ewige Wundsein so gut wie vorbei und ich lebe ein normales Leben. Nur die Toilette muss ich immer noch öfters aufsuchen als andere. Aber mittlerweile habe ich mich daran gewöhnt.

Ich benutzte unterwegs ein Reisebidet und schmiere meinen Hintern immer noch täglich mit Heilsalbe ein. Der Alltag hat so schnell wieder Einzug in mein Leben genommen, dass ich nur selten noch an die schlimmste Zeit in meinem Leben zurückdenke.

Klar gibt es hier und da noch ein paar kleine Rückschläge, aber hey, so ist das Leben.

Vielleicht wäre zwischen mir und Mina auch alles anders gekommen, wenn sie nicht zufällig an diesem Nachmittag im Sommer 2015 an meiner Seite gewesen wäre, als ich die Diagnose wie einen beiläufigen Wochenendgruß durchs Telefon geträllert bekam. Möglicherweise hätten wir uns nie so verbunden gefühlt wie jetzt oder wir wären irgendwann zu einer geschäftlichen Basis zurückgekehrt. Wer weiß das schon.

Ich bin jedenfalls froh, dass wir die Chance bekommen haben, uns, so weit es möglich war, zu begleiten. Und dass ich es zugelassen habe, auch wenn sie mich vielleicht sogar etwas überrumpelt hat mit ihrer Bereitschaft, da zu sein. Das kann sie nämlich überragend gut, Leute übertölpeln. Vielleicht lag es aber auch einfach daran, dass sie selbst wusste, wie sich Krebs anfühlt, dass ich sie an meinem Seelenleben teilhaben ließ und noch heute lasse.

Manchmal braucht man einen Verbündeten, der weiß, wovon die Rede ist. Und ich glaube, nur wer Krebs hatte oder in der nahen Verwandtschaft erlebt hat, wie er wüten kann, ist in der Lage, zu verstehen.

Nie werde ich diesen Moment vergessen, als wir uns Kriegsbemalung zulegten, weil es Schlachten zu gewinnen gab. Die bunte Farbe, die so herrlich bescheuert in unseren Gesichtern aussah und uns zum Lachen brachte.

Mina selbst verarbeitete rückwirkend ihren Gebärmutterhalskrebs, indem sie die miesen Tage mit mir durchstand und wir viel über unsere Krankheiten redeten. Man soll nicht meinen, wie therapeutisch das sein kann. Aber auch bitter und angsteinflößend. Denn wenn einem bewusst wird, wie wenig man selbst in der Hand hat, macht das zweierlei mit einem: Zuerst verzweifelt man, bevor man wächst. Und dann lernt man unter Wasser zu atmen und sieht die Welt neu. In anderen Farben, in anderen Formen.

Bevor man sich versieht, wächst man über sich hinaus und lernt zu akzeptieren. Denn Akzeptanz ist ein wichtiger Schritt ins Leben.

Wir haben einige Leute gehen sehen, von dieser Krankheit dahingerafft, deren Namen wir nicht sagen mochten, so lange Zeit. In Gedanken sind wir bei ihnen und ihren Angehörigen.

Wir haben erlebt, wie es ist, zu siegen und mit einem blauen Auge davonzukommen. Und sich auch nach dem Kampf noch so vieles zu fragen. Hätte man das ein oder andere vermeiden können? Würde man alles wieder genauso machen? Und wie sehr verändern uns Erfahrungen wie diese?

Es gab zauberhafte Momente, in denen uns Mitgefühl zuteil wurde, mit dem wir nicht gerechnet hätten. Und viele Menschen schenkten uns Zeit und ihre Geschichten. Oder hörten einfach zu, im richtigen Augenblick.

Wir haben auch erlebt, wie sich Menschen von uns abwendeten, weil sie überfordert waren mit der Krankheit und dem Thema Tod, der in Deutschland noch so unausgesprochen ist, weil er Angst und einem die eigene Vergänglichkeit bewusst macht.

Wie stolz können wir auf uns sein, dass wir wieder so fest im Leben stehen, ohne die ständige Panik, dass dieses Gespenst uns erneut heimsucht.

Und selbst wenn, haben wir ja uns!

Wie glücklich wir allein darüber sind, nicht allein mit diesem Gefühl der Machtlosigkeit zu sein.

Freundschaft bedeutet so viel Glück in schweren Tagen. Wir sind uns sicher, egal, wo die Zukunft uns hinführt, egal, wer wo strandet oder verweilt, wir werden immer durch dieses Band, das uns heimlich und leise geknüpft hat, verbunden bleiben.

Und wie dankbar wir für alles im Leben sein können!

Dafür, dass alles gut ausgegangen ist.

Für jeden von uns beiden. Das Leben ist schön und wir haben viele Vorsätze, um es weiterhin genießen zu können. Achtsamkeit und mehr Ruhe sind zwei davon. Alleine das Gehen auf nassem Gras ist wunderbar, der Gesang der Grillen, der Geruch vom Fell unserer Hunde und Katzen. Unbezahlbar.

Das Lachen unserer Töchter, die wir so lieben, der Geschmack von Sommerregen und das Gefühl, ihn auf unserer Haut zu spüren, den leisen Tanz des Windes zwischen den Ästen im Baum, den Gesang der Amsel am Morgen, wenn sich die ersten Strahlen der Sonne ihren Weg durch das Dunkel der Nacht bahnen.

Eine Umarmung. Das ist Reichtum.

Ein Lachen.

Den göttlichen Schmerz der Liebe. Und Familie, die zusammenwächst in schweren Zeiten.

Noch immer sehe ich meine Schwester, die nichts mehr hasst als das Autofahren, wie sie mit meinem Auto, das immerhin fast 200 PS hat, mit 65 km/h die Autobahn entlangfuhr, damit sie mich im Krankenhaus besuchen konnte. Mutig dem Hupen aller Lkw trotzte.

Ich sehe meinen Vater, der nie an Gott geglaubt hat und der an jeder Marienstatue eine Kerze für mich aufgestellt hat.

Meine Mutter, die monatelang nicht schlafen konnte, weil sie immer der erste Mensch war, dem ich alles erzählen musste. Der ich Fotos meines nackten blutigen Pos geschickt habe, weil er so wund war und nicht heilen wollte. Sie sagte immer, sie wolle solche Bilder nicht sehen. Und ich antwortete ihr: Wem sonst soll ich sie schicken?

Minalein, die mir in so vielen brenzligen Situationen zur Seite stand, mich wie eine Wilde ins Krankenhaus fuhr, meine Wohnung putzte, meine Hunde hütete und mich immer wieder aufbaute. Die den Anblick meines Stomas ertragen hat und nicht davor zurückgeschreckt ist, es zu reinigen, und cool blieb. Mit der ich den Schrecken verarbeiten konnte, auch Dank dieses Buches. Wir haben es geschafft, gemeinsam. Das ist nicht selbstverständlich. Das Leben ist wie russisches Roulette und manchmal ist Glaube einfach nicht genug.

Dieses Buch erzählt von unserem steinigen Weg durch die Krankheit Krebs. Es sind unsere ganz persönlichen Erfahrungen, ganz wertfrei, so wie wir sie erlebt haben.

Und am Ende haben wir gesiegt und sehen die Dinge unbestimmter, nicht mehr so festgemeißelt. Denn das Leben ist zu kurz, um stur geradeaus zu stapfen. Und wir sind glücklich über jeden neuen Tag, so unbeschreiblich froh, einfach da sein zu dürfen.

Großes
DANKESCHÖN ♥

Vor allem an unsere Familien, die sich mit uns in die Schützen-graben begeben haben und ebenso wie wir lernen mussten, mit Pfeil und Bogen und Macheten umzugehen.

Liebe Eltern, ihr seid die Besten und wir lieben euch so sehr.

Liebe Töchter, für euch durchqueren wir Meere.

Liebe Geschwister, ihr seid ein Fels in der Brandung.

Und wir danken all den Menschen, die mit Mitgefühl und Nachsicht auf unsere Situation reagierten.

Freunden, die uns den Alltag erleichterten und mit uns zusammen aus Zitronen Limonade machten. Lachen ist die beste Medizin!

Apropos Medizin. Natürlich sind wir auch vielen Ärzten und ihren Helfern zu Dank verpflichtet, weil sie einen guten Job machten. Einigen dann wiederum weniger. Aber es gibt niemals nur Schwarz und Weiß, also, nichts für ungut.

Wir danken aus tiefsten Herzen unserem Verlag echtEMF, allen voran der wunderbaren Maren Ziegler, dass wir unsere Geschichte erzählen dürfen. Wir sind wirklich stolz, von so einem fabelhaften Team begleitet zu werden. Ihr seid wirklich super!

Großes Dankeschön an all unsere Leser, die uns ein Stück dieses Weges begleiten und hoffentlich ohne Schleudertrauma daraus hervorkommen. Wir wissen, unsere Zeit war nicht die einfachste und sie ist vollkommen ungeschönt. Aber wem nutzt die weichgespülte Version einer Krankheitsgeschichte?

Vielen Dank auch an die Beteiligten unseres Covershootings: Vanessa Rosenbrock für die super Fotos und den ganzen Spaß, den wir dabei hatten.

Und Marcello von Wollank, der uns ein mega Make-up verpasst hat.

Bei der Verwendung im Unterricht ist auf dieses Buch hinzuweisen.

Die Ereignisse in diesem Buch sind größtenteils so geschehen, wie hier
wiedergegeben. Aus Gründen des Personenschutzes und für den dramatischen
Effekt sind jedoch einige Namen und Ereignisse so verfremdet worden,
dass die darin handelnden Personen nicht erkennbar sind.

Wir haben uns bemüht, alle Rechteinhaber ausfindig zu machen, verlagsüblich
zu nennen und zu honorieren. Sollte uns dies im Einzelfall aufgrund
der schlechten Quellenlage leider nicht möglich gewesen sein, werden wir
begründete Ansprüche selbstverständlich erfüllen.

Bei der Verwendung im Unterricht ist auf dieses Buch hinzuweisen.

echtEMF ist eine Marke der Edition Michael Fischer

1. Auflage
Originalausgabe
© 2019 Edition Michael Fischer GmbH, Donnersbergstr. 7, 86859 Igling
Covergestaltung: Michaela Zander
Coverfoto: Vanessa Rosenbrock
Layout/Satz: Michaela Zander
Gedruckt bei GGP Media GmbH, Karl-Marx-Straße 24, 07381 Pößneck

ISBN 978-3-96093-438-7

www.emf-verlag.de